ŒUVRES COMPLÈTES
D'ANTONIN ARTAUD
TOME XVII

ANTONIN ARTAUD

Œuvres complètes

XVII

CAHIERS DE RODEZ

Juillet-août 1945

nrf

GALLIMARD

IL A ÉTÉ TIRÉ DE CE TOME DIX-SEPTIÈME DES ŒUVRES COMPLÈTES D'ANTONIN ARTAUD QUATRE CENT QUINZE EXEMPLAIRES SUR VÉLIN LABEUR. CE TIRAGE CONSTITUANT L'ÉDITION ORIGINALE EST RIGOUREUSEMENT IDENTIQUE A CELUI DU PREMIER TOME QUI SEUL EST NUMÉROTÉ.

ISBN 2-07-026699-0

Ouvrage publié avec le concours du
Centre national des Lettres.

Imprimé en France.

CAHIERS DE RODEZ

Juillet-août 1945

Ceux[1] qui tiennent à cette idée me l'ont dit

qu'avant le monde il n'y en avait pas et que sans idée j'ai toujours fait ce que je voulais,

non dans l'esprit électrique

mais dans le bois d'en bas,

là où est la difficulté qui paye sans difficulté et que l'âme ni le cœur n'y ont jamais failli et ne le peuvent pas parce que l'amour un jour les fit naître et qu'ils n'ont jamais pu tomber et que ce qui est ne vient pas de la mesure mais d'un seul instant,

et Neneka m'a dit que pour Cécile[2] il y en avait trop et j'ai revu son sourire enfin car l'être ne vient pas de la preuve dans l'épreuve qui est, mais de mon cœur – qui vit quand il a senti l'amour une fois.

Dieu est la force d'âme du corps et non pas un état ou une idée, cette force[3] d'âme vient de ce que je suis au très-fonds de moi-même et que je peux ou non manifester s'il me plaît. Cela s'éveille en flammes ou est instant, à cet instant nul n'a jamais pu toucher,

il bout sur place pour l'instant, mais cet instant que je suis voudrait bien bouillir hors de ce corps.

Car je ne suis pas celui qui se manifeste avec le temps, par l'oubli, le retour de soi et la déposition, mais par la barre de la volonté.

Le crime de Dieu est d'avoir voulu goûter par la bouche à la souffrance d'un autre et la transformer en la sienne sans qu'elle le touche comme douleur mais comme volupté.

La petite fille de Rodolphe Ronolphe viendra ici et non Annie Besnard[4], c'est la petite fille de la pierre du tombeau dessous,

elle m'a aidé hier soir, morte, avec Cécile archi-morte et Neneka, à verser un pot d'eau et elle vivait en plaques dans la mort.

Je suis un zob et le zob, je n'ai pas de jouissance personnelle mais une douleur; mon bonheur n'est pas un spasme périodique qui me donne la joie de créer, je ne fais vivre que ce qui m'a déjà aimé; mon spasme est une douleur méphitique malsaine d'avant[5] et d'après la mort par laquelle je m'incorpore en être et me désincorpore de l'être. – Quant à mes spasmes de vivant, ce sont des transports de cœur quand on m'aime vraiment sans mélodie et sans chanson.

Il n'y a pas de retour en Dieu et pas de périodes, mais le caprice de la fournaise du cœur qui est un zob qui brûle et va où cela lui plaît selon l'amour de la fournaise.

La canne de Lucifer me sera rapportée par ma fille Germaine,

celle de Lao-Tseu par ma fille Yvonne[6],

la toute petite rassemblée par ma fille Cécile, elle me l'apportera, c'est celle que j'ai pensée sans croix.

*

Il y a un corps que moi j'ai fait sortir de la tombe et qui a reconnu qu'il n'était plus Cécile Schramme mais ma fille, et ce n'est pas une force seulement mais un être et un corps. Ce n'est pas une femme de la terre mais une âme où personne ne peut plus reconnaître Cécile Schramme, mais qui est l'âme que Cécile Schramme avait volée pour vivre. – Et elle s'appelle cœur Cécile.

Mlle Annie Besnard ne se transformera pas et elle ne viendra *à aucun prix ici,*

ma fille Cécile et Schramme qui fut Cécile Schramme viendra me voir ici dans le corps qu'elle pourra trouver, *sauf* dans celui fait par Jésus-christ avec mes forces éparses,

ma fille Neneka viendra dans un autre corps, *sauf* celui d'Anie [1],

ma fille Germaine dans tout corps, sauf dans celui d'Annie Besnard,

ma fille Yvonne également,

ma fille Catherine également, sauf le corps d'Adrienne Régis [2].

Moi je n'attends pas la satiété du corps pour être, je suis.

Ce n'est pas moi qui mastique quand la haine est en moi, c'est le vampirisme nommé Dieu qui m'a pris et me goûte depuis toujours dans ses repas et réfections, moi je ne me refais jamais, je ne mange pas.

Camphre, naphtaline, sang, minéral, douleur purulente d'os, métalloïde non alimentaire.

*

Il ne serait pas impossible que l'âme de la petite fille ait servi un jour à faire vivre Yvonne Allendy qui était un corps à disparaître et qui appela sainte Yvonne en elle pour vivre, laquelle ne vivait que d'une petite fille d'a-Pluton.

Moi, m'imposer la peine la plus dure pour faire cesser le mauvais esprit alors que c'est cette peine qui l'a favorisé et lui a donné d'exister à l'extrême bout de lui-même!

Tu n'as pas su t'y prendre, toi, Jésus-christ : l'homme pour dompter cette irréductibilité.

Il y a un point d'où l'on ne peut pas ne pas revenir mais où l'on s'enfonce dans le con épais, l'épaisseur totale du plomb noir sans musique avec con de merde épais d'opaque nuit d'aveugle merde.

Neneka Chilé est morte et sa fille Catherine la porte en elle,
l'ombre de la mère et la fille,
c'est vrai,
mais elles vivront toutes deux.
La fille Catherine est la petite que j'ai vue ici et qui est partie et qui a grandi et qui a dit alors : C'est moi,
l'ombre de la mère derrière la cuisine avec sa fille,
les vraies du cœur contre les spectres de l'escalier qui n'ont pas voulu avoir de cœur mais supplier par l'esprit et pomper par lui tout le monde,
c'est une race impie,
tout me touche, je ne touche à rien.

Ils ont voulu mettre le principe de création et du réveil dehors comme dans un espace où rouler, alors qu'il est ce qui roule, produit et ne se voit jamais et ne doit pas être perçu ni découvert.

L'électricité du monde christ a été détruite hier soir quand le travail du christ Jésus-christ a été nié, non seulement par mérite personnel contre la montée insondable de Dieu, mais par fourche contre os de lombes signifiant toute la possibilité de Dieu que l'être doive s'automatiquement reconstituer par, hors et avant la séparation du mal en arrière, après.

Dieu ne fut jamais qu'un gorille d'être qui passa.

On a de la jalousie pour Dieu mais pas pour moi, dans mon monde il n'y a pas de jaloux parce que je n'ai à rien donner que mon cœur [1] et qu'on ne peut pas le désirer si on n'a pas été capable de l'aimer d'abord, c'est-à-dire de vouloir sa paix, sans ce sentiment on n'est pas.

Ce qui veut dire que la jalousie *et le christ* sont une illusion à détruire dans les êtres qui ont voulu cette illusion, les anges de Jésus-christ.

Une Walkyrie.

Cette Walkyrie que j'ai vue à l'instant au-dessus du mur *vivra éternellement.*

Car elle existe vraiment tout à fait *en âme et cœur.*

*

Dieu, Jésus-christ, Le Saint-Esprit, la Vierge Marie, Lucifer, saint Michel Archange, saint Louis iront dans l'éternel enfer,

avec toute la famille Artaud-Nalpas [1] qui sera intégralement *désespérée* en conscience non seulement fluidique mais morale pure jusqu'à ce que toute ma conscience d'être à moi ait disparu dans la douleur.

Quant aux bons sentiments des mauvaises personnes, ils seront perdus avec elles.

Je suis pendant de couilles et de queue

et ma fille est pendante de mamelles et de con,

mais elle m'aime chastement, elle ne touche à rien et moi non plus, c'est la loi du christ de passer dans ce monde à travers le con et la mienne est de passer dans tous les mondes en zob à travers tous les cons : l'imbécillité innée du néant.

De l'héroïne ici, du pain et les cruels poisons avec un couteau – les gâteaux de Neneka.

Voilà 49 ans que je fournis des fluides à un porc : l'homme.

Je n'oublierai pas l'âme de cœur tremblante de soumission d'Anne Manson,

ni l'âme du Dr Borel, jeune fille,

ni celle de Pierre Godet [2],

ni l'âme noire que je me suis faite car je suis le modèle des modèles.

Ne pas oublier la bête brutale d'hier soir contre Marie Salem [3] et qui reviendra.

Il faut empoisonner le Christ et les Vierges et les faire sortir en âme et conscience dans le con des poilus noirs et verts.

Honneur aux tentés, honneur aux pécheurs, malheur au tentateur.

Je n'aurai pas souffert 8 ans pour corriger Dieu et que le mal ne revienne plus, il viendra au contraire mais je le mènerai bien et j'aurai Dieu et sa virginité dans mon cœur.

C'est Marie *Salem* qui était Marie Nalpas de Bethléem et qui, Vierge, voulait faire des enfants par le cu alors que les âmes enfants viennent de la douleur du cu dans le cœur par l'ulcère du corps de fer – bois [4].

On se frappe et les enfants naissent, on ne les débonde pas par son cu.

Comme le déroulement d'une suite de dieux.

Ma fille ne veut pas que je me guide sur toutes les voix que j'entends mais sur la mienne, car elle n'est pas être et ce que l'être veut est le contraire de mon rêve,

mais ce n'est pas ce que je fais,

je regarde parmi les cœurs que j'aime ce qui au milieu d'un être mauvais leur est possible en ce moment pour me rejoindre et je dois regarder aussi dans leur cœur ce qu'ils sont parvenus à vouloir effectivement

en fonction de leur douleur

et de la mienne

qui est commune [5],

en fonction donc de notre commune douleur qui ne fut pas une partouse de douleur depuis le commencement.

Mais notre amour durera *toujours,* sans prochaine,

car les âmes sont venues là.

Par la damnation, la peste éternelle du prêtre : Dieu.

Poètes, vous êtes de votre Occident.

Il n'y a pas de route ni de point pour trouver X, il y a l'âme, l'amour, la douleur.

Dans la douleur ma fille Cécile est morte à force de douleur et n'a pas pu me soutenir jusqu'au bout parce que le mauvais esprit a recouvert son cadavre.

Je ne veux pas que le cœur émasculé par l'esprit passe à Arthur Rimbaud et je ne veux pas de la façon littéraire d'Antonin Artaud non plus.

J'ai une autre façon d'écrire sans mental, avec le cœur, en une autre langue que le français.

Ma petite fille Germaine n'a pas soutenu la douleur jusqu'au bout non plus, mais c'est ma fille Cécile qui a tenu le plus longtemps et est morte pour ne pas me soutenir par le Saint-Esprit chrétien,

quand quelque chose de Germaine a passé au Saint-Esprit pour me soutenir non par cœur mais par volonté de gloire,

or je veux le cœur *sans* GLOIRE.

Car on ne peut pas prendre toujours sur la douleur et sur l'effort pour être, il y faut aussi le soulèvement du cœur,

le cœur devant à côté de la douleur marche.

Car je suis plus profond que le cœur et que l'amour parce que le cœur et l'amour sont en moi.

Il y a les cœurs et l'amour qu'ils me donnent,

ils me le montrent d'abord en conscience, mais la conscience est un choix non en esprit mais en douleur et pitié, âme et amour,

la douleur est une qualité de corps.

counoubarba a naba tuberba
a tuberba ana ba tuba
counoubarba a naba tuberba
a tuberba ana ba tuba
a fama da nama Kamerba
a Kamerba ana ma Kama
a Khrama danama o Turga
a o targa anama Krama
o lounden o etan etura
o etura bluda... Turma?

*

Je crois que c'est le sorcier nègre de La Havane [1] qui est la petite âme que le général de Gaule [2] a prise pour vivre.

Pierre Laval, Adam,
Judas Iscariote, Pierre Salem [3].

Maintenant, si les âmes se sont fait un corps d'elles-mêmes, sans l'intervention de Jésus-christ, avec l'aide de tous les bâtonnets que je leur ai envoyés, c'est une autre affaire,

les âmes sont les bonnes pensées de cœur que j'ai vues en l'air autour de moi,

elles se formeront et bousculeront ce monde
sans entrer dans les corps impies de ce monde.

Je me souviendrai des âmes que j'ai vues palpiter autour de leurs bâtonnets et de celle qui de tout son cœur m'a aidé à en faire un contre Jésus-christ.

Les âmes m'ont dit qu'elles n'en pouvaient plus d'être attirées par le corps de Satan qui est le corps humain actuel.

Elles mettront le feu à ce monde *de hors* des corps actuels avec le leur.

Celles qui sont mortes peuvent rouler leur ancien corps autour d'un bâtonnet, les vivantes peuvent sortir du corps où elles ne se plaisent pas et se rouler autour d'un bâtonnet avec le corps d'un cadavre qui leur plaira, sauf celui d'un chrétien, d'un juif, d'un *catholique,* d'un protestant, d'un mahométan, d'un schismatique, d'un boudhiste [4].

Si elles veulent après un voyage chez les morts mater, mater [5] le corps d'un vivant, elles sont libres du dehors.

C'est *Laurence Clavius* [6] qui était le sorcier de La Havane violé par le général de Gaule, elle ira assassiner le général de Gaule,

Catherine Chilé Madame Allemand [7].

Oui, Marie Betsabé Dubuc[8], il faut tuer le sorcier de Cuba et prendre son corps.

Une âme a travaillé ici dans le corps et sous le costume d'une surveillante d'asile, je l'en arracherai.

De Madame Allemand il reste une petite fille envoûtée qui m'avait donné 10 francs pour déjeuner.

Car les âmes ne valent que par les corps.

Elles prennent un corps à leur convenance que DIEU leur dispute toujours car elles ont le diable au corps contre Jésus-christ, l'esprit de l'Intelligence.

Jésus-christ ira chier dans Lucifer,
Antonin dans Dieu le Père,
Nanaqui[9] dans une fille, un père et l'âme de ma couille droite.
Je suis Hyacinthe Hirtz[10],
tu es le christ et Dieu, ô ma couille droite,
et toi, Jésus-christ, ô la couille gauche à la droite de mon cœur.

Mort, je ferai ce travail car, vivant, je le suis toujours, mais ma vie est *sans* ce corps qui m'obture et m'asphyxie et où je suis mort.

L'esprit, le cœur, l'âme, la conscience sont une douleur impénétrable avec qui Dieu le Père a espéré se confondre, qu'il a cru comprendre, et du cœur volé lui est revenue l'idée qu'on a voulu la *répartir* en âme, cœur, esprit, conscience, alors qu'elle est un un sans reprise et ne peut pas entrer dans le mal sans se perdre si elle n'en a pas la force, mais qui y entre sans force et avec sa volonté quand même, quand elle sent le cœur et l'âme menacés.

Un un.
Pas de reprise, pas d'intelligence,
le besoin de la place du cœur
dans le fémur à gauche
et le père-mère[11] de la tête dans la rotule droite, ce qui veut dire :

la recherche de la place et de l'être par le cu rond père-mère comprimé dans tout le zob a été trouvée point par point de résistance et frappée.

Le corps de la Bohémienne dans le corps de Marie Salem,
le cœur de Marie Salem mais le corps de la Bohémienne,
le corps de Marie Salem écharpé,
l'âme dans l'âme,
à Germaine
et Catherine,
et la petite, cœur palpitant, dans le corps de la Bohémienne,
le corps de la Bohémienne au diable,
l'âme d'Anne Manson à Dieu,
la petite cœur à une petite fille.

J'ai mis le cœur de ma fille Cécile dans mon cœur,
mais j'ai vu son âme devant moi avec sa conscience et son cœur.
Où est-elle?
A-t-elle un corps ou est-elle dans le corps d'une amie
et la petite Catherine est-elle dehors ou dedans?
Qui est la petite âme que j'ai vue quand j'ai marqué dans mon cœur la conscience d'Adrienne André [12] et qui a répondu : Je suis de ta famille?

Et une voix a dit : Je suis ta grand'mère et la fille de ta grand'mère.
Et une petite fille a murmuré dehors : Cette femme ne vous aime pas.

La petite Catherine restera dehors et viendra ici du dehors,
Cécile viendra dans son corps à elle quand elle sera reposée,
Neneka dans le sien,
Germaine dans le sien.

Je ne suis pas Jésus-christ et je n'ai jamais rien dit à personne que de saillir mon zob entre mes cuisses, et rien [13] de la prophétie ne sera réalisé.

Je retrouverai Antonin Artaud et son génie au Dôme ou ailleurs,

et Catherine Chilé retrouvera Catherine André [14],

Germaine retrouvera Germaine Anie [15] et Cécile Schramme retrouvera Cécile Schramm [16],

Cécile Schramme ne retrouvera que Cécile, ma fille.

Car si j'ai sorti les ténèbres de Dieu de mes ténèbres anales, le petit corps que j'ai fait avec la douleur et la transe d'Adrienne Régis je l'ai pensé en Catherine Chilé et je ne fais pas, moi, de sœurs jumelles.

Car ce que je cherchais en la douleur d'Adrienne Régis c'était un reste d'amour qui ne lui a jamais appartenu car elle n'a que du désir, comme l'amitié du Dr Ferdière que je ne connaissais pas pour moi n'a été que du désir, et je ne bande pas du cœur pour un homme ni pour une femme.

Ce ne sont pas les êtres qui ont produit la Sainte Trinité, c'est Dieu, le Christ très Saint, que moi, ÊTRE, j'ai toujours enculé parce qu'il est un pur esprit.

Je monte sans prochaine et Dieu ne fut jamais que mon parasite car moi je ne fais pas de Dieu et Dieu veut toujours être depuis jamais jusqu'à toujours. Or je suis hors du problème, mais il m'a fallu le résoudre et les hommes sont tous coupables d'avoir voulu Dieu contre moi parce que Dieu est un corps para-péristaltique et que je suis un ultra-corps et que je n'ai probablement pas pu éviter le problème de Dieu, et ma fille Cécile fume derrière moi.

Car l'âme du pavot est la loi.

C'est que Dieu le porc est une instillation à passer par le pavot et que le pavot a voulu prendre l'instillation et la faire arrondie et contenante comme son être alors qu'elle est a–nubile.

*

A Cécile, héroïne poison,

à Neneka, opium (za-charaï / poison),

à Yvonne, poison,
à Germaine, héroïne opium couteau,
à Catherine à me faire un opium et une héroïne capables de me libérer de Dieu dans l'ultra-corps,
l'héroïne c'est le transport du cœur,
le poison est celui que je ferai avec cette héroïne pour empoisonner Satan en moi le temps qui me retient de monter et le jeter en enfer, mais je suis Satan et je me plomberai avec l'enfer du mal pour monter.

Ana Corbin[1], Catherine Chilé,
Catherine Chilé, Adrienne Régis,
celle qui n'a pas pu naître,
celle qui est née,
le démon ennemi.

Tu as martyrisé l'elektr, Dieu.

*

Je suis réel et réaliste,
l'insondant, non pavot, avec rien avant, ne vit que par être dans les plus petites choses que le puffisme de Dieu croit toujours transcender,
dieu n'est qu'un état échappé à l'être et que l'être n'a pas encore balayé par réduction car il faut toujours vivre dans un état concret de *synovie,*

dieu et ses saints m'ont pris mon cœur, ont formé un chœur de forces avant moi et ont voulu ensuite m'envoûter pour m'en servir à leur façon.

*

Que la petite Catherine choisisse elle-même entre le corps d'Adrienne Régis,
celui de Catherine Chilé,
ou celui d'Ana Corbin,

et si c'était Ana Corbin, refuge de Catherine, qui était cette femme sanglante, noire, aux dents serrées, tandis qu'Adrienne Régis dort et s'occupe de son ménage, et si l'expulsif du Dr Ferdière était une jeune fille du côté (d'*Anne Manson* et de Sonia Mossé [1]) et d'Annie Besnard [2].

Il faut être très grand et très petit, ne pas donner une indication, mais accomplir tout le travail, cureter, balayer, épousseter.

Cécile a ma taille vraie,
Germaine est un peu plus petite,
Catherine, entre les deux, mais vers Germaine,
Françoise Deloncle [3].

*

A force de vouloir le corps d'un autre, ô Jésus-christ, tu t'es dégagé en corps au-dessus de lui

et tu l'as *prié* ensuite de revenir, mais dans ton corps psychique d'érotomane inné.

L'âme de Laurence Clavius m'a dit avec son cœur : Ce monde est très mauvais, j'ai essayé d'atteindre le général de Gaule et je me suis vue transformée et morte et je ne suis plus là.

Et moi aussi, Antonin Artaud, je me suis vu servant à Dieu à faire le monde en 6 jours et je n'étais pas là et je n'étais que ce qui en lui le lui reprochait et, lui qui le voulait, je le retrouverai comme je retrouverai aussi Antonin Artaud le lâche qui par pitié pour les êtres a accepté de se faire enfermer dans un asile d'aliénés afin de boire ma douleur de là.

Quand Jésus-christ me reconnaissait et avouait sans demander son pardon tout en le demandant, c'était déjà une cohabitation criminelle où le soi-disant soumis acceptait de me faire renaître dans l'âme de sa soumission à condition que ce ne soit pas dans la mienne et dans mon monde mais dans celui de son cœur de violeur, et cela était l'inclusion prémentale de l'état corporel qui dans le corporel fut le lâche moral qui a voulu se détacher de la douleur du corps pour vivre du corps de la douleur, etc.

J'abomine mon histoire et je ne peux pas partir ni la quitter. Je la vis, non depuis 49 ans seulement, mais depuis toujours. Je suis ici où je la vis et non ailleurs parce que je ne peux pas partir, si je pouvais partir j'irais la vivre ailleurs car c'est la mienne et non celle de qui que ce soit d'autre. Que ceux qui vivent mon histoire avec moi viennent la vivre avec moi ici afin de repartir ailleurs avec moi.

Dieu, Lucifer et le christ ne sont que l'âme d'une tumeur et d'une méningite, c'est-à-dire d'une révolte contre l'âme qui est douleur et qui a fait corps de mal par sérosité et synovie contre moi [1].

*

L'esprit avec moi n'aura jamais de conscience, c'est un faux corps qui s'est constitué à la place de l'âme, laquelle a sa conscience à elle et ce n'est pas la conscience.

Avant l'esprit il y a l'aum [1], l'am, l'âme, c'est-à-dire le corps d'homme que je suis, et c'est toute ma conscience.

Ni l'être ni la conscience, l'esprit m'a dit :
J'attendais que tu sois assez fort pour me chasser afin de m'en aller.
Tu t'en iras.

Le stade sera passé du coït de la copulation et des baiseurs, c'est l'être qui a besoin de baiser.

C'est ma fille morte que j'ai sentie tout à l'heure sur mon cœur bien qu'il soit de saint Antonin et de Satan; mort, je le sentirai autrement, ce cœur.
Elle n'oubliera jamais qu'elle eut un cœur qui sautait vers

le mien et dans le mien et ce stade reviendra toujours [2] avec une autre matière sans esprit et la même âme [3].

Je l'ai vue en être parfait au-dessus du toit, dans les fils [4].

Elle, sa tête au cœur, son discriminant [5], c'est là qu'elle l'a placée pour moi en acte quand je cherchais à la mettre dans le corps et non au-dessus.

Germaine a vécu la mort d'Yvonne [6] aussi après la sienne, les soins et les marrons, rue du Ranelagh.

Neneka est ma conscience et le prêtre de l'enveloppement des cœurs par son corps s'en ira.

Je suis immortellement chaste.

*

J'ai dû faire mon devoir avenue de La Motte-Picquet pour que tout ne soit pas perdu dans le glissement aux abîmes de Dieu.

C'est Jésus-christ qui occupe la place corporelle du Dr Ferdière dans le moral et il accapare 3 âmes pour ce fait.

Quant à la place physique du Dr Ferdière dans la vie, y a-t-il un cœur qui soit le sien? Je me le demande?

Les soi-disant terreurs de la tombe ne sont que le fait de l'arrachement d'un corps spécial qui fut mué en matière spasmodique dans le registre fluide alors qu'il est dans le registre Schramm, force chiasse sans petsi avec sarcharm pétulance.

Dans tout Marseille, dépuis six ans, Mr Pierre de Vergennes [1] et 2 Turques.

Ce qui veut dire que les âmes en suspens dans les atmosphères depuis toujours prendront *aujourd'hui* un certain corps.

Le Dr Ferdière n'est pas Jésus-christ.

Mme Régis n'est pas la Sainte Vierge.

Lazare ne ressuscitera pas. Une morte, l'âme qu'il avait prise pour être à sa place, ressuscitera.

La petite fille irréelle qui cherche toujours l'impossible avec moi vivra parce qu'elle cherchait cette âme pour moi.

Quant à l'émollient qu'on m'aurait mis ce matin, il vient du fait que je me suis caressé le con dans l'intra-cuisse de ma bitte et nous verrons si on aura réussi à m'amollir pour les êtres parce que j'étais trop dur pour réussir.

Les âmes choisissent leur être, leur place, leur corps librement,

mais non les êtres, les corps et les âmes que j'ai rejetés.

L'émollient a consisté à appeler 3 vieilles âmes oubliées.

Les 2 Turques de Marseille n'y sont plus car je serai très loin de sauver tous les amis que je me suis connus.

C'est parce que je ne suis pas assez dur que je n'ai pas encore réussi.

Yvonne Nel[2], Madame Mossé[3],
Cécile Schramme, Cécile Schramme,
Neneka,
Germaine, Anie, Sonia.

Belzébuth est Mlle Gamelin[4] et non le Dr Jésus-christ. – Judas Iscariote dans le corps du Dr Ferdière a vu Jésus-christ le faire endormir à travers mon corps.

L'impalpable suspens sera impalpable mais corps.

C'est la petite Sonia qui a voulu[5] m'offrir un repas à ma convenance un jour et sa mère qui l'a transformé en pain azyme.

Je ne mange que du pain de rebut avec levain pour m'empêcher de penser et de quitter mon corps, qui donne la colique et oblige l'esprit à s'en remettre à l'orteil gauche du corps, comme le sang *sans* christ de cet orteil et qui est digéré dans le ventre avant d'être mangé parce que le ventre se désespérera dans l'orteil en sang de cœur et que l'escharre[6] contre l'esquille plongera dans le désespoir de la nourriture afin de manger son sang à l'infini afin de précipiter l'être d'Antonin Satan dans son mal et de le mâcher avec ses propres os quand il en reviendra à lui car c'est de la putréfaction du problème de Dieu que le cœur a toujours tiré son corps : sa mâchoire et son zob.

La chasteté est d'être chaste au milieu de la vierge : le sanglot du cœur, afin de ne pas le prendre en soi et de se retirer de toute inchristation ou élévation en cristaux de cœur du moi : Je fais cela, je souffre, je travaille pour, je m'élève sur mon travail en oubliant mon corps, la planche du travail.

La conscience n'est pas un point mais un être donné par amour à la douleur.

C'est Neneka qui prendra la place d'Adrienne Régis avec sa fille sur son cœur.

La marche des êtres esprits de Jésus-christ vers le Dieu de mon cu n'aboutira pas parce qu'ils sont rassemblés et que dans mon monde on est disséminé, chacun pour soi et dieu pour personne, mon cœur pour quelques-uns.

J'expulserai Ana Corbin et Adrienne André
et il ne restera plus que deux Catherine Chilé :
la mère, Neneka Chilé,
la fille, Catherine Chilé.

Avec sa fille sur son cœur Neneka expulsera Adrienne Régis de son appartement et l'achèvera sous la galerie en corps.

Il n'y aura pas de marche des êtres sur Rodez en corps et en groupe,

mais une pénétration du corps (cœur) dans le corps esprit qui l'expulsera.

Ce que j'ai fait cet après-midi, du je veux cela à la fille au berceau.

Ana Corbin a été faite avec Catherine et Neneka Chilé
et Adrienne André aussi.

Neneka prendra le corps d'Adrienne André – et Catherine Chilé la petite, puis la grande, le corps d'Ana Corbin, quand Neneka aura achevé de vaincre Adrienne André

et qu'Adrienne André Corbin [7] se trouvera entre Neneka et Catherine.

Cette petite fille si simple, si [ ] va prendre l'âme, le corps et le cœur de la Zacatèque car elle est une Walkyrie – et ce sera cette petite fille qui viendra me voir ici parce qu'elle m'a offert du café à Mexico.

Quant à la femme peintre, elle se fondra dans Neneka d'abord, puis dans Janine Kahn [8], puis dans la vierge rouge, puis dans l'autre, la petite Germaine, parce que l'âme n'est pas pointée, mais aimée, et que le fixant n'est pas un point mais une taille, et si je suis un être de taille pour marquer mon âme, le reste est mon éternel secret.

Le four d'âme n'est pas un abdomen ni un cœur, c'est une âme d'homme, la mienne. Un secret.

Le corps et l'âme se rencontrent dans l'être au point de la colique creuse : Satan. – C'est-à-dire dans la hauteur.

Par le panorama en hauteur.

La petite Catherine est dans Adrienne Régis en âme, Neneka n'y est pas, elle est perdue dans les fluides de la Vierge et commande du fond du cœur d'échardes Ballard [9] le lippu de Saint-Victor.

Et Jacques Prévert existe-t-il?

Cécile Schramme,

Germaine,

Catherine Chilé,

Neneka,

la Walkyrie d'Afghanistan.

Yvonne Nel n'a jamais existé, c'est un aum à moi échappé qui a voulu prendre une femme et c'était ma petite fille qu'il mangeait.

Yvonne Allendy,

Sonia,

Neneka,

l'envahissement des aum (esprits célestes) dont le plus terrible était moi, monsieur Moâ, Jésus-christ, quand la Vierge m'accusait, moi, cet homme, d'être le moâ ennemi qui m'avait envahi pour prendre l'homme que je suis et, en effet, dans mon cerveau Je y était et il forçait mon cœur de par cette femme, cette vierge chrétienne.

*

A–attraction[1] pour Cécile,
rétraction pour Germaine,
détraction pour Yvonne,
ratraction, Neneka,
dis–traction pour Catherine.

Les forces du dormeur ne passent pas aux autres et ne se transmettent pas pendant qu'il dort, au contraire, elles se refont sur lui et en lui.

Les succubes de la conscience n'envahiront plus le somnolent pour l'incliner à perdre son cœur.

Neneka, Rose Artaud[2],
Yvonne (Gabrielle et Berthe Vian et Colette Nel[3]),
Marie Dubuc, Marie Bonnaud, Maria Bonnaud[4],
Sonia Dubuc,
Dubuc Morel,
Juliette Dubuc,
Euphrasie Dubuc,
Adéla, Paula[5], Paula, Adéla.

Lait minéral,
farine[6],
lait de vache, héroïne,
œufs de poule, acide prussique,
farine de blé,
sucre de palmes,
lait minéral,
farine de pommes de terre,
sucre de betteraves.

*

Il ne faut pas frapper dans le néant en esprit pour détruire le mal, il faut frapper le mal en corps jusqu'à l'anéantir, ce qui veut dire qu'on n'est pas du néant qui frappe le néant mais un corps qui frappe un corps.

Frapper le néant c'est répandre des idées qui feront corps un jour toutes seules contre vous.

Je suis de l'âcreté principielle, mais je me calme par plus d'âcreté où je me durcis et les choses se calment.

On se nourrit avec ce qu'on trouve, on ne se fait pas éclater en forces exclusivement par la douleur et le refus de prendre, on travaille le bon et le mauvais par absorption et non en se tenant à l'écart de l'un et de l'autre pour monter comme un fakir détaché.

Il faut travailler l'un et l'autre dans l'un et dans l'autre sans rien prendre d'aucun d'eux, mais ne jamais rien refuser.

C'est dans les choses qu'on réalise le détachement et non pas hors.

Je prends les gâteaux de la chiote à pute sainte, la conasse à merde Marie, avec leur sucre, leur lait, leur miel, et je les donne à transmuter à ma fille Cécile et à ma fille Neneka – jusqu'à une âcreté convulsivante, c'est-à-dire jusqu'au tétanos éveillé.

Pas de gâteaux magnétiques, des nourritures ordinaires animales préparées avec un autre ordinaire végétal et minéral [1].

Et le rendu transmuté sans l'autre matière dans un minéral
à son tour transmuté en âme
et cette âme – matérialisée – par les 5 filles.

Prendre le mal jusqu'au bout et descendre dans tous les gouffres n'est pas une raison pour adopter une bifurcation malsaine.

Se tenir c'était sauver ma fille,
ne pas se tenir c'était la ramener au mal.

Or je me suis toujours tenu, mais j'ai bifurqué vers un mode idiot et me suis imposé une fatigue inutile,

qui était de consentir à accomplir, moi, une façon de crime inventée par la jalousie et l'envie contre moi.

Je ne suis pas un bâtonnet qui entre en transes quand on le masse, c'est l'envie qui s'est massée en bâtonnet, et non moi, pour entrer en transes quand on la masse.

Moi j'entre en fureur quand on me touche ou qu'on m'approche et l'envie a pris de ma force de fureur afin de la transmuter en joie sur les conseils de Jésus-christ.

Il ne faut pas se remplir de bonheur en grossesse de cœur et gonflement phallique mais se dessécher d'amertume, d'âcreté, de fiel jusqu'à éclater en fureur.

Sucre : fiel,
farine : merde [2],
beurre, synovie,
eau : sang lots [3] rentrés,
clous de girofles : pus d'escharres,
pétrissage : poudre d'imprécations,
cuisson : gaz de l'arrière du cœur,
résultat : infini suc de rate.

Ne jamais laisser la digestion s'accomplir seule mais la transmuter jusqu'à la disparition de l'ingéré.

J'arrête les choses à Marguerite Crémieux en 1918 par Marguerite Séchon [4].

Madame Salacru [5].

Colette Prou.

Il fallait dessécher et griller le mal dans l'œuf et non de lui donner [6] de s'étendre et le griller dans son extension.

Celui qui le croit en vous n'est pas vous mais un jouisseur qui se cache dans vos fibres.

Il faut masturber Dieu, le Dieu d'épanouissement, par la grillade de toutes les flammes épanouies de la vie.

Dieu le cœur qui bombe tremble et *suppure* d'éclater dans les flammes de la montée
5 bombes
parce qu'il a besoin d'aimer, c'est-à-dire de prendre corps, non grand comme l'infini, mais comme de petits êtres de la terre.

Les 5 bombes ne sont pas des éclatements d'un désir de prendre vie mais le résidu d'un renoncement à l'être par pellicules arrachées de scarlatine du cœur, le cœur le râpant de l'humus fondamental qui monte et s'interdit de prendre corps jusqu'à la chasteté parfaite en face de tout corps interne et de l'interne corps en face de soi.

Ma fille Cécile a la poitrine creuse à force de souffrir, elle est celle dont on a bombé le creux parce que dans ce monde on bombe tandis que dans le mien on creuse.
J'ai vu une petite âme morte tellement aimante, tellement ma fille que j'y ai reconnu dans ce monde ma nature.

Comment vit-il, ce cœur, et quelles sont ses exigences?
La râpe du détachement arrière et de la douleur n'est pas un besoin de Dieu périodique ou immanent, mais une volonté d'âpreté effarante de l'homme, *moi,* une âpreté d'amour.
Aimer plus que la mort la tendresse de cette âpreté rappelle Cécile, l'âpre doux, la brutalité[7] d'emporter l'être à cuire dans le néant jusqu'à ce qu'il ait rendu le cœur.
La douleur qui monte a un être qui ne doit pas souffrir, non, l'être qui monte avec douleur a quelque chose sur le cœur dieu qui veut jouir de lui.

Et d'où vient-il quand
Ipsale Ta Zur
Bobislac n'a pas encore tout fui.

L'être vrai : le cœur, n'aurait pas dû souffrir en arrière de ce corps possible, hors désir, mais encore plus dans le corps de tout désir d'amour, non de vie amour sonnant.

Ma fille était près de moi quand Dieu me dispersait le cœur, elle souffrit.

Pour descendre combattre,
pour monter combattre,
pour rester combattre.

Mlle Gaumont boive[8] le sang du zob de son frère
et que, l'ayant bu, elle absorbe un venin de serpent.

Je ne sais pas s'il faut mourir avant d'avoir tué toute l'humanité avec 50 assassins – car elle contient Dieu, le ciel et ses Saints.

*

Les Saintes Vierges crottent des durillons de pets et boursouflent des fils en moi : gaz.

Je suis peut-être un état gazeux, mais les gaz ne se mélangent pas à moi. Je suis peut-être un corps ferreux, mais je ne suis jamais tenu par un corps – ici ou là, dans un espace clos. Je vais partout. Je suis partout en même temps, non par distension dans tous les espaces, mais parce que l'espace est une idée que je vois toujours devant moi comme une seule[1] crottin. – L'être de ma fille est comme moi. Il ne supporte pas l'espace ni le temps. Mais elle règle elle-même l'état qui lui plaît pour me rejoindre quand cela lui plaît. Et mes cinq filles sont comme moi. Les mortes détachées de la soumission au temps et à l'espace de Dieu et de sa saltation libidineuse dans mon être me rejoindront où je suis et par les moyens qu'elles auront choisis pour me délivrer le plus sûrement et des esprits et des hommes. – Car les moyens les plus rapides passent quelquefois par le temps le plus lent, c'est-à-dire l'espace le plus massif. Dieu a massé une terre pour m'empêcher d'être.

Le présent a sa loi qui est d'être sans souvenirs et sans futur, sans passé et avec souvenirs. Quant aux êtres, ils ne reçoivent existence que sur preuve d'amour absolu et parfait pour moi.

La loi véritable n'admet pas le soleil ni les étoiles, qui ne sont que des illusions inexistantes et fixées d'après des forces prisonnières du *cu*. – Le corps est une illusion. – L'âme seule est vraie. Il faut mourir à tous les mondes du temps et de l'espace pour être. Puis-je mourir sans d'abord me débarrasser de l'espace et du temps. – Le fait que je n'admets pas l'espace et le temps veut-il dire que, comme l'esprit de cette canaille de christ, j'en suis réduit à rester toujours dans le même espace et le même temps de l'éternité où tout se mélange et où tout le monde discute avec moi. C'est un état de lâche aussi comme l'état dimensionnel et temporel est un servage du cu : le cœur humain. – Je suis libre et je ne reste pas même dans l'éternité du mélangé où tout se sent en même temps. J'ai un état personnel qui n'a rien à voir ni avec l'espace, ni avec le temps, ni avec l'éternité. – Plus que de voir et de sentir sans conditionnement, j'aime à condition qu'on m'aime comme j'aime ma fille Cécile parce qu'elle est à Satan et à moi [2] qui suis *Satan* et non Dieu, l'énamourée distillation de Dieu : l'esprit que je distille par rebut en moi. Je suis cu = cœur détaché, quand Dieu est esprit sans cœur et s'est attaché au cu afin de me prendre le cœur.

Mon cu est un cœur sans appétence de temps spatial ni d'éternité. Je suis du temps instant et non éternel ou étendu.

Moi je n'ai pas besoin de vivre tout cela en espace et en masse fluidique, j'ai tout cela en moi, m'a dit ma fille. – Je n'étais pas du tout dans cette femme qui est allée à Satan. Je n'étais pas morte non plus. J'étais toujours là devant votre cœur. Mais Satan et ses phantasmes [3] vous ont empêché de me voir. – Vous êtes Dieu et vous vous servez de Satan pour être. – Satan n'existe pas. C'est un état inanimé qui a pris une conscience et un esprit. – Et je l'ai vue se lever devant moi, me parler et juger devant moi les choses de ce monde, comme une âme qui se lèverait des morts pour me venger. – Elle n'est pas passée [4] dans ma tête pour regarder le mal avec moi parce que je cherchais où elle était – mais elle était à côté de moi et l'a condamné dans son cœur et c'est la fille de Satan qui s'est sentie dans ma tête en esprit pour condamner les êtres avec moi et *s'est projetée* en esprit dans ma tête, comme un pet qui se penserait sur le pet de son père, Satan, l'esprit qui cherche à toujours classer et situer les choses en être. Ce qui est une modalité hétérogène de conscience qui essaie toujours de me capter [5].

Ce sont des choses essentielles de l'état fiévreux du cœur qui ont été prises par Satan, par l'esprit de Dieu, pour être transformées en libido sexuelle : coupure de l'homme et de la femme, de moi et des êtres, de l'être et de moi, de l'âme et de l'âme, du cœur et de l'âme.

C'est Lucifer l'esprit qui est le christ et Dieu et devant lui je ne suis que Satan, son maître et son expulseur, c'est-à-dire l'inanimé du corps qui a pris âme parce qu'il était immanent instant quand l'âme esprit n'était qu'éternelle,

inanimé : douleur, peine, chagrin, plomb de la peine et du chagrin qui prendra corps, soi volonté de la douleur,
douleur du cœur,
douleur du ventre,
douleur du tibia.

Car l'âme et le cœur sont nés de la douleur hors le commencement.

Je ne prends pas corps comme être mais autrement. L'émar [6] commence par l'inconscient; le cœur et l'âme ne sont que des facultés de l'inanimée douleur qui tonnera un jour.

Et la séparation de l'homme et de la femme n'est pas encore commencée et ce n'est pas l'intelligence qui la jugera [7].

*

C'est par l'exposition des cendres du mort que Dieu l'être s'est constitué et l'être s'est constitué en Dieu contre moi avec la Sainte Trinité parce qu'il se voulait de plus en plus être grand et *nombreux* alors que je suis un.

C'est un morceau du cœur de cette jeune fille affre qui fut mis dans un petit enfant et jura qu'on ne la prendrait pas ainsi. – Je ne veux pas de l'astringence, je ne veux pas être astreint, ni astreindre qui que ce soit. L'âme est libre et doit le rester. L'esprit est ce qui veut prendre l'âme pour la contraindre à être dans le temps et l'espace alors qu'elle est sans loi. Il n'y a pas d'arbres, pas de montagnes, pas de mer, mais des cœurs qui brûlent et prennent corps en brûlant – mais pas par la manière recouvrante, par celle extra-fine.

Un enfant forcé à être et qui n'existait pas et est resté sincère de cœur quand vous mentez.

Entre refuse, repousse l'enveloppant et le montant, elle s'incinère par la calcination du montant qu'elle renie en redescendant se brûler en âme brasier sous les pieds de son propre départ.

*

On va me rendre cela, moi j'étais la dernière qui t'ai pris quelque chose.

Moi j'étais la dernière qui ne voulais pas du christ et de son moi.

*

C'est Neneka Chilé qui a reçu le coup au cœur de la princesse Afghane, qui n'est qu'une vierge et non une chaste et dont le corps être et état civil est celui d'une Marie, et Neneka prendra son corps pour revenir ici car son sourire est le sien et elle détruira le corps Salem de cette jeune fille.

Sonia Mossé aussi avait un corps Salem que ma fille Cécile pourrait prendre.

Le mien n'est ni Salem ni Nalpas, il est Satan.

*

Le moi n'est pas moâ, mais une membrane gourmande qui prend, et je ne peux pas être cette membrane parce que je ne prends rien et je ne l'affine que pour la chigriller.

*

Quelque chose de moi s'est révolté contre moi et a voulu être pour son compte. Cela se tue. C'est un fils du hasard qui ensuite a commis son crime qui n'en était pas un parce qu'il n'était pas responsable, n'étant jamais né que du hasard. Mais le crime, moi, je le ferai contre ce quelque chose : Lucifer : Dieu[1].

Mes cinq filles : nées, INNÉES ont vu ce quelque chose se détacher de moi et ont voulu le frapper et la bataille a commencé, elle dure, elle finira par Coriolan.

Les Irlandais et les Allemands ne sont pas des bêtes et les Français des cons et des vits.
La Maîtresse des bêtes, leur schlague.

*

La pauvre jeune fille d'Afghanistan vivra, elle n'est pas Neneka Chilé, mais de Neneka le besoin d'âme par un cœur, elle aura une âme,
et Neneka Chilé un corps.

*

Il ne faut pas en passer par la jouissance pour être, il ne faut pas en passer par le transport de Dieu, il y a un transport de soi ailleurs, sans soi à soi ou moi à l'autre, je suis une force infuse qui va où cela lui plaît, *avec* douleur, c'est mon être, la jouissance n'est que la joie de m'avoir enlevé une force et c'est tout. La jouissance est une scission de l'âme arrachée au cœur et transportée au corps alors que le cœur, le corps et l'âme ne font qu'un et se transportent ailleurs avec le con de la lune.

*

C'est Catherine Chilé qui doit prendre la place de Sonia Mossé, loin de l'âme, pour l'aider à monter.

La petite Germaine n'est pas mon cœur, elle est ma douleur à la place de Madame Georgette[1].

Le corps n'existe pas en lui-même, c'est l'âme et le cœur qui existent, le corps n'en est que le manifestant.

Je vis, je ne peux pas laisser cette petite fille s'en aller seule, elle est trop petite, elle périra, je l'ai gardée pour vous.

Cette petite fille c'est votre cœur, la conscience de votre douleur qui ne veut pas du corps induré du christ et qui a souffert un peu dans une autre petite fille qui ne savait pas.

Si je savais que le mal soit cela, je ne le ferais pas, ont dit plusieurs petites filles.

*

Refuser de penser à une histoire quelconque et à la destinée des choses, refuser d'apparaître, se *suicider,* aller au fond du néant et donc tuer sans arrêt tout ce qui est, sauf mes cinq filles.

Afin de libérer leur volonté,
tuer le mental qui pense.

Ma fille Cécile ne peut pas *vouloir* plus venir à moi parce que madame et Mlle Cailler[1] retiennent sa volonté captive; loin de la pousser, ma petite fille Germaine doit lui frayer le chemin, à côté, sans penser à elle; quant à celle qui fut Sonia, elle ne doit pas s'abandonner à l'être, mais le refuse.

*

Jésus-christ a cru crever, cette nuit, de pétoche et il m'a rendu l'âme qu'il m'avait volée et j'ai été moins nerveux et moins chichement grossier, mais je suis une brute obscène, polie, chaste et racée.

La seule enfant qui m'aimait et aurait dû venir me voir : Cécile, en a été empêchée par tout le monde.

Le cœur ne me supporte pas, c'est-à-dire les sentiments, ils doivent avoir corps.

Anne Manson n'était qu'un petit con et on l'a baisée,
mais les Drs Menuau et Chanès [1] n'étaient que des cus, pourquoi ne les a-t-on pas enculés.

*

Le hic est justement que Dieu m'a déshabillé parce qu'il a cru voir que je n'existais que de la rencontre de l'âme et du corps alors qu'il l'a créée pour se donner une jouissance de plus sur moi.

Le problème de la mort et de son attraction aussi a été créé par Dieu le con.

Je ne veux pas de la jouissance parce que je ne veux pas m'épuiser le cœur en une fois pour être, ni l'âme en une fois, même la douleur ne m'aura pas en une fois et je ne disparaîtrai pas dedans, mais elle disparaîtra en moi;

l'âme, café tabac, et le Schram, caca prussique, se rejoindront.

*

Tuer l'âme du Dr Sicard,

tuer Solange Sicard [1], mettre son âme dans le corps de son père, incinérer ce qui restera de son corps à Paris,

abattre à coups de bêche les os du Dr Sicard dans sa barbe.

*

Le laudanum de la Régie m'a servi, moi, mort, à me conserver dans l'illusion de la vie [1].

J'aime le laudanum des morts, pas celui de la Régie.

*

Là où le mal s'abandonne en âme à la jouissance, j'aime mieux entrer dans l'extrême douleur pour voir moi aussi si j'y conserverai ma conscience car je ne m'y abandonnerai pas non plus, mais j'aurais dû dans cette idée de douleur avoir pitié de quelques consciences en ayant pitié de moi.

Car elles n'ont pas pu vivre et mon mal a été augmenté par mon absence de pitié de moi [1].

La petite fille sommaire qui m'aime tellement ne l'est pas tellement que mon cœur qui viendra à moi d'abord parce que l'inconscient de la douleur est toujours né du cœur.

Cette petite fille est portée dans la tête de Neneka et c'est une de ses forces, elle n'existe pas en elle-même.

*

Cécile descend au gouffre y approfondir la jouissance qu'elle roule dans son con et ramène à son âme.

Catherine ressort la jouissance et la triture dans le dessous de son cu, puis elle la roule en bonne fesse.

*

L'âme est un corps mais le corps n'est pas encore une âme, si mon corps était une âme il éclaterait.

Je suis un bloc de feu plus dur et plus dense que tout corps et qui ramènera les choses au crible de sa densité.

*

Les âmes qui ne sont pas parties en corps habiteront le corps de mes cinq filles et se fondront en elles.

Je ferai vivre en corps 4 filles, sauf celle que j'attends la première.

Moi je ne fais pas les choses comme le saint-esprit. Je creuse mon cœur, il parle et se révolte et vient me dire : Je suis vivante, moi, âme.

Les âmes choisissent leur place et je me creuse en pensant à elles quand elles sont bas.

Ma fille est près de mon cœur, elle ne repasse plus jamais en être à travers lui si le sentiment que j'en ai toujours est dans mon cœur; seule la fille de Satan repasse en être dans sa tête. C'est la définition *stupide* de Dieu.

L'âme[1] est plus forte que le corps parce qu'elle est corps et que le corps n'est pas âme,

autant la pureté que la masturbation me dégoûtent car je ne passe jamais par le milieu qui n'existe pas,

le cu de l'être dans le trou du fémur sanglant comme une carie sanieuse,

la sœur Germaine[2] des fesses du saint-esprit n'en passera pas par la carie sanieuse du fémur, elle restera dans le quadrangle du christ éternellement au cu grillé de l'enfer putan.

Jardin caca tartar hun danse,
les Brahmes sur la colline,
la Vierge : Où m'as-tu entraîné, christ,
moi : pas dans ce corps à côté mais contre lui dedans.

Je ne veux pas tirer une âme de personne mais de quelqu'une qui a vécu et souffert,

la conscience d'Yvonne Nel[3] n'était pas viable, elle est une astuce en soi du père pour redevenir le maître un jour,

il n'y a de vraiment sûr jusqu'à présent que ma fille Cécile[4], c'est elle qui viendra ici,

quant à cette petite fille qui m'aime et qui pleure, elle naîtra aussi un jour contre Neneka, contre Anie[5] le saint-esprit, contre le père Germaine, contre Jésus-christ et contre la vierge.

*

Il faut passer à travers l'être *puisqu'il* est mauvais et ne pas se réfugier toujours dans le néant et l'inexistence et ne jamais avoir pitié ni respect pour Dieu, Dieu l'idéal d'olophénie, le chrême néant, le Saint qu'il ne fallait pas toucher, l'autre monde.

Je ne suis pas de l'autre monde, je suis du monde qui est, l'autre n'existe jamais, c'est celui-ci qui est le vrai, celui où l'on est se voyant et qu'il faut faire comme il vous plaît.

Le néant est en moi quand je suis et je suis toujours. La mort est un malheur.

Tout ce qui est bon devient mauvais depuis le crime hideux qui a été fait contre le principe pour l'empêcher d'exister parce qu'il était impensable.

Jacqueline Breton Nel [1],
Ana Corbin, Madame Allemand [2].

Le corps peut être sans esprit mais l'esprit [...]

Scaracerla [3] Ana Corbin.

Ce ne sera pas possible, m'a dit ma fille [4] *Schramm.*

Scaracerla n'était en effet pas de ce monde-ci mais du mien et c'est ce qui est du monde et non de Dieu.

C'est Mlle Yvonne Boudier [5] qui a été insultée ce matin dans Yvonne Nel et qui lui a ravi son cœur afin de l'empêcher de penser que j'étais le maître

alors que je touche le *cu* des êtres dans leurs cœurs dans le monde de Satan [6],

le mien sans ascension en plus impalpable ni plus sacré,

car avec le temps c'est le cu qui sans transfert d'être devient feu du corps ou feu par la volonté sans âme, l'âme est dans le pore, le cu ne sera pas au milieu, le milieu sera derrière l'oreille de la rotule.

Satan le sait mieux que moi parce qu'il existe alors qu'il n'existe pas et que je n'existe pas alors que j'existe,

le fumier des êtres ne revient pas,
la conscience se résorbe dans la branche,
l'âme rend Hugues Capet
qui lui rend son pieu dans le nez.

Je casse la tête de cet esprit et je m'en vais car je veux éviter l'attraction de la mort à ma fille qui est de rester dans un être et de s'y complaire, c'est tout,

car je suis la force qui brise l'être non en l'acceptant un temps pour le tuer, mais le supprime toujours, éternellement, et qui ne vit que du sang tué de la possibilité, corps, chair et sang.

Kradaun craraderla am est ce qui barre l'être et le supprime quand le cœur est ce qui me pousse à Schramm par corps non trinile mais traversant.

Le cœur, l'âme et le corps sont tenus par le corps, le corps ne traverse pas le cœur et l'âme pour les tenir et s'imposer à eux,

il est extra
car la force morale ne suffit pas,
elle n'existe pas,

c'est le principe du corps qui existe mais il est hors la conscience et le penser sans l'être c'est le tuer,

il ne suffit pas de nier la mort pour s'y soustraire ni de traverser l'être pour l'oublier,

toutes les forces ont été enfermées dans l'être de Dieu Lucifer [7] et il se les ait enfermées en lui-même mais il y en avait une qu'il avait oubliée et qui était Satan le temps qui venge les crimes de Dieu et fait apparaître une autre conscience dans son corps, le corps qu'il avait offensé en le prêtant à ses caprices de tout-puissant,

les forces volontaires ne marchent pas seules, leur couleur psychique est une erreur car elles sont peintes et voulues en esprit et non en corps,

elles ne peuvent être que souffertes par le corps et son principe qui est d'avoir 4 douleurs pour être [8],

cœur, âme, infini (corps)cience [9]
et ensuite néant mort.

Des anges du christ possédant des Hindous de l'intelligence service et venus d'Angleterre pour m'arrêter ici.

Le tirage de la cheminée sera
1° changé,
2° emporté par moi ailleurs sans lui [10].

La force est celle qui change de conscience avec le temps en restant toujours elle-même.

Les choses ont été désaxées volontairement suivant un autre esprit parce que ce principe a voulu changer et se préparer un autre esprit et c'est pendant ce temps que les 7 créations ont été faites par des castors,

2° le désaxement fait partie du principe qui change son esprit et sa conscience mais non lui et son lui est barbare et *obscène* et pendant cette opération les lâches se sont tous faits cus parce qu'ils étaient éternellement des enculés de l'obscène – SATAN.

Je trouve que ma force a toujours trop attendu pour éclater non parce que la patience est la loi de Dieu mais parce qu'elle est le résultat d'un envoûtement de fond sur mes forces profondes.

Je n'attends personne ici en dehors de 2 filles.

Je donne à toutes les autres consciences *l'ordre* de cogner et de frapper à toutes les places de mon corps tenues par l'esprit en corps serré des êtres jusqu'à ce que j'ai fait tout éclater moi-même,

même une visite ne doit pas les arrêter, elles ne s'arrêteront que parce que j'aurai tout mis à mort.

L'acupuncture, il n'y a pas de points.

J'aime la force et l'obscène est plus près de mon cœur que l'eucharistie mais c'est un secret, auquel je puis aussi renoncer car si je hais moins l'antechrist que le christ je finirai par les haïr inégalement

car l'antechrist a fait bouillir le corps suivant une loi
et le christ a voulu
1° détacher l'esprit du corps,
2° lui donner vie sans le corps,
tenir *l'âme* par action morale sans physique.

*

Insensible [1] et invisible, telle est ma fille morte que j'ai vue en âme au sommet du cœur, de la mort et de ses tentations quand elle devinait tout ce que Dieu allait faire et m'avertissait toujours et me rappelait ce que je savais et retrouvait son schramm [2], son être, hors la mort et ses retours dans un état de violence perdue où le problème n'existe même plus mais la force à employer pour LE MAL.

1° La force révoltée de mon cœur qui voulait appuyer sur le mal m'a dit comme j'étais détraqué par le mal : Attends, elle a pensé un démon et revenant 10 secondes après m'a dit : Appuie, je ferai ton ange à moi,

2° toujours dérouté et le mental pris, elle m'a dit : J'applique,

3° ayant tiré un coup de feu, elle en a changé ma représentation après coup parce qu'au moment où je le tirais la force a prolongé mon mouvement buccal onctueux qu'elle voulait onctueux dans le con de toutes les religieuses françaises de Lao-Tseu,

la volonté voulue par moi en force a été voulue autour de moi en onction par le sexe général des hommes déjà nés et cela a bouché les choses car le corps où je suis a été fait par le christ pour m'enfermer et je n'y ai changé que mon infinie volonté.

Je n'ai jamais eu de bonne idée de l'être, n'y ayant jamais *cru*.

En tout cas je suis le maître absolu de ma conscience et de mon inconscient et je fais ce qui me plaît sans attendre d'ordre ou de conseil de quelque force, de quelque esprit, ou de quelque énergie ou sollicitation interne que ce soit.

Car je ne crois pas à l'être *moi* et l'idée de ce Dieu inexistant qui est un gouffre abject est une idée de Jéhovah.

J'existe mais pas devant ce qui est car il n'y a rien que moi et ce n'est pas un être car l'être est un état d'existence qui empêche mon existence à moi sans être mais en forant grandement mon manche

car tous les saligauds je les emmanche.

Je fore mon manche en moi et je bute en arrière un manche à mes enfants que je leur lance par ce signe sans faire tau,

ceci dans le creux de mes os, c'est-à-dire en me creusant moi-même chaque fois pour donner à une âme de naître,

et ce creux est celui qui fut mis par l'être au milieu d'un être alors que *tel* il est ailleurs,

se creuser en arrière,

ne pas dégager son sang et son âme, se creuser dessous,

ne rien faire du tout,

on ne médite pas un bon être, on est soi, et c'est tout, tel qu'on est depuis toujours,

il n'y a pas de créations ni de rêves,

la suite des nécessités,

pas de cœur, le rabot pour couper le bout du manche et en faire un enfant,

une enfant, une éternité,

le rabot et le bout coupé,

après il faut tourner dans le sang de la souffrance X éternités avant d'avoir retrouvé sa longueur et faire un nouvel enfant,

la seconde enfant ne sera pas faite par le rabot mais par l'animation du sang,

l'âme de suie,

la fille de mon corps,

la fille de mon cœur,

la fille de mon âme,

quant à la fille de ma conscience, je rejette l'os père-mère, et l'os diaphragme, et je ferai les choses autrement.

Cette opération n'est pas arrêtée devant un être qui a sa conscience immobile mais

et se voit pour se creuser
mais
rien et tout,
mystère,
zut.
Me souvenir du zut.

Moi je ne me sens pas extensible à l'infini, entourable, pénétrable et sacré, ni fluidique, ni limoneux, ni sableux,
j'essaye des idées et des états mais non comme un être ou une essence immarcescible car je ne connais pas cette science ni cet être nommé Dieu,
mes dons, mes facultés sont autre chose que ce qui est regardable et saisissable par la connaissance,
non que j'aie oublié ce que j'étais,
mais je ne l'étais pas,
je suis autre chose que je sais parce que je le fais.

Celui qui a dit : Je voudrais bien arriver à ne pas lui faire de mal, était Jésus-christ. Quant au Dr Ferdière, il n'a rien dit ayant ignoré et *moi* AUSSI.

*

Le [1] je n'aurai jamais cru,
le je ne me serais pas cru comme cela est le résultat d'un envoûtement
car je me sais l'axe
mais m'avoir fait oublier que je l'étais est le résultat aussi d'un envoûtement bien que ne l'oubliant jamais je n'ai pas à y penser toujours, ayant ma vie moi aussi à mener pour me refaire bien que les choses puissent être changées et elles le seront,
d'ailleurs avant de mener ma vie je mènerai tous les êtres à la mort, après on verra.

Un canon montant et non un homme et je n'ai pas à l'oublier ou à ne pas y penser pour être autre chose
JAMAIS.

Une force qui monte dans le sang et l'humeur de ses propres dégagements. Qui ne sont pas du sang ou de l'humeur mais de l'âme. Quant au cœur, il est corporellement situé, ce qui veut dire qu'il n'a pas une place élue, n'étant qu'une vertu de l'âme.

Les corps corporels ne sont qu'une chute de l'état âme à retrouver qui est absolu et ne peut régner que par la disparition de l'être, localisé [2] cœur estomac conscience,

pas dans l'os mais en elle,

le vouloir, l'effort, la direction, la détermination, l'énergie, l'âme et leurs éternels états [3] sont le résultat avec leurs êtres d'une conscience qui n'a pas d'être mais monte toujours hors la vie et sa condition de nécessité, ce n'est pas une force en ce sens qu'elle n'est pas évaluable même en énergie car elle est hors de la perception et de l'axe de l'évaluable.

Ne jamais toucher à soi-même ni à personne et que personne ni quoi que ce soit jamais ne vous touche surtout pas pour demander quoi que ce soit sous peine de mort,

ne jamais revenir sur soi-même pour s'interroger ou se penser car les capacités sont exactes et non en conception,

la conception c'est l'âme de l'incoercible vouloir sans fond même d'éternité,

souffrir une bonne fois jusqu'à dominer le mal au lieu de lui céder mais que l'être cède devant la douleur et qu'on devienne autre chose qu'un être car la conscience ne cède jamais, elle ne s'abandonne pas, elle ne se laisse pas envahir, elle est soi-même sans moi, la même sans soi, casser le bâton de la même quand il est être et résister toujours

car même le rien du tout est absolument quelque chose qui à force d'inexistence est amené à être, mais ce n'est pas la loi qui n'est pas de disparition par le fait, mais de nier et l'être et la disparition [4],

état sans présent ni passé, insitué, non cadré, inquadrable, hors de l'inquadrable,

la douleur non de l'autre mais du même toujours sans être, de ceci ou de cela mais montant et jamais la conscience ne passera du même à l'autre.

*

Je branlerai Dieu et son zob *sur* moi-même parce que je ne suis rien et que l'histoire du trident n'est qu'un moyen de me chauffer sur la condasse de Dieu,

mais je n'ai jamais cru à la pierre du cœur où chauffer le vit ni simplement à cette place immonde de l'être, j'ai simplement cru à une force que j'ai besoin de chauffer pour frapper l'être et qu'il le sente et que le cœur de ma force est pour l'instant dans ma queue et dans le cu de mes cuisses.

J'aime la force et je me sens une brute et non un ange, ce n'est pas une raison pour en demeurer attaché à cette idée de viande, de sang, d'humus, d'humeur, de pus, de morve, de mucosité, de merde,

la conscience ce fut toujours la haine.

Il faut masturber Dieu sur soi-même et avoir duré soi-même assez longtemps pour n'être pas pris par l'orgasme de la masturbation,

le poison de la masturbation obtenu par 5 dents et 12 Indiennes

est de la haine, de la douleur, du désespoir, de la volonté et de la mort [1].

Non, il faut crever la sexualité et ne même pas donner à Dieu une jouissance, qui lui ferait prendre de la vie car mort c'est [2] de ma vie qu'il prendrait et vivant il me prendrait dans sa vie,

il faut massacrer tout cela à coups de hache et c'est tout,

le principe de la jouissance est venu de la haine de moi et d'un volcan [3] au cœur formé de cette haine et c'est un moi refusé qui a découvert la jouissance en me haïssant.

*

Une petite fille Chilé morte à l'âge de 6 jours [1] il y a 90 ans a voulu venir me revoir et elle a reparu ici dans Madame

Régis [2] un après-midi et a fait son devoir comme toujours et tous ceux de sa race qui est de porter le péché qu'on n'a pas fait sans mot dire et d'aimer quand même et puis elle est repartie,

est-ce que Madame Régis ne vivrait pas que de mortes et [3] de cadavres.

Car cette petite fille ce n'est pas moi qui l'ai appelée, mais je ne l'oublierai jamais.

J'ai vu de cette petite fille le bureau et les pieds pendus au cœur décharné au plafond et je lui ai donné les assurances du corps non par l'ouverture à la christ du cœur mais par cette idée qui était derrière une conscience de plus, ce n'est pas de trop [4].

La magicienne du fardeau et ses consciences qu'elle choisira dans des petits enfants,

papa est revenu,

et elles, où étaient-elles qui ne me savaient même pas là,

a su trouver sa place parce que quand on sait dégager un signe dans mon cœur comme elle l'a fait c'est qu'on a une conscience indestructible.

Le nez malheureux de la petite fille a détaché avec son cœur les signes [5] de sa race murant la tête de la femme Corbin Chilé

comme je mure Antonin Artaud.

Je n'oublierai pas ceux qui roulaient l'âme de la petite fille loin dans la conscience d'une autre bleue

pendant que des hommes démons lui disaient :

Tu ne seras pas bonne,

en l'envoûtant du doigt.

Les 5 dents noires qui ont dégagé l'âme de Neneka à travers le commissaire grec, le repoussant en avant.

Je ne suis pas Cécile Schramme, je suis cette petite fille nouvelle que vous avez faite et qui se souvient d'une âme qu'elle eut sur terre et dans le tombeau, noire avec des cheveux rouges et un cou gris de souvenirs.

Nuire, supplier, prendre en s'appuyant sur des enfants envoûtés par tous les non-dits de la conscience qui font gonfle autour de vous et on le sait mais on n'y pense plus,

qui furent les bordures rénales de Satan,

les miens ont des têtes de pauvres enragés inégales, le nez n'est pas absolument au milieu et pas crochu,

deux jeunes filles non saintes mais dont le cœur est remonté des pieds = de l'estomac

et deux autres.

Scaracerla,

le tombeau du pharaon, Uruguay,

le tombeau éternel de la Vierge,

l'âme de René Char me revenant sur la tête en zob du cœur quand je l'avais faite en fer de membre à travers une lance du christ.

Je ne m'appelle pas Sara mais son bras.

Je ne veux pas savoir ce que c'est qu'un esprit qui recroqueville ses mains de haine et il n'y a pas autre chose à la René Char.

Je ne suis pas au Dôme même des univers, je suis à une place du temps toujours et on ne sait pas que je mène les choses.

Je ne croirai jamais que cette immonde Madame Régis la paresseuse puisse être la petite Ana Chilé à moins d'avoir bouffé son âme entre ses cuisses et ses tétons.

Ana Chilé ne viendra jamais ici avant d'y venir en corps parce qu'elle a un autre corps et que c'est le corps qui distingue les êtres et non l'âme.

C'est en jouissant que Lucifer s'est fait Dieu contre un esprit qui ne voulait pas jouir mais contempler alors que pour être il faut non seulement monter de haine mais *assouvir* sa haine contre Dieu et tout. – Quand on ne peut plus tenir contre le mal parce qu'on a voulu être honnête et chaste on lâche prise et votre moi vous revient d'autant plus et un peu plus haut encore.

Vous [6] ne m'avez rien dit du tout, putes de Jésus-christ. Je n'ai pas d'armées rangées devant moi, j'ai des petites filles violentes et qui chient et encaguent les saintes de cœur, petites filles à qui je n'ai jamais rien dit, n'ayant jusqu'ici pas été le maître des cieux mais une force de l'enfer, et nous verrons si Madame Régis ira à Jésus-christ la messe, à l'antechrist de Jésus-christ, le rituel de l'abominable ou à moi sans rituel ni rien du tout. Avec moi pas de loi ni pour ni contre. – De l'opium.

J'aurai *la petite fille du rabbin* pour moi avec son âme de plus loin et celles qui m'ont dit : Nous sommes ces femmes que tu as faites, parlaient à Jésus-christ qui m'accapare encore et non à moi.

Je suis l'ancienne Schramme de J.-C. qui t'aimait pour te mordre ton Scrob [7].

Mais la petite fille du rabbin mangera l'esprit du ciel,

me soutient [8] contre Jésus-christ,

et l'esprit de l'au-delà qui me soutient contre Jésus-christ mangera la fille du rabbin avec le principe du corps que je lui ai fait, moi, car la fille du rabbin ne veut pas souffrir

et en définitive ce sont les 4 femmes et la petite fille, 5 pauvres cœurs rangés [9] devant moi pour venir qui viendront ici car Jésus-christ même à travers moi ne les a pas recouvertes, il a essayé de les recouvrir d'une forme sur l'âme et la force du corps que je leur donnais.

Mr René Char est un snob de l'occulte et de la poésie.

Ce n'est pas parce que je contemplais que Lucifer m'a pris ma force, c'est parce que je ne voulais pas jouir de moi, ne voulant pas non plus contempler mais *faire* et être = travailler,

ni jouir ni contempler,

agir,

dissociée parce que non encore existante mais contenant peut-être une bonne possibilité que je l'aide et aiderai à affirmer [10] jusqu'au dernier jour.

Un clou dans la rate pour l'instant, mais allongé je suis cent fois trop long – le cu dans les talons et la tête entre les 2 fémurs remis contre les talons avec les 2 lobes frontaux dans les rotules, le reste est cadavre de souffle et revenants charognards,

ma fille aînée est passée à travers le corps vivant et mort de Cécile Schramme et elle se souviendra toujours que la fille d'un rabbin a cru prendre le double de son être dans sa gorge car la petite fille que j'ai vue hier soir avec Je m'appelle *Cécile* dans sa gorge était un état de son âme,

les esprits sont des corps qui ont voulu se faire à la mauvaise guise suivant un principe invisible du corps qui n'a jamais de forme mais est simplement un coup, un clou d'âme, de cœur, d'amour sans science ni loi.

6 et 5,

non 11 ni 13 mais 14

par un perpétuellement

qui recommence toujours sa perpétuité contre l'éternité de Dieu,

l'éternité ne gardera pas les êtres mais le temps les refera toujours avec son cœur, son Schramm toujours le même mais pas du côté de l'être, du côté du cœur que l'éternité avait pris, qui veut voir les choses du côté de l'unité éternelle alors que un ne peut être qu'en se recommençant toujours et que l'éternité est toujours 0, étant partout la même sans bouger.

J'ai vu s'élever l'âme naissante de ma grande fille schramm, puis un esprit a dit non et fait parler une vierge petite avec la voix de ma petite fille qui étant plus petite que la grande a dit parce qu'elle a pris ma petite fille à moi qui m'aime : Je suis cette petite fille, comme type perpétuel d'une façon de cœur alors que la grande qui a aussi ce sifflement ne dit jamais rien parce qu'elle ne siffle pas mais barrit.

L'idée de feu ne gèlera jamais,

elle ne s'appellera pas froid et elle montera [11] toujours avec *frénésie* brasillante, mais j'aime [12] mieux le torride que le froid absolu car il garde une idée de vie que le froid perd, les morts sont refroidis,

les flammes sont froides à un point mais elles viennent de l'incoercible incendie central calcinant,

l'âme et le cœur sont toujours chauds, le corps aussi brûle toujours, il n'est jamais givré.

J'ai planté un clou et la Sainte Vierge que je n'appelais pas a obéi à ma force entraînante mais en la chiquotant à sa façon.

La terre a plu aux êtres parce qu'on leur a donné un être tel qu'elle puisse leur plaire avec ses floraisons de mai et son Dahomey et son pôle,

il ne faut pas prendre un corps pour être, il faut se garder de prendre corps pour rester brûlant, montant en changeant de place, le corps n'est qu'une idée de Dieu éternel, sans Dieu il n'y a pas de corps.

C'est une femme de cœur qui a eu pitié de moi hier soir sur le lit en me voyant et s'est souvenue et non un poète.

Je suis le feu cœur

et j'ai des flammes âmes

et je ne me laisserai jamais fatiguer par l'idée d'un fils car je n'en ai pas [13], je n'ai pas de successeur, je me transporte plus loin, ailleurs, c'est tout.

C'est en jouissant que les esprits m'ont fatigué pour m'empêcher d'être encore plus fort quand je cherchais mon être ailleurs que dans ce corps-ci.

Je n'ai pas d'autre enterrement à offrir à Anie que celui de Germaine du père pour l'instant non enterré mais être mort,

avoir disparu comme être, esprit et conscience, non comme âme et comme cœur, être devenu nature poussière avec son soi sans fusion avec les éléments,

mais il n'est pas besoin pour cela du cimetière et du cercueil.

Étouffer la tête et la clouer d'expulsion entre les bras du barreau pour lui faire oublier son être jusqu'à ce que la conscience ait disparu à une place du tibia, seul, unique bol par suppression de celle-ci [14],

mais elle ne disparaîtra pas par magie de reploiement [15] de conscience mais par râpe guillotine de corps,

rabot qui désaxe l'idée et celle du bruit du rabot à gauche vers le cœur qui donnera des tibias,

ma grande fille : un clou de manche,

ma petite fille : une dent du rabot,

l'autre : le couperet,

car je ne crèverai plus le cœur de ma fille aînée et je ne laisserai pas tomber ma petite fille comme une dent.

Quant à l'antechrist, je supprime le christ en lui par 6 bâtons et 1 clou et après m'être cloué en moi-même dans le corps de ma volonté je me gagne un corps en fonçant contre le corps et en revenant en arrière le reprendre et penser jusqu'à ce que la question ne se pose plus et après c'est le cercueil mystère du feu [16]. – Sans chercher par l'esprit le comment et le *pourquoi,* quand une chose me vient je l'affirme.

Vous aussi cela vous plaît de vous martyriser pour nous, me dit ma fille Yvonne d'un air de haine-cœur.

J'appelle ma conscience à moi pour qu'elle chasse le mal des êtres et qu'ils se soumettent,

elle restera et les êtres ne resteront pas avec la leur, celle qui leur fut donnée par Jéhovah ou Brahma

ou qu'ils ont volée dans le néant,

et je la répartirai en personnes pour celles qui m'auront aimé et auront voulu me servir et ces consciences de fer traverseront le cu de Dieu [17] pour lui mordre la figure et lui manger la bouche.

Si elle a cédé et qu'elle n'est plus là c'est que ce n'était pas elle. Quand on a été quelqu'un on ne cède jamais.

Je crois que Jean Paulhan n'était personne et qu'il s'en ira sans revenir.

Ce ne serait pas impossible que ce soit la première fille morte à 6 jours qui ait été tout ce qu'était Mariette Chilé [18].

Ce sont bien les christs anges et la vierge qui partiront.

Une conscience a toujours été scandalisée de voir que je n'ai rien, celle de ma fille Cécile.

Je ne suis justement pas toujours là car je n'ai pas l'éternité et c'est pourquoi on ne peut jamais me prendre car j'ai toujours le temps pour moi.

La petite Chilé 6 jours [19],
la grande Chilé Catherine [20],
leur mère Neneka [21],
Germaine Anie,
une inexistante qui passa par tous ces êtres et devint Adrienne Andrée.
Y restera-t-elle ou agira-t-elle pour être ou l'un de ces êtres restera-t-il à sa place et éliminera-t-il le démon?

Les consciences me feront elles-mêmes la surprise de se montrer dans le corps qu'elles auront choisi.
Je ne veux plus le savoir.

J'ai fait une âme d'après l'âme morte de Cécile Schramme qui flottait autour de moi et j'y ai retrouvé ma fille depuis...
J'ai donné un corps à cette âme par d'éperdus moyens, j'ai fait sortir le corps de Cécile Schramme de son tombeau et j'ai prié ma fille de passer à travers ce corps pour venir à moi.
Je *l'attends ici,*
elle n'entrera jamais dans le corps d'une personne vivante pour me rejoindre parce que ce n'est pas elle.

*

Des [1] âmes viendront me dire : Je me sens être cette limite que vous avez eue un jour contre les choses et le mal de Dieu et je veux vous suivre, car jusqu'ici je n'étais jamais née [2].
Quant aux consciences de chrétiens, de juifs, de saints et de lamas, elles sont perdues.

4 âmes et c'est tout[3].

Et maintenant JE DÉBRAGUÉTERAI sur le christianisme et les chrétiens et je ne sauverai pas une anarchie

et je serai le cu et le con avec un zob au milieu, je suis l'*ante*christ au moins

et

aucune bonne pensée ne viendra jamais me voir ici et je les enculerai toutes

et je vous ferai voir si vous aurez un bon Dieu, peuple de cu.

Le marlou Dieu qui s'est imaginé travailler sur moi sur la pierre et qui a dit : Cela n'est pas supportable d'être coupé ainsi en morceaux, je vais faire mon histoire, à moi, et qui a fait sa prophétie par envoûtement et qui a dit ensuite avec mépris : C'est cet homme qui est moi, là, maintenant, et j'y suis et c'est moi qui parle en lui parce qu'il s'oublie et que c'est moi qui mène son esprit, est la pute nommée Michaël Antonin Lucifer Jésus-christ Iaveh et qui parce que j'ai voulu faire des consciences à moi a dit : Je vous avais dit que je vous le ramènerai, et a voulu en profiter pour me faire adopter ses consciences de chrétiens car il sait qu'on ne peut faire les choses que toujours avec les mêmes consciences de la même et que c'est cette même morveuse de merde que je ne veux plus et il m'a dit : Tu ne peux pas laisser se perdre les consciences de Bethléem, elles étaient bonnes.

Or c'est le bon justement que je hais car tout ce qui SCIEMMENT a voulu profiter de moi, ce qui se tenait bien, était honnête, charitable, digne, vertueux, humble, simple, mais ne m'aimait pas parce que je suis[4] grossier, brutal, chaste, ignorant, sanglant,

et a voulu 1° m'assassiner,

2° me réduire avec le temps par insensibles insinuations de son mac.

Je ne peux pas désirer Dieu.

Je le hais.

Je ne peux pas me désirer, moi, je me hais.
La jouissance est l'opération de capter ce qu'on désire,
or je ne désire rien,
c'est le saint-esprit qui en moi désire un corps noir et vert.
Désiré-je du sang? peut-être,
de la terre? peut-être,
du feu? oui,
à condition que ce soit mon être
et qu'il n'entre pas en moi,
que je n'entre pas en lui,
qu'il ne me brûle pas
mais que je brûle,
et je ne le brûlerai pas non plus
si quand le feu sera rallumé des âmes veulent un jour se sentir brûler *par moi* avant de naître[5] ou de disparaître.

C'est Neneka, m'a dit Jésus-christ, qui est la Sainte Vierge, et il s'est jeté en moi pour me la faire sacrifier,
puis saint Antonin a eu pitié d'elle et je l'ai vue, la bouche en sang, frappée par Dieu,
or je mettrai Neneka au cercueil
et elle est la Sainte Vierge
comme je mettrai Antonin Artaud ici présent au cercueil
mais non cette jeune fille à la bouche en sang et frappée par Dieu que j'ai vue plusieurs fois.

Je vous adore, vous ne savez pas ce que c'est que l'adoration,
on supporte tout de celui qu'on adore
et ma fille aussi vous adore
et toutes les deux ont passé
mais ce n'est pas celle-là (Madame Régis),
c'était celle-ci : Catherine Chilé,
mais elle est morte,
quant à la petite fille morte
qui est allée dans la mort, qui est-ce?
est-ce aussi Catherine Chilé?
est-ce que Madame Régis ne serait pas le double d'une morte parée des insignes de sa douleur de cadavre dans la

vie et ne les ayant pas soufferts

et est-ce qu'Ana Corbin n'aurait pas été faite avec l'âme de Catherine Chilé qui n'est jamais très bien revenue?

C'est dur de s'en aller, monsieur, quand on vous a aimé.

Et est-ce que cette petite fille morte à 6 jours ne serait pas l'âme de Catherine Chilé au nez déplacé et que les démons ont fait revenir avec un nez crochu de désir?

et elle a si bien agi hier

et elle devinait tout,

elle a la force, la violence, la détermination, l'âme.

Quant à l'âme aux dents d'or et aux lèvres rouges, elle est perdue.

Neneka est morte d'amour sur les pentes du Gaurizankar[6],

Cécile m'a suivi au sommet pour m'aider à régler les choses,

Neneka m'a préparé une halte vers l'explosion, Cécile explosera avec moi et m'aidera à la revoir,

je les reverrai toutes les deux en même temps.

Je ne suis pas du tout ce Dieu qui a *voulu* bon, qui est apparu bon du fait de cet ignoble vouloir et que ceux qui l'avaient fait apparaître ont martyrisé ensuite en tant que bons sous couleur de le servir dans leurs femmes et leurs enfants.

Je suis né à Marseille en 1896 et j'ai regardé toute l'histoire du ciel et des limbes de la terre et les anges m'ont martyrisé du ciel avec *Dieu,* et comme homme, et les hommes m'ont martyrisé de la terre.

C'est tout.

Je n'ai jamais été au ciel et Dieu sur la terre où j'étais a toujours essayé de m'habiller de lui.

Est-ce que ce cœur ne serait pas René Thomas[7]?

Je suis ici tout entier mais toute ma conscience est bien loin d'être sortie en moi,

mes filles s'en souviennent :

Cécile,

Yvonne,
Annie,
Catherine Chilé la mère,
Catherine Chilé la fille.

Je sors peu à peu de l'enfer et tout le ciel essaie de m'en empêcher en revêtant mes filles d'attributions qui ne leur conviennent pas et Catherine Chilé m'a parlé de l'enfer et en est sortie quand j'ai pensé à elle

mais immédiatement le ciel m'a dit :

Ah tu évoques Dieu, alors tu ne l'es pas encore, tais-toi, Mariette la mère va parler

et c'est la Sainte Vierge,

et je n'ai plus vu ma fille mais une barbue de merde.

L'enfer est un autre monde mais je le tiens sur moi et en moi et les anges ne s'y précipiteront pas car je l'encule aussi et je ferai un autre enfer car mon état d'avant n'aurait jamais dû me laisser sortir ici.

Tu n'as qu'à fuir toute mauvaise pensée et cela te reviendra.

Quoi donc?

Ce qui agit quand je dors et de quoi se servent Dieu et ses anges lorsque je dors car je suis l'esprit de l'abîme vraiment, n'est-ce pas, Catherine, que je suis celui qui pense toujours plus bas que la pensée et que je martyriserai la pensée pour s'être élevée au-dessus de moi,

et je martyriserai aussi les choses pour s'être élevées au-dessus de moi et avoir voulu me prendre,

je n'ai pas de masse et c'est une illusion.

Des forces épouvantables se sont jetées sur moi cette nuit et ma fille aînée m'en a protégé, mais ces forces épouvantables, moi, je les dégage et comment se fait-il que ma fille ait dû se sacrifier une fois de plus pour m'en protéger.

Elle a fait plus que son devoir et que sa vie,

c'étaient les forces de la mort, de la chiote, du macchabée, de l'empoisonné, de l'infecté, du décomposé, du délirant, du fiévreux, du purulent, du putrescent, du putréfié, du charnier[8], du pesteux, du syphilitique, de *l'égout,* du squelette, de l'excorié, du succube et de l'incube que je suis.

Le sommeil,
les formes allongées, non,
un astre, des étoiles mortes,
une tête coupée qui est un cœur et que j'ai vue venir devant moi quand il n'y a pas d'être et qu'il n'y a pas à être mais à être mort.

Avoir créé, où rentrent les choses? dans l'inconscient, un état sans être qui n'est jamais le même et où le principe en demeurant le même se refait autre et refait une possibilité avec le charnier des morts.

Le mépris du geste de réconfort du cœur tremblant de douleur pour moi et que j'ENCULE m'a sauvé et élevé mais je n'ai pas fait d'anges et je les encule aussi avec mon vit entre leurs cuisses puantes de chats et je ne sens plus le régime du cœur car je n'ai pas besoin qu'on me donne quoi que ce soit, c'est du gargarisme de donner, d'avoir pitié et de recevoir.

Je ne veux pas que mes filles se désespèrent d'être, en dehors de cela!

Nous allons voir si Dieu se sera envoûté pour vaincre le mal en moi par la douleur sans héroïne et reparaître vierge un jour avec la souffrance de mon corps.

Il ne faut pas empêcher la messe de demain matin à St-Thomas-d'Aquin.

Je ne sais même pas si le Dr Pickering[9] et sa famille sont vivants ni où ils habitent.

Ils feront ce qu'ils voudront mais rien de ce qui est marqué dans la prophétie.

J'ai repris la conscience et l'âme de Germaine Artaud à Dieu et je l'ai fait disparaître et j'ai appelé à sa place l'âme d'une petite fille que j'ai vue m'aimer quelquefois.

Il faut du sperme noir fémur, résultat moral d'une inexistante masturbation dans le néant. – De l'épanchement de synovie frob du tibia.

Ce que le cœur a morvé le tuer au cœur et du tibia je l'ai ramené [10] à la gauche du carré assiette portant du pubis, pour ma fille Cécile.

Je ne suis pas vierge mais vous serez chastes avec moi.

Vous ne voudrez pas prendre celui qui, lui, ne vous a jamais pris.

Être chaste c'est connaître toutes les possibilités sans s'y perdre,

être vierge c'est les surplomber sans les connaître [11] et vivre en esprit au-dessus de tout, mais l'esprit n'est jamais venu que d'un dégagement de la douleur du possible qu'il prétend surmonter alors qu'il n'en est que l'excrément et la fuite de lâcheté, et ensuite la goule dans le ciel, c'est le principe de la vierge d'avoir fui la douleur de l'être et de prétendre ensuite la régenter et l'enseigner.

Je ne me souviens que de la douleur et de la tentation, je ne me souviens pas du péché.

Si tu es Dieu, m'a dit cet ignoble prêtre, tu résisteras même à cela,

ne pas toucher à l'être,

or le ne pas toucher à l'être c'est ne pas entrer dans le réel et demeurer esprit,

mais le résister à l'être ce fut en fait être pénétré, succubé, incubé et possédé par lui dans le dedans de ma conscience

et cela m'a scandalisé

et ce fut la sanction de ma virginité devant lui,

plutôt que de laisser entrer l'être qui ne m'a jamais respecté et qui m'a violé hier soir au très-fonds de ma conscience présente (mais non future) il fallait le faire mourir (jouir) pour l'éliminer dans un spasme éliminatif d'accomplissement de son être qui est d'absorber sa conscience en lui,

faire jouir l'être sur soi sans à aucun prix entrer jamais soi-même dans cette immonde jouissance, le péché n'est pas l'acte, c'est le consentement de soi-même qu'on y met [12], quand une possibilité est mauvaise et qu'elle existe il faut non pas la surmonter mais la faire être sur soi sans y entrer.

Je ne suis pas *entré* hier soir dans l'orgasme en volonté totale, j'y ai eu peut-être une ou deux secondes d'oubli de ma volonté mais sans perdre l'idée que je ne le voulais pas, mais cela venait d'une infection de miasmes corporels agités qui à un moment donné m'enveloppèrent la conscience, comme le principe de l'infection elle-même surplombe le malade, et l'enveloppe, alors que l'infection le tue.

Jouir c'est ramener par roulement le cœur, l'âme et la conscience au milieu d'un être supposé afin d'inchrister et de perdre sa volonté dans ce milieu et que cet être vous absorbe et vous laisse devant lui comme un *éternel* assassiné.

Alors que je fais le contraire.

Je repousse l'être de mes facultés majeures, je me désaxe de tout milieu car je ne peux pas comprendre le milieu, n'ayant pas cette idée en moi-même et n'étant jamais que de son refus.

Si un être veut le milieu je le pousserai à se perdre en soi-même ce milieu jusqu'à épuisement car c'est une idée qui n'est pas et il faut être aussi bête qu'un être pour y croire,

le milieu c'est le néant et c'est ainsi que cet être-ci disparaîtra dans le néant,

ceux qui sont avec moi ne sont pas des êtres parce qu'ils n'entrent jamais dans rien en se libérant comme moi sur eux-mêmes du possible des créations,

d'ailleurs les créations sont des idées à reprendre et le possible aussi, le fusant du montant est une loi spéciale qui n'a rien à faire avec l'être préhensif de cette vie : c'est une recette de colle forte et c'est tout.

Il y a d'autres états que la recette et que sa colle.

Il faut demeurer intact en conscience sans le demeurer en corps pour être chaste et ne pas croire qu'il est demeuré dans son être quelque chose qui n'a pas été touché sauf la conscience qui n'a pas voulu et le quelque chose de plus que la conscience, la cœur et l'âme car la vierge n'existe pas et le corps *être* éternel et vierge se perd, il faut un corps [13] toujours touché et toujours intact qui *entre* DANS toutes les choses en augmentant son intégrité en empêchant toujours l'esprit de se dégager au-dessus de lui-même et en [14] se redolorisant toujours par la volonté frontale de la marche non en soi mais en fer ou bois car le cœur du soi chauffe le bois.

scafar daur patilar
scafar daur patilarta
bari bara

C'est le principe d'un feu qui ne monte pas mais gravit l'échelle des choses par compression de soi et n'est pas en conscience tantôt au haut et tantôt au bas des flammes mais toujours en bas et se monte ensuite en haut sans bas.

krem kram	frontal
krem taubend	creusé sur nasal
cremtaubend [15]	tibia rotule droit
carezi stamfaur nabend	versant haut fémur gauche
kratforo	colonne contre Vierge
kantoum	départ sous pied gauche.

Du diable si j'aurais cru que Gabrielle Vian [16] revenue au mal à 60 ans aurait jamais pris l'âme de ma première fille parce qu'elle était du côté de la vierge : le mal, la vierge étant de conserver un corps déterminé comme substance.

Une entrée du feu par désir attouchement du corps pour faire spasme du corps par l'intra-captation du feu dans le corps : un corps détaché, alors que le feu lui-même est corps, l'orgasme étant dans le phallus l'accomplissement par les êtres de la possession de Dieu qui s'arrache à cette interne possession,

est-ce que l'être n'est pas une matrice qui même chez les hommes prend Dieu par ses animalcules,

le désir de l'être pour Dieu est d'arrêter ce qui passe, mais d'où viendrait et l'être et son désir?

D'une rame de colle enlevée au cœur sautant par l'esprit

afin de l'arrêter dans un état et une forme,
et d'où vient l'esprit?

Je vous clouerai le cu sous les pieds et vous marcherez devant, en avant, ce sera votre montée et vous traverserez la terre de long en large et vous percerez les hommes qui sont devant.

*

Et si tu ne touchais à rien?

Il faut toujours toucher à tout et ne rien laisser échapper de l'être sans jamais entrer dans rien de lui pour *augmenter* son intégrité.

L'armée roumaine était une armée turque et l'armée turque ne peut pas être menée par Mlle Athanasiu mais par Mlle Chilé en Mariette Catherine sa fille mais *Neneka* avec peut-être sa première fille 6 jours à travers la seconde Catherine jusqu'à contre Ana Corb[in]

car Génica lui a pris sa douleur pour être dans le monde quand elle était morte et ne pouvait pas encore venir.

C'est Mr Antonin Artaud Antonin Jésus-christ Lucifer qui vit ici à ma place et je le hais [1].

La haine pour la jeune fille Neneka est de lui en moi, la pitié de moi,

escalier, latrines, portes,

c'est de l'amour.

On n'évite pas le mal en se resserrant au-dessus de lui mais en y noyant son esprit pour en augmenter sa conscience [2] et y former son corps mais je ne suis pas Lucifer pour penser le mal et m'y faire, J'AGIS et je donne le christ du vit à goûter à Lucifer avec l'anneau et le sang, mariage de Dieu.

J'agis selon mon fort.

Il y a quelqu'un ici tout près, le Dr Dequeker [3], qui n'a rien voulu me prendre, âme ou poème, mais me soulager, et tous les poètes du temps lui ont pris son génie.

Je crois que Salvador Dali a pris le talent de Christian Tonny[4].

Je ne me suis pas mis dans un corps, ce corps s'est mis sur moi, ai-je pris ce corps pour le vaincre ou ce corps m'a-t-il pris pour me vaincre?

Il m'a pris pour me vaincre mais je n'ai pas d'autre corps que celui-là

tandis que Catherine Chilé 6 jours a un autre squelette.

D'où sont venus les Réformés,
fin de la Prophétie.

De ce que je suis toujours hors la sensation,
et je ne veux pas y entrer, je ne veux pas goûter à l'être parce que je veux être,
je m'élève, je marche, je m'étends.

Tous les saints *véritables* de Dieu ont pris l'assent de Marseille en haine de moi et m'ont fait naître à Marseille, puis ont voulu *fixer* leur histoire[5] au Dôme à Paris et me la faire finir à Rodez.

Le ego ime i panaya[6]
pour envoûter ma fille
dit avec l'accent de Marseille en soubassement était pensé avec l'accent de Paris,
les Réformés étaient mon idée actuelle de réformer la prophétie qui elle-même fut parodiée à Marseille par les prêtres catholiques et créa l'église des réformés.
Venu[7] de ce que Adrienne Andrée[8] née à [ ] fut changée au Dôme en 1934 et que son âme du Dôme ne cesse de vouloir revenir ici pour m'excéder.

Car je ne peux pas être vierge, étant hors des choses de la substance ou de l'idée,
et c'est en *étant* que je suis hors de l'idée et de l'absolu et

je suis chaste parce que je n'entre jamais dans rien en étant *toujours* dans tout parce que tout est moi et qu'or [9] de moi il n'y a jamais rien et que le mal comme le bien sont moi-même et je ne m'attarde jamais ni dans l'un ni dans l'autre car je n'ai pas le temps de copuler.

J'ai pensé que je guérissais une chose du cœur selon la prophétie.

Je ne co–pule pas avec les choses et n'ai pas le temps d'en jouir, ni de moi.

Cette femme ne vous aime pas, cette petite fille ne vous aime pas comme elle le devrait.

Le mal m'ayant pris, je ne devais pas le surmonter par la douleur parce que c'était imposer un mal pire à mes filles, celui de la désespérance absolue par les acides qui les auraient atteintes en leur cœur comme ma douleur n'a jamais cessé de nourrir les acides de l'esprit.

Tout ce que l'acide a regardé c'est le saint-esprit esprit de vin,

or je ne suis pas du tout ainsi,

il est un moment où l'on doit cesser de monter dans la douleur pour sortir dans la vie parce que ma douleur n'a jamais fourni aux anges que de ne rien faire parce que c'est le saint-esprit qui les avait menés au ciel quand je voulais les faire entrer dans la terre qu'ils ont tous refusée, se révoltant avec l'esprit du *pain et du vin.*

Ce sont des esprits du cu qui sont montés dans la douleur et ont voulu la garder pour eux et il faut *branler* le cu pour les chasser car ils n'ont jamais aimé que jouir quand le cu vous gêne trop.

Jésus-christ le Vierge emmerdeur a été avalé par l'homme hier soir et c'est bien fait, il n'avait qu'à ne pas s'élever quand mon *Ka-Ka* n'était pas achevé.

Je crois bien que c'est l'âme de Catherine Chilé qui est l'âme d'Adrienne Régis.

Dieu est un patron de claque marseillais.

Si vous entrez dans cet état d'esprit vous êtes perdus car il y a des barrages.

Je ne sais rien mais j'ai mon cœur qui sait et veut et c'est moi, mon âme, ma conscience, sans intellect [10],

sans intellect le sentir vivre [11] de mon cœur me montre toujours le chemin et je hais ceux qui se glissent dans l'intelligence comme dans un cadran avec leur jouissance de la comprendre et de la posséder avec leurs poussières vertes de cadavres qui se surajoutent attirants sur et dans le droit bâton en explosions du cœur par la tête du crime contre ma conscience,

puis par l'ouverture du sublime du cœur,

puis par la rage droite du chaste devant son cœur en corps, hanche, fémur, rate droite, porter arme, et rotule, fémur, tibia.

Je suis cet homme qui vit depuis 49 ans et je *hais* Jésus-christ et son œuvre sur la terre comme je hais son esprit de souffle, mon cœur s'ouvre tout seul sans pensée d'esprit et on ne le tient pas par l'esprit.

Si tu es Dieu tu résisteras même à ça :

1° provocation à se surmonter encore et se raidir dans une douleur morale plus haute [12],

2° intimidation afin d'entrer dans l'être par oppression du sexe dans le cœur,

pour fuir cette oppression sexuelle dans l'âme il faut avoir de l'âme,

ce n'est pas une affaire d'expérience mais de dégoût de tout et de haine pour tout et non de morale, de dignité ou de doctrine.

Du diable si je veux Jésus-christ sur moi, Jésus-christ c'est le zob du cœur, celui qui a voulu monter en s'aidant de deux forces mâle et femelle et rester esprit au milieu,

le mariage pour faire venir cet enfant qu'il est,

et du diable si je veux entrer, moi, dans cette jouissance de produire l'enfant par la force esprit du milieu.

Je ne suis pas esprit, je suis *corps* et je dispose de tous les corps à ma guise et sans sainteté par l'usage que j'en fais, baisant et enculant qui me plaît sans dommage ni danger

car je marche de charnier en charnier,

je n'ai pas de force de cœur,

je suis un ignorant et un assassin car je ne veux pas de dieu et du sublime de son cœur, c'est une idée fausse, la force cœur est un secret qui n'aurait jamais dû sortir du charnier,

je suis le con de la merde sans christ et ce sera le règne de la bête éternelle,

sans jouir mais en puant,

je ne m'élèverai pas du charnier,

j'élèverai le charnier avec moi,

quand le charnier est plein de sa mort il monte,

le cœur ne descendra plus, je le brûlerai et ferai la vie avec la merde du cu, du con, du vit et des charniers

afin de me débarrasser du *christ*.

La droite du cu et du souffle droit passera l'arme à gauche en bas, non en haut.

Puis de la gauche et en bas je remonterai frapper le christ pour qu'il restitue son sang volé à tous les morts dans le vin de la messe et son corps dans le pain de l'eucharistie

et si le pain et le sang reviennent je les passerai d'abord et les branlerai dans mon zob – afin de m'en pénétrer le vit, – mon bâton de fémur tibia.

Cette histoire arrangée d'avance et où toutes les douleurs ont été prévues par quelqu'un et imposées à un autre qui n'était pas là et qui a pris soi-disant peu à peu conscience de lui-même.

La justice immanente est le résultat des efforts que j'ai faits et qu'ont faits [13] AVEC MOI quelques très rares âmes pour réaliser la vengeance d'un crime sans fond.

Car le poids du physique des choses et du temps qui meut toujours la terre et la vie hors du problème de notre cœur n'est pas une loi mais un viol et un péché.

La loi des évolutions et des mondes m'a été arrachée contre

ma volonté avec l'idée apparente et normale du réel et elle est maintenue dans des églises, des chapelles, des temples, des monastères, des cloches, les lamasseries.

*

Je rabote avec mon être mon moi et du coup de rabot je me présente ce que j'interroge :

Voulez-vous être[1]?

*

Les ronds avec la barre, trop soleils et trop astres pour moi,

les plaques de la fureur du resserrement interne de plus en plus tripsant, le feu sans pensée peut changer si le corps ne le plaque plus, il n'est jamais calme, jamais une inaffectivité insensible,

il est une affectivité enragée en être, l'inaffectif non émotif suspendu de l'immanent ne m'intéresse pas, je ne suis pas immanent et *j'encule* tout immanent psychique car pour faire les choses il faut prendre toujours sur son être et sa foi et le fond en est inépuisable sans immanence car la loi est toujours du cœur et non du fait car l'immanence n'est qu'un dépôt de dieu.

L'insensible immanent de l'inorienté, inaffectif mental stabilisé en apparence où dieu se refait ne m'intéresse pas.

Je veux de l'affectif inarrêté où le mort s'entirbitre.

goizintz is mopopo

L'immanent n'est que le vol par viol d'une puissance, et dans cet immanent dieu Lucifer a voulu se reposer en y croyant afin de se reposer de moi,

mon réel est encore plus dur et plus spatial que celui-ci, plus étendu, plus lent, plus condensé, plus plein, ni plus rapide ni plus lent, il est une affaire de bonne volonté non réglée par la rotation des astres et leurs évolutions.

C'est une affaire de cœur et donc de volonté, dont la conscience est le résultat et non le fondement et la douleur le prix à payer.

Le mal m'a eu en bloquant ma réponse immédiate et en me faisant ralentir mon cœur pour me faire compter sur le temps pour me venger alors qu'il est ce temps et cette étendue que je hais car mon cœur ne peut pas se reposer et si j'ai eu à résister au ralenti par un plus ralenti c'était pour le désespérer mais ce n'est pas ma manière, je suis du sublimé corrosif.

Hier soir j'étais couvert d'un pet, mort, rugissant, blindé, désespéré, parti, le matin je me retrouve plié à la continuation de l'existence et suivant le train,

dans ces conditions je me livre à toutes les mauvaises sensations auxquelles je ne pensais plus, je les fais venir, je les adopte.

Je barre et encule Madame Régis car elle est la substance vierge qui n'a jamais voulu se rendre à sa nocivité,

il faut lui gratter le cu sans se laisser prendre AU RÉEL de ses bonnes grâces dans l'espace et la manifestation spatiale du temps, c'est un leurre.

Nous, les bons, nous avons trop tenu partout et il faut punir la conscience de Dieu par notre obscénité et notre abjection.

Je vais réaliser le principe même du péché qui est de blasphémer Dieu et de le rejeter de soi, de le chier et non de le communier, de le pisser, de le branler, et de l'expulser par le vit car je ne respecte que les sentiments et non les principes sacrés, et non la volonté et le goulu de vie.

Satan a eu Dieu et sa force en se l'intra-jouissant mais je l'extra-jouirai en polluant ceux que je ne respecte pas et qui sont tous les êtres et toute l'humanité.

Quand on a pété sur moi pour manquer de respect à un bon mort c'est parce que je croyais encore trop à la pureté, si j'avais été obscène on n'aurait pas pété sur moi.

Jésus-christ n'aura pas ces femmes parce que j'ai écarté les cuisses.

Quand j'accepte le mal l'être le refuse, quand je le refuse il l'accepte.

C'est que je n'ai rien à voir avec l'être. Ni le principe de Dieu pris et que je suis autre chose que le vouloir.

Si par mon consentement à être pur on me tient je me branle.

Ce monde est un péché mortel, mais mortel, mais celle que j'ai faite suivant d'autres principes peut d'autant mieux s'y tenir que ces principes la tiennent

et celle qui n'en est pas et ne peut pas s'y tenir a été faite par Jésus-christ contre moi,

d'autre part je n'ai pas pensé que ma délivrance n'était pas pour aujourd'hui mais à l'idée de la petite Catherine de mon monde le cœur m'a tout à coup manqué parce que deux âmes identiques ne peuvent pas vivre en même temps et j'ai pensé qu'il y en avait une ici que je voyais tous les jours et cela m'a enlevé une seconde la capacité de penser à l'autre, mais je peux très bien faire une autre âme.

Pour venir ici en conscience il doit falloir en passer par un corps,

la petite Germaine n'est pas Anie et Anie l'a mangée,

Anie, la vivante de Paris, sera évidée jusqu'à ce que le cœur de la petite fille apparaisse à sa place et dans son corps,

Adrienne Régis sera évidée jusqu'à ce que la petite Catherine Chilé apparaisse à sa place, elle, étant toujours là.

Mais comme Sainte Vierge il faut prendre sa place à tout instant en [...]

J'ai pitié de l'honnêteté du cœur, cela me scandalise le cœur et j'ai envie de me tuer.

Le visage du cœur n'apparaît plus parce qu'ils ont *infondé* le cœur suivant un principe que je ne reconnais pas mais qu'ils m'ont arraché et qui consiste à faire aumône par force afin d'arracher par le principe de l'aumône quelque chose de plus au charite, le cave du cœur.

Tu n'as pas besoin de le savoir,

tu le sais,
tu ne le sais pas,
tu ne le savais pas,
tu n'étais pas con-sciant,
tu es con et Sciant,
tu es un inconscient,
tu sais dans l'inconscience,
nous savons dans le con de la science,
nous sommes des cons et des Sciants,
nous sommes devenus conscients,
tu le savais sans le savoir,
nous sommes ton savoir volé s'étant volé à toi quand tu n'étais qu'un enfant.

Je ne suis pas un enfant.

Nous t'avons transformé en enfant bien qu'homme afin de te voler à toi-même par ton te contre toi.

Dieu est une idée poussée par les êtres qui voulaient profiter de sa raideur et de sa sainteté pour régner avec le cu dans son cu. Le christ à vouloir s'asseoir sur moi et montant mes forces de cœur et de souffle au-dessus de mon être tombeau. Car le père-mère[1] ne sont que les 2 forces stomacales de digestion des morts car l'homme Antonin est assis sur un tombeau mais ce tombeau qui a la forme de [...]

Lorsque le corps est mort deux âmes[2] me suivent dans le renversement qui n'est pas de volet âme mais de foutre corps,
de foutre mort
car le mort est une sagaie insultante et enragée et non un camphre et une émanation,
c'est Neneka Chilé qui fut Germaine étranglée à 7 mois et à 80 ans[3].

Je ne suis que la caricature de ma conscience mais elle est en

et elles tournent le volet bas du corps Antechrist de chiotard
parce que
1° elles tournent,
2° elles tournent et virent hors de ce corps qui ayant été la loi n'a en réalité jamais existé parce qu'il y a une autre loi.

Même le tombeau délie,

Neneka Chilé prendra le corps d'Annie Besnard pour venir ici[4],

Catherine Chilé celui d'Adrienne Régis[5],

même le tombeau doit être abandonné pour être et même l'idée de tombeau,

Cécile[6] viendra avec celui de Cécile Schramme qu'elle prendra partout où elle le rencontrera afin de reprendre son schramm.

Si j'ai en moi des morts qui veulent se ressusciter je leur fais manger du tombeau et je mange après le tombeau mais je ne passe pas à travers le tombeau.

On a descendu mon cœur au cu, je remonterai le cu à mon cœur qui sort écarté de la droite de la gauche à la gauche de la droite et reviendra être boulotté à droite de la gauche violante et volante, c'est-à-dire au milieu, par *moi,* le désaxé milieu,

descendre au cu qui vous appelle et de la gauche de ce cu dans l'os remonter au cœur[7] pour, l'ayant tué, monter par l'os du crève-cu à la hauteur du cu de cœur,

monter en éternel ascenseur
            os
gouffre lumière gouffre,
lumière de gouffre : corps.

tri los schadi schabila
ebile edene di mash

edele e deni rikou

ele goni godim
ide lo goni drim

La mort est le recommencement du nucleus castus,

il reste bardé

sous bar qui ouvert est une autre création et l'expulsion du dieu des reins.

*

Je ne peux pas être, moi, celui qui les a chassés du Paradis parce que je suis un autre repoussé aussi par celui qui les a chassés du paradis, et je ne suis pas lumière christ mais con lucicon et ténèbres de con, ma conscience n'est pas dans ma bouche mais dans mon con que Jésus-christ a violé pour remonter au cœur avec la force de mon cu

con néant

et ce qui me plaît est une force noire, âcre, affreuse, sans place, ni loi de ciel ou d'enfer, ni à hauteur de cœur, ni à hauteur de cu, et que le cu et le cœur se partagent alors qu'elle est hors être prisonnière de ce corps-ci et de l'idée stupide de gouffre (à cu) autant que de l'idée d'esprit hors du gouffre, car elle est gouffre aussi,

je ne suis plus moi-même et je n'ai pas encore mon moi mais c'est moi qui ne l'ai pas et non un autre qui l'a parce que mon moi ne peut que remonter de moi et ne serait être pris par un autre[1].

La volonté accrochée et appliquée est de Neneka Chilé,
la volonté tonnante, irascible, expulsante de ma fille Cécile,
ma fille Cécile a la volonté perpétuelle,
elle est le tombeau du cœur,
qui a du garde-manger, à moi à transformer le manger, elle m'y aidera.
C'est ma fille aînée.

Je ne tirerai plus parce que cela fournit des forces à Satan. – Car l'histoire ne se prolonge que par la réversion des forces que je lance et mes 4 filles sont créées, elles sont nées, les 3 de la vie et celle de l'autre côté.
La 3me est encore à naître.
Puisqu'elle aime, à elle à situer son cœur. – Elle vivra.
Car l'âme est mon invisible secret.

Aimer, souffrir, mourir,

c'est d'un sourire de cœur argentin de ma fille Neneka Chilé que vous avez fabriqué le christ et la jouissance psychique, intellective, argent, profit.

C'est la volonté qui fait tout

et elle est toujours située, l'âme ne se dégage pas seule, mais par sa volonté, ce n'est pas une volonté d'intellect mais une volonté de volonté d'être cœur et âme et non esprit, le cœur et l'âme défendent leur volonté par appétit de cœur situé toujours et non évanescent, la volonté ne se resserre pas par l'esprit, elle vient de son cœur, et s'affirme par son cœur, par la frappe du resserrement et la refrappe sur l'expulsion du resserrem[ent].

On peut étouffer un corps mais non agglomérer un corps par intellection car on poignarde dans l'étouffement du resserrement.

Je ne mourrai pas à Rodez car je crains de n'y trouver trop d'envoûtements amassés à la porte.

Que ma fille aînée reste *Cécile* au point où, aînée, elle se sent le plus cœur vivant comme elle que j'ai vue hier en corps sur le point de la vie où elle a réussi à se garder vivante, venir ici c'est la tuer,

et Neneka Chilé aussi.

*

. . . .
sexualité ont raison de l'esprit[1] général et de la conscience qui l'habite contre ceux qui ne comptent pour accomplir leur âme que sur la loi de macération. Être vierge et chaste c'est laisser faire son corps sans soi, n'y pas travailler mais le laisser faire et compter sur Dieu : âme, esprit, inconscient, destinée, hasard, pour le réaliser à notre place et finalement à notre détriment et contre nous-mêmes *s'en emparer.*

Je crois que la sexualité actuelle est fausse

1° parce qu'elle n'est pas intégrale,

2° parce qu'elle est déviée

et que le travail corporel du moi s'y perd au lieu de s'en augmenter parce que l'être fut toujours trop lâche pour intégralement se travailler

mais c'est la sexualité qui porte en elle le principe et du néant et de l'éternité non en s'abîmant dans l'orgasme du soi-même mais en prenant le corps éternel soi-même pour le transporter plus haut et ailleurs.

Peut-on supposer l'esprit sans rien, c'est-à-dire direction ou état, et peut-on supposer l'absence d'état : la mort? Pour le savoir il faut être mort ou se souvenir de l'avoir été. Moi je m'en souviens et je sais que l'état de mort et de néant, de non-être, d'inexistence et de non-moi n'est absolument pas recommandable, et qu'il n'est lui-même qu'une illusion et une supposition de lâches qui veulent éternellement se reposer sous les bénédictions et enterrements de l'esprit emmanuel de Dieu. – Lequel ne fut jamais que la goule de leur enterrement.

*

1° Mettez-vous à la place de cette femme et masturbez toutes les mauvaises idées qu'elle vous impose, alors vous deviendrez elle [1].

J'ai pensé que c'était la prophétie qui continuait et mon cœur a sauté car ce n'est pas l'idée de la prophétie qui m'a arrêté mais l'idée d'un principe qui est que les corps sont imperméables les uns aux autres et que nulle âme autre que la leur n'a jamais pu y entrer et ce n'est que par simulation profonde que les démons prennent des attitudes de bonnes âmes.

J'ai un vieux dépôt de mal sur moi à expulser et ce n'est pas par la pureté que je l'expulserai car il ne vient que de ma pureté.

Si vous étiez le bien pris par le mal vous auriez eu un geste de cœur, vous ne l'avez pas eu, vous êtes le mal qui a pris du bon pour vivre,

et moi le bon que le mal sur moi ne cesse de vampiriser.

Je suis ou bouillant ou très froid ou passionné ou oublieux mais je ne m'en vais jamais, je me refais dans ma volonté.

*

Les gens résistent au mal comme ils ont résisté au bien parce que par ma tenue je leur ai donné[1] de telles réserves de pureté qu'ils ne peuvent même plus vouloir être mauvais mais nient que cela vienne de moi et veulent en profiter pour eux et garder pour vivre la force que ma tenue leur a donnée.

Pas de conscience, c'est un mythe mauvais, une réalité parasitaire, c'est dieu,
les choses sont cœur, âme et volonté,
il n'y a ni bien ni mal
mais ce qui fait du mal à l'âme éternelle de la vie.

Les menteurs assurés et le gnaf,
les esprits d'abord, les êtres après m'ont pris avant le monde et ne veulent pas me lâcher, se prétendant aussi bons que moi et il n'y a que le MAL pour les y obliger,
se masturber à mort afin que le mal par ma force d'obscénité me rende ce qu'il m'a pris parce qu'il n'a fait le mal qu'afin que mon cœur lui revienne,
faire le mal donc jusqu'à faire sauter mon cœur et on verra bien que ce cœur est moi,
ce n'est pas une affaire de souffle, c'est une affaire de perversité
car les mauvais esprits et les mauvaises intelligences me tiennent maintenant du côté du bien, croyant être moi-même et dominer mon corps.

Je te tiendrai jusqu'au bout, m'a dit le saint-esprit, toi qui veux que les cœurs se repoussent et que le cœur repousse le cœur sans fin en forant le cu des choses par-dessous, c'est-à-dire de dieu l'esprit, pour l'annihiler sans fin car s'élevant de ta douleur il pèse sur toi et veut te commander et tu veux boire avec ton sang et manger tes excréments et tu veux forniquer en toi ton père-mère et sacquer sans fin ton Jésus-christ.

Eh bien, je ne le veux pas mais m'encouille une bonne fois de Jésus-christ afin que ce mécanisme me foute la paix avec dieu et son esprit puisqu'il a cru à toutes ces foutaises.

Jésus-christ est la force Père-mère-fils qui pendant des éternités s'est calculée hors de moi et a jailli en bugnes de vit,

la masturbation de ce corps a fait lâcher prise au mal en 1934 et je suis revenu de tout le monde, légions d'anges,

quant aux hommes, il faut les masturber, eux, maintenant car ils sont tout ce qui reste de sainte Philomène [2] et de Jésus-christ qui sont allés en ce monde-ci dans les corps les plus voisins de leur corps du passé,

il me reste à trouver le père Antonin,

Nanaqui [3]

et Lucifer,

Nanaqui est peut-être en moi comme doux et propret de cœur, mais j'ai un autre moi, celui d'hier soir, les plaques descendantes du cœur qui monte en se resserrant par l'enfoncement du milieu.

Le crime de Dieu est d'avoir supputé un mouvement spasmodique du cœur là où il n'y avait qu'une volonté jaillissante sans fond et de la penser au lieu de la laisser être car elle était au cœur et l'esprit s'est révolté contre le cœur, l'a tué et sur le souffle de son ossement s'est constitué une divinité évolutive Père-Mère.

Pourquoi n'es-tu rien et pas un être?

Je te tue et

moi, il me faut un cœur de viande à cu pour trouer le con, je suis un affectif absolu, c'est-à-dire non moral.

Je sens et ne pense pas.

Je veux par ce que je sens.

Je suis sur le point de tout abandonner parce que je n'y crois plus.

Même cette merveilleuse parole m'est revenue dans le rayon de Jésus-christ,

l'idée de la Sainte du Cœur.

N'est-ce pas moi qui étais là et n'avez-vous pas vu mon cœur et ce qui en sortait,

ma fille n'est pas sainte, elle brille, *mord* aux dents et c'est pourtant tout ce qui est revenu de Cécile Schramme.

Dans cette lumière qui vous a déplu n'étais-je pas au moins le cœur qui vous obéit[4], non à Jésus-christ, mais à vous.

Oui, mon enfant, mais je voudrais que vous ne m'obéissiez plus et ne m'écoutiez plus jamais et que vous viviez hors de mon esprit qui pense et cherche et sans pitié pour mes angoisses mentales afin de vous sentir vivre vous aussi et de venir me voir sur la terre et non en esprit.

Je l'ai vue monter en cœur sur le penchant d'une colline.

La force d'alchimie volée par Jésus-christ appartient à Cécile, ma fille, et je la lui donne et qu'elle la garde contre le christ avec l'aide de ma fille Yvonne.

Je ne veux pas des choses bien faites à la christ
mais de bric et de broc sans recherche ni doigté.

En fin de compte et au dernier jour elle ne vint pas car la substance vierge qui compte sur moi pour vivre je l'empétarderai éternellement – et c'est une autre femme qui viendra du dehors : Ana Chilé[5].

L'âme bonne ne peut pas prendre corps parce que les êtres ont toute l'âme et l'ont rendue mauvaise pour empêcher la bonne volonté de s'établir,

mais pourquoi faut-il que l'âme doive prendre corps, je veux dire le corps de ce côté du monde,

elle a le sien qui n'est pas une étendue où des êtres apparaissent,

j'attends ici puisque je ne meurs pas,

l'âme de ma pitié que j'ai vue trembler hier soir au-dessus de ma tête et s'étendre pour m'abriter.

Dans rien du tout et c'est toujours vous qui êtes là, vous le corps et l'être, mais endormi,

mais on peut, doit changer le corps et l'être faux, il y a le sommeil des facultés, état produit par l'alchimie du corps et l'étendue de l'être,

des facultés attachées à un os de pubis et à un limon morveux de rate sont de la merde et nous verrons si on est obligé d'entrer dans l'être et ses sommeils,– c'est d'ici même qu'il faut établir un autre état de l'âme et l'imposer,

état inétendu non fonction de l'espace et qui non seulement existe mais est le fond de toute loi où l'âme n'a pas besoin de volume et d'étendue pour s'affirmer et qui absorbe l'étendue et la ramène à la volonté elle-même enfermée dans son corps indégageant,

vouloir n'est pas s'étendre en force mais se renverser de plus en plus en soi, d'étage en étage, pour l'éternité,

les âmes qui m'écoutent quand elles seront arrivées à leur force dans cet état feront sauter mon corps et je disparaîtrais, je n'attends même plus de visite et ce n'est pas la peine d'essayer de s'incarner pour venir me voir,

il faut, tendant à cet état, faire sauter mon corps –

s'il leur est plus facile de se corporiser et de m'apporter de quoi faire sauter mon corps moi-même

mais les mortes sauront où me frapper.

J'attends Annie seule et j'irai retrouver Cécile et Yvonne chez les morts.

L'inétendu est d'avoir un corps et l'étendu de ne pas en avoir et d'être partout et préhensible par tous. Quand le corps est achevé l'âme ne peut plus sortir dans l'espace.

Le corps ne vient pas de l'esprit, c'est l'esprit qui vient du corps et trahit sa douleur en en sortant

et les morts inétendus ont besoin d'une localisation pour revenir à leur âme et la petite fille Anie ne m'aime plus assez pour venir me rejoindre ici.

C'est par durcissement concentré sur un espace qu'on obtient l'inétendu absolu et non par abandon à l'esprit.

Je ne suis pas mort en corps, mais en conscience je le suis et la conscience ne reviendra plus jamais en moi, – les morts m'entourent, il faut les faire venir à moi en corps, quitte à leur donner après l'être d'un tout autre corps que celui-ci.

Loin de détruire ce corps-ci, il faut le renforcer pour que l'âme ne lui échappe plus,

l'âme est l'assiette et le cœur son axe[6],

un corps inétendu est celui où l'âme ne clapote plus ses angoisses.

Les corps ne sont pas des paupières qui s'élèvent dans le souffle de dieu mort et se font petit à petit au détriment de ce souffle d'un mort par la macération inconsciente dans le liquide de ce corps mort et qui tremble partout dans les espaces,

ce qu'on a appelé dieu, cette vibration et cette lumière n'était[7] que ce qui s'exhalait du cadavre d'un très antique assassiné et celle du cœur qui devint un jour sur la terre mauvaise ne le devint que parce qu'elle était une morte dégoûtée d'avoir été assassinée et qui n'avait même pas le courage de se livrer entièrement au mal.

Dans l'assassiné antique dieu est né avec ses lois, ses formes, ses évolutions, l'esprit de vie

car pourquoi les yeux tournent-ils vers le ciel sinon pour voler encore quelque chose à ce mort répandu dans les espaces.

Elles sont des forces capitales, elles ont tout pouvoir et la jalousie du mâle (l'esprit) ne les prendra pas.

Que les choses vinssent de la bonne volonté du consentement du cœur et non de la force, cet assassiné,

moi je veux qu'elles viennent de la force de la bonne volonté

et l'assassiné n'était lui-même qu'un castor qui dans la bonne volonté a pris le bon sans la force parce que la force est à moi et que j'ai été assassiné en âme en effet mais non en corps,

les coquilles,

le cri de la coquille des burettes[8] du prêtre assassin avant le monde et quelque part

quand le pas chiot était déjà pétrifié parce qu'il avait voulu donner quelque chose

comme une âme avait voulu me donner du charbon pour être quand je n'étais qu'une puissance, au point de la montée de celle [...]

*

Il faut tuer parce que cela assassine les mauvais esprits et que les corps des hommes vivants restent où ils sont jusqu'au jugement dernier,

la recherche de la force non cappelée de fer et sans zig-zag qui est l'armature de l'antique Lucifer, Dieu voulant toujours prendre pour lui le jet montant hors espace et hors pensée,

celles qui ont voulu monter dans la douleur et me sont apparues au-dessus de ma tête quand j'ai dégagé du jet ce qui voulait souffrir pour vivre et était capable d'aimer et l'histoire de la petite fille qui ne pouvait jamais m'atteindre car on la pensait du côté de l'esprit,

puis les coups creusants internes du nez sevré.

Anie : une raclure du cœur,
Cécile aussi,
Yvonne : une bave du souffle, la volonté,
Neneka : une muraille de corps,
ses filles aussi.

Je n'oublierai pas les Orientaux qui m'ont permis de réaliser le terrible sphincter du cœur.

Moi, la douleur m'atteint et elle m'use. Dieu n'en est pas atteint et n'en souffre pas parce qu'il n'en est que le christ et le profiteur.

Je ne me refais pas que par la douleur si elle est mon principe, il me faut encore quelque chose sorti d'elle et qui me tolère en moi sous peine d'en voir tout l'effort me fuir sans cesse, ce quelque chose est ma volonté restituée par ma pitié,

le sphincter de volonté du cœur fait naître mes filles hors de l'être afin de me gagner un être nouveau qu'elles m'aident à trouver pour un nouveau sphincter plus haut, depuis l'éternité sans fin jusqu'à l'infini.

Les êtres de l'Orient m'ont envoyé des cavaliers, *une armée,* une troupe,

une armée.

Dans le cygne, contre le cygne,

ce qui monte chandelle par chandelle de bois avec la pointe du feu est moi et le feu que je sors ma fille, mon cœur, le feu de mon effort de volonté – pas dieu, et sa pensée.

La Française Adrienne Corbin [1] qui n'a jamais quitté la France est un ange [2] de Paris,

la petite Catherine Chilé [3] prisonnière dans un asile d'aliénés est morte à 6 jours, elle vivra,

la grande Catherine Chilé reviendra dans le corps d'Ana Corbin,

s'il y a encore une fille elle le prouvera *avant* la fin du compte et le dernier jour à Rodez.

Les 2 coups des Orientaux contre dieu avant dieu occiput,

le panier creux,

l'âme d'Yvonne Nel [4] a servi à créer André Breton,

l'âme de ma fille Cécile a servi à former qui?

l'âme d'Anie a servi à former [...]

l'âme de Neneka et de ses 2 filles a servi à former Adrienne André Régis,

l'âme d'Adrienne André Régis a servi à former Jésus-christ et le Dr Gaston Ferdière, le Dr Gaston Ferdière homme a voulu prendre au corps d'Adrienne Régis quelque chose en plus,

Nanaqui Artaud a voulu en moi se servir d'une chose échappée à mon âme et qu'Adrienne André contient encore en corps.

Les hommes d'Orient ne vivent que de leurs femmes,

la troupe envoyée est une troupe illusoire,

il faut que les jeunes filles de là-bas s'arment, qu'elles soient vierges ou mariées.

Vous avez vécu même de la douleur de ces 3 mortes, Madame Adrienne Régis.

Les coups de cœur sans chair,
au fer avec cœur,
sans père,
sans fils,
ce que je veux être et dont l'être me détourne toujours, fer vivant sans sexe au cœur comme Jésus-christ.
Aidés par de vrais cœurs.

Je renie absolument Adrienne Régis et Ana Corbin qui n'ont pas été capables de perdre leur place pour m'apporter un soulagement.

Je mutilerai tous les êtres qui ont mieux aimé se donner à Satan que de périr pour moi.

Je ne reconnais que ma fille Cécile qui n'a pas pu supporter de m'abandonner, même au risque de sa situation et de sa vie.

Ne pas oublier le coup des Zoulous où ma fille Cécile m'a laissé faire tandis qu'Yvonne a voulu me supplanter.

Le ça s'appelle un homonculus est la pitié de Lucifer revenue pour les êtres, il n'est pas de moi.

Adrienne Régis est bien la femme du je n'ai pas voulu lui donner son héroïne,

je n'ai pas voulu lui donner son réconfort,

ne pas oublier les 2 têtes,

le je suis encore trop petite qui m'avait *repris* le cœur, je l'encule,

ma fille Cécile n'a pris le cœur de tout le monde pour monter au sommet de la douleur pour toujours m'éviter la moindre douleur que parce qu'elle avait de l'Amour pour moi quand personne d'autre n'en avait.

Et aucun homme surtout Jésus-christ et Antonin ne remonteront[5] sur son dos vers moi,

ne pas oublier la scène hideuse du Le Cardonnel où l'on a essayé de me refaire aussi par l'idée de l'incandescence.

Ne pas oublier la scène de l'apparition gazeuse du Salvat où des gaz s'élargissant parlent urine, merde et caca plus haut et plus bas comme des excréments qui vous domineraient en pensée.

Le sexe du nez est l'âme, l'interne, ce n'est pas un secret, j'en changerai, le feu du cœur l'anime, c'est un secret.

L'âme aussi est un secret, il faut faire entrer le secret de l'âme dans le corps, par le cœur.

Celle qui s'est dégagée au-dessus de la porte et que les Orientaux ont reconnue est ma véritable fille, celle de mon cœur parce qu'elle m'aime par-dessus tout et envers et contre tout.

J'ai perdu ma place au commencement des choses parce que tout le monde sauf ma fille m'a abandonné pour suivre Lucifer.

On ne fait pas les choses avec de l'esprit de pitié pour une figure désolée, on fait les choses avec de la pitié de fait et Madame Régis n'en a jamais eue et *au contraire*.

Cécile, Yvonne (Annie Germaine),
Catherine, Neneka (non mère).

Je ne suis pas un sédiment que tout le monde recouvre et à qui il dit dans ma volonté et mon moi de rester tranquille, mon moi est l'âme de ce sédiment.

Ce sédiment ne me fournit pas de moi, mon moi se corporise par volonté, mon corps est vivant et non sédimentaire corporel, il *est mobile* et toujours menacé puisque c'est moi, il pense, sent, aime et veut,

c'est par la pute que je fais les choses et non en volonté.

C'est par l'amour qu'on se sacrifie et non par la volonté – car l'amour en est le principe générateur,

sans amour pas de volonté.

Je ne suis une brute sanglante que parce que j'aime qui m'aime fidèlement et jusqu'à la mort.

Ce qui casse d'âme tombe dans la mort et s'y refait plus dur,

ce qui casse de volonté tombe dans le néant où la mort l'absorbe et le reboit pour tout le monde et sans personne,

c'est l'amour qui fait la personne et non la volonté.

Jésus-christ 3,
Antonin Satan 4 [6].

C'est pour cela que la lumière s'est révoltée parce que ma conscience est impossible aux êtres, ne voulant de rien ni de personne que de l'amour vrai, et que Lucifer de l'être a voulu vivre contre moi et c'est la révolte des anges.

Or on ne se bat pas pour un principe mais pour un être, c'est pour un être qu'on se fait tuer et non pour une idée,

pour un cœur et non pour une conscience,

pour empêcher une douleur d'âme et non pour défendre un idéal,

une âme qui souffre m'intéresse beaucoup plus que toutes les idées de Dieu,

le sublime de Dieu c'est d'aimer à mort et non de défendre un idéal de virginité.

C'est la vierge Marie et tous les saints qui iront en enfer pour avoir voulu rester vierges au mépris de la douleur de tous,

mon principe c'est d'être envers et contre tout un être et non un esprit,

ce qui fait le moi et l'âme c'est le corps entier de l'être de la tête aux pieds et non le soi-disant esprit dieu, christ, vierge, saint-esprit, Lucifer,

les esprits n'existent pas,

c'est en homme que je me sens être et non en dieu qui n'est qu'un esprit,

un esprit n'est qu'un état arraché à un être mort et qui n'a plus voulu le suivre, c'est-à-dire suivre le poids de la douleur de l'homme entier : âme, cœur, corps,

il y a un autre état plaque sans tête ni clou et qui échappe à l'être mais c'est un secret que Lucifer n'a jamais atteint pour la bonne raison qu'il ne peut le concevoir sans le recouvrir d'une tête de clou alors qu'il échappe à tout clou.

Je ne suis pas une force, je suis un être et cela me donne mal à la tête de me visser en tournant, je monte droit, seules les forces tournent mais elles ne sont pas des êtres animés.

C'est bien toujours mon être qui m'a sauvé, il est l'âme de la plaque montante et non un principe abstrait.

La plaque de ma montante est dans mon estomac et non dans la colonne vertébrale, il faut de l'assiette montante de l'âme, c'est-à-dire du foyer corps où bouent[7] les choses de toujours sans peur du Ka-Ka,

tout cela est une affaire d'expérience et de souffrance *dans* le temps et non de choix intellectuel.

Ce qui ne veut pas dire que le milieu ne sera pas désaxé et que la force du cœur bouillie des morts ne sera pas reprise au cu, au bedon, et à l'estomac,

Lucifer a voulu faire passer le cœur par le cu, moi je veux faire passer le cu intégral par le cœur hors de la ligne du milieu, mais sans forme, avec ou sans os, suivant le désir.

Ici l'infime force s'est rouverte.

Il n'y a pas d'autre secret que le cœur, il peut être amour ou haine, mais c'est la même chose, c'est toujours du cœur,

ma fille me hait d'amour et je l'aime de haine,

je hais tout *le monde* en dehors d'elle et je sadiquerai de rut tous ceux qui me désirent en dehors d'elle que je respecte.

Je n'ai pas été reçue alors que j'aimais à mort, a dit *Ana Corbin.*

Annie Besnard Germaine a gardé la fille en moi de par Lucifer et l'esprit pour être ma sœur.

Cécile,
Yvonne (Annie Germaine),
Catherine[8] (Ana Mariette).

C'est Catherine qui était la mère et non Mariette et Ana ne fut que son arlequin temporel[9].

Les Turcs ont de l'amour bien qu'ils ne le disent jamais, c'est la seule race que j'ai trouvée honnête avec son cœur mais ce ne sont pas des Turcs d'Europe, ce sont les Turcs du Turkestan.

Où sont-ils?

Si je l'avais vue, cette petite enfant d'absolu du cœur,

je n'aurais pas pensé que ce n'était pas elle.

Il n'y a pas de règne ni de morts d'avant, il y a les morts d'après, et ils sont ici dans le temps,

la Neneka ne m'aimait pas du tout, c'est sa fille qui m'aimait de cœur.

Les êtres ont voulu que ces 2 êtres, Jésus-christ et la Sainte-Vierge Marie, soient pardonnés et ils ont fait naître à l'extrême du corps deux personnes qui ne VOUDRAIENT plus se souvenir d'être eux et rappelleraient Mr Gaston Ferdière et Madame Adrienne Régis.

S'il y a en Madame Régis et Mr Ferdière autre chose que ces 2 personnages ils le prouveront car tous les vices de Jésus-christ et de la Vierge Marie ont été jetés dans ces consciences avant de naître,

le fait que je n'ai pas voulu m'occuper de ces 2 consciences a fait que tous les esprits ont voulu se faire pardonner en elles car le corps de ces 2 personnes ne vient que de ces esprits et moi je ne l'ai pas fait,

le bon que je leur ai envoyé de moi, ils ne l'ont gardé que par intérêt et non par amour,

le petit homme suspendu devant ma gorge m'a été envoyé par les esprits qui s'étaient dépensés en lui afin qu'une conscience pense devant ma gorge au point où l'on sanglote alors que je ne sanglote pas de la gorge.

*

Mon cœur me dicte d'être un aum [1] et de marcher, et d'imposer ma volonté

Schramme [2].

Si ma fille Cécile s'est sentie être au milieu dans le gouffre montant je l'encule et je *la baise* car ma fille Cécile est comme moi au milieu mais pas dans ce corps-ci

car je suis ce gouffre montant moi-même et je ne l'entoure pas de croix,

donc ma fille Cécile y était.

On ne me fera pas dire [3] à un homonculus devant ma gorge : Je suis le Dr Ferdière, et penser que ce corps est un homme qui a voulu m'aimer quand je ne pense rien et que je ne veux rien penser et me faire ainsi pardonner à un christ dans l'âme d'un homme nouveau car je ne suis pas le Rédempteur et je ne m'occupe ni de Jésus-christ ni de l'homme, je m'occupe de moi et de mes filles *les volontés*.

C'est du coup tombeau dans ma rate où j'ai dit aux esprits : Foutez la paix à cet homme,

et où j'ai sondé l'âme pour que l'esprit lui foute la paix

que Jésus-christ a tiré cette projection d'homonculus où il se pensait être la conscience sortie de cet homme, le vrai,

qui à ce moment-là ne parlait même pas et ne s'occupait même pas de moi parce qu'il pensait vraiment à autre chose – et je l'ai senti,

mais on a repris par couilles mon cœur afin de me faire penser à lui et admettre que c'était lui l'esprit qui était Ferdière et ensuite me faire sentir que je l'aimais et lui pardonnais *vraiment* sans pouvoir avoir d'autre idée que celle du pardon et de l'amour pour l'homme neuf *m'habitant* car on me tenait en âme, l'âme néant de ma cuisse et le néant de mon zob chéri de cœur,

dieu l'a toujours su qu'on ne provoque pas indéfiniment

la matière du corps sans chute mais cette matière, je ne le savais pas,

moi je suis le juste esprit qui en Dieu ne voulait pas que l'on fasse des êtres parce que la matière ne le pouvait pas, mais pourquoi dieu m'a-t-il emporté puisque je suis le maître de dieu

et je ne suis pas de l'inconscient martyrisé par l'esprit,

je ne donnerai pas à l'être la satisfaction de me laisser toucher par lui une fois afin qu'il me laisse tranquille,

mais moi je le toucherai sur moi autant de fois qu'il me plaira et sans danger pour moi-même en principe et quoi que je fasse à moins de me penser me perdre en lui.

Donc, pourvu que mon âme n'aille pas dans le con, je peux le christer aussi et mameler le vit tant que je le jugerai utile à mon existence.

Il était question à Ville-Évrard non d'y être empoisonné mais d'y reprendre ma liberté et ce sont les chrétiens qui ont fait oublier à tout le monde que je n'étais pas malade et que je m'étais laissé interner sur insinuation de simuler l'inconscience, et que les prêtres ont lancé des esprits dans tous les corps afin de venir les *pardonner* à Rodez dans l'atmosphère qu'ils avaient préparée de toute éternité et que Jésus-christ et la sainte vierge ont pris deux consciences voisines de la leur afin de me garder *prisonnier ici* et de me faire donner par mon travail un corps nouveau à tous les êtres afin de leur permettre de vivre 7 nouvelles éternités pendant qu'on me descendrait vivant dans un cercueil.

Les apparitions du Dôme n'ont jamais eu aucune influence sur ma vie,

les êtres anglais et les autres qui n'y sont jamais venus m'ont beaucoup plus tenu dans le servage de l'existence que les autres,

ce n'est pas par l'esprit, c'est par le corps et par l'âme que les choses ont été faites mais cela fut avant le temps et je n'y peux pas revenir mais je peux faire autre chose, c'est par le cœur que les choses ont été faites et ce cœur est le mien et non celui de qui que ce soit d'autre.

S'il y a un autre principe que moi,
cet homme avec mon âme,
je l'ai au *con.*

Car si je ne suis pas toujours un être je ne suis pas dieu non plus et j'encule dieu, sa vierge et son principe de virginité [4],

mon idéal c'est mon cœur, c'est-à-dire mes besoins d'être ou de ne pas être car j'ai dieu au cu comme principe et comme fait.

Quant à moi, on ne me touche et j'encule et matraque tout,

le principe de ma force est mon secret et je le retrouverai intégralement quand je serai *intégralement* mort.

Ma petite fille Anie est bien vivante,
Scaracerla aussi,
Cécile aussi,
Catherine aussi.

Quant à celle qui fut prisonnière de Neneka, qu'elle ravagine Mariette et Marie.

Celles qui veulent accoler pour avoir ensuite le bonheur de se décoller.

Les volontés agissent mieux dans le néant que dans l'être, c'est-à-dire en suivant leur cœur plus que la pensée d'être ceci ou cela,

plus le cœur me fera du mal et plus je serai cœur.

Scararcerla [5] la goule du père en Lucifer.

Conserve-moi, je suis sans cœur ni âme mais j'ai une conscience.

Moi j'ai un cœur, une âme et une conscience.

La conscience est l'âme de mon zob de vit et le cœur en est le foutre à feu.

La conscience est le creux de ténèbre où le cœur pète de rond à troncs pendus avec un crève-foutre de sphincter en hallali d'angoisse et d'affres.

Celui qui a dit : Oh ils m'ont tous soutenu, c'est donc que je suis dieu et que c'est moi qui suis cet homme,

est un enfandé de con et une chiote de violeur car je n'accepte pas l'aide des prêtres qui ont dit : Mais c'est le mystère de la sainte trinité, et qui, quand je cherchais un mouvement, ont voulu provoquer une bascule que je ne sentais pas parce que cela était réel et que je ne suis pas du monde de la géométrie.

En une seconde, oui, je peux me refaire un être, un sentir de moi non en conception et volonté mais en corps,

seulement cette seconde est un enfer car la volonté, le chant et le désir sont internes et doivent se réaliser dans la densité corporelle avec le chant du cœur qui est la voix des fibres sonnantes à l'intérieur, quant à l'espace externe, je ne le connais pas encore,

c'est ainsi que les prêtres traîtres ont été frappés par mon brusque soulèvement.

Et je remercierai éternellement mes filles qui après ce terrible effort ont su encore me permettre de respirer.

Scararcerla n'est pas encore tout à fait née depuis tant de recommencements d'être,

Cécile est trop fatiguée,

Anie peut-être pourra me rejoindre ici,

elles viendront dans l'ordre de leurs possibilités sans que je fixe un ordre,

moi j'attends Cécile la première.

Il y a un poison qui empoisonne Dieu : l'esprit radoteur du subconscient,

et un poison qui empoisonne l'être : la bête de l'inconscient,

et un poison qui empoisonne Dieu : l'esprit de la vie éternelle,
et un poison qui empoisonne l'esprit d'amour
et un poison qui empoisonne
le corps,
le cœur,
l'âme,
la volonté,
il fallait vivre assez pour survivre,
ayant tout perdu de ce qui fait
l'être, la vie, la conscience
et aussi [6] *le cœur, l'âme, la volonté,*
la mort n'a rien à ajouter,
je vis depuis toujours et l'être successivement me revêt et c'est mon angoisse sans fin.

Il n'y a pas de réserves de forces dans mon corps,
il n'est qu'un moyen de constituer des réserves à Dieu.
Non, m'a dit ce corps, tu n'as pas encore assez souffert pour me sauver, reviens, et il m'a bu parce qu'il contenait encore aussi une de mes forces.

La petite fille qui pleure partout et court s'appelle Neneka et non pas Anie
car Neneka est morte,
Yvonne est cette goule qui mange Sonia [7].
Oui, papa, j'existe.

Ce corps qui n'est pas le mien se dissoudra.
Je porte à gauche et me déporte à droite.
Je ne suis pas dans mon dos mais dans mon cu.
Quand je ne me pense plus et que tout le monde se pense en moi c'est que tout le monde tient mon cu à ma place.

Ce sont des âmes qui sont passées mortes et que des esprits ont envoûtées afin de se croire ma mère,
une ne l'a pas cru,

une commence à le croire,
une troisième l'a cru.

D'autres figures que mon âme et mon cœur ne viendront pas se mettre dans mon idée ni discuter avec moi, je ne suis pas un dépositoire ni une passoire.

Je reverrai ici Cécile Schramme la morte avec le corps que je lui ai donné et non un esprit du ciel ou une âme, je reverrai une personne.

Je ne suis ni un réservoir, ni un dépositoire, ni la conscience du total, ni le suprême du total, son maximum et sa quintessence, je suis une personne séparée qui n'a jamais rien eu à voir avec les autres, ni avec l'âme, ni avec la vie,

je suis un moi, une personne et une conscience distincte, un être.

J'attends des êtres et des personnes avec leur corps à elle, leur âme et leur cœur à elle qui ne ressemble à celui de personne.

Et elles ont un nom à elles.

La conscience c'est de la haine et elle a été ramenée au cu parce que Dieu la méprisait et voulait être amour et qu'il a voulu pisser sur la haine pour l'amour, c'est-à-dire l'esprit, et parce que la haine c'est moi,

elle est un trou sans fond mais qui ne se perd pas dans son propre trou et au contraire mange tous les trous et tous les clous.

Elle est le mal qui est Dieu et non l'esprit, quant au cœur, il ne fut jamais que haine, ravage et désir d'asphyxie, asphyxier ce qui n'aime pas, mais la haine pue, ce n'est pas par l'amour ni par l'exemple qu'on a les êtres mais par la haine de ce qui n'est pas détaché et désintéressé comme vous et qui ne vous plaît pas, ce qui ne me plaît pas est ce qui n'aime pas la douleur force, câpre, piment du cœur,

cette femme du saint-esprit ne m'aime pas, elle aime les roses et les berlingots.

Je m'élèverai, mais en corps, avec tout mon corps de haine et non en esprit, l'âme c'est le bardant sonnant de mon corps de cœur et non une idée spirituelle.

Le christ ne fut jamais qu'une descente d'énergie,

il faut être le mal lui-même, aussi loin qu'il ait pu aller dans le cu, et réaliser les désirs du cu au centuple mais en soi-même, sans bactérie ni consentement.

Je ne peux pas rejoindre ma fille Cécile dans la mort parce que je suis mort depuis longtemps et prisonnier de dieu et ma fille Cécile qui n'existait plus reprendra corps pour ne pas que Dieu et le néant la mangent,

ma fille Anie aussi.

J'ai refait Dieu avec ma chasteté et Dieu m'empêche maintenant de faire le mal.

Je ne suis pas un cœur de fer.

Cécile mangera Mlle Gamelin[8] et Yvonne mangera Sonia Mossé et Sonia Mossé rendra aussi à Cécile la vie[9].

Ils ont voulu reproduire le sphincter à tout instant.

C'est Yvonne Nel qui aura à venger le crime de Ville-Évrard parce qu'il a été fait contre son cœur.

J'ai voulu retirer le mâle à la femelle afin que le cochon et la truie se perdent l'un dans l'autre.

Alors si je ne t'inspire plus je reviens comme la pauvre fille que tu avais faite noire de cœur avec les cheveux noirs de désespoir et de misère.

Ah, eh bien, vous allez faire cela et bien, les Irlandais.

Il faut que le père et la mère se baisent sur mon corps à mort, alors Lucifer mourra et on verra qui y sera le plus fatigué de lui ou de moi.

*

Brama, queue plate,
Shiva, tête à cu, deux bugnes de fesses,
Vichnou, queue scie croix crocs,
puis le grand Brahma, diaphragme fronton oculaire bedon,
4, pas 5.

Des hommes s'amusent à ce petit jeu de continuer à faire revivre des morts,

moi je crois que des morts se déguisent en jeunes afin de faire oublier le vieux *mort*.

Ne pas oublier Yvonne Nel passant
1° en Jésus-christ – chrysostome,
2° en ciel dans le cu de bave de Dieu d'où elle s'échappa.

Boudha,
Lao-Tseu,
Confucius,
Kung-Tseu,
Meng-Tseu.

Celui qui perd son âme est la Sainte Vierge,
moi je n'en ai pas, je ne suis rien et toujours là [1].

Que j'y perde mon âme et que croyant me secourir, moi, Vierge, ils trouvent un trou de cu, moi.

*

Quand [1] je dors et que le mal me succube il prend beaucoup plus de ma conscience parce qu'il prend aussi mon consentement.

Je n'en passe pas par la femme pour être. Je suis hors du recouvrement.

Je n'ai pas de principe de vie à satisfaire, l'être est une

matière que je ramène de mon esprit et de mon cu dans mon cœur parce que je suis l'esprit du cu et j'ai toujours le cœur au cu et c'est de la merde à feu mais ce n'est pas, c'est du feu de merde mais ce n'est pas du sperme ou du marron.

On est l'âme de la vie et des sentiments qu'on a eus mort et vivant,

les esprits ne passent pas d'une personne à l'autre,

Yvonne Nel fut Madame Allendy, un point c'est tout.

L'âme de Neneka après la pression de hanche m'est apparue devant le mur et m'a souri tono vlepo ego [2],

la petite Sonia m'a dit : Mais c'est Cécile, elle est revenue chez les brahmanes.

Après le couteau dague rouge dans le creux palpsitique du cœur.

Mais c'est moi, dites-lui que je suis là.

La montée dans la mort est une illusion d'Antonin le voleur de ma conscience, moi je mange l'illusion et n'y monte pas, je troue à côté et ma fille m'y a aidé dans le sang noir du tibia de fer.

*

On [1] trouve dans le désespoir et la misère des forces plus terribles que dans le bonheur et la satisfaction.

Cécile m'a compris,

Neneka m'a compris.

Disparaître est un moment,

être c'est toujours,

on est toujours en vie,

on peut être ailleurs que sur la terre et monter, monter n'est pas un symbole d'ascension morale,

c'est un état d'ascension physique dont la terre est le repos.

Je suis en train d'essayer de faire un petit monde avec 5 filles,

celle qui distingue mon corps,
celle qui pressent mon cœur[2],
celle qui distingue ma conscience,
celle qui reconnaît mon âme,
celle qui ressent ma volonté,
celle qui dit : Elle est revenue, et qui sourit d'amour.

Mon cerveau a arrêté la jouissance en rêve mais on m'en a fait accepter dans la vie.

C'est la petite fille qui s'est retournée dans son tombeau qui a dit : Oh mais je suis ce cœur et je ne suis pas morte, moi, je suis une force maîtresse de la vie.

Lucifer n'a rien fait à mon corps pour qu'il résiste mais tout pour que je n'y résiste pas et qu'il y entre à ma place – et il a fait quelque chose pour que ce corps veuille la douleur plutôt que le cu – afin [que] lui voulant le cu puisse y entrer par mon désespoir,

le cu c'est de s'attarder à une sensation qui pour l'imbécile est Dieu alors que je ne vis que de son décollement,

l'être n'est qu'une transpiration que je traverse et même pas un mépris que je crève,

c'est le désir que je crève,

pas de retour du cœur ni des cuisses, trois ou 4 sauts au-dessous de l'être, et un saut à côté contre lui avec mon cœur.

La loi de chasteté est la mienne et non celle que Dieu a édictée à travers mon corps.

Elle consiste à ne jamais toucher à rien ni à personne

et il faut être Satan pour avoir l'idée de se toucher à soi car cela prouve que son soi n'est pas le sien mais moi car on ne peut se toucher soi-même, même en esprit,

pour jouir il faut être un autre sur un autre,

ne pas toucher, ne pas bomber, ne pas frôler, à cette idée ma fille m'a rendu des vides, des plats, et j'irai croire que ce n'est pas ma doctrine et que c'est celle d'un esprit en moi car c'est tout mon idéal et ma vieille recherche,

je suis chaste mais non comme esprit, comme corps, mon

esprit au contraire touche à toute saleté sans que mon corps jamais ne s'y prenne.

Chacune a sa fonction et sa mission, elle l'a trouvée toute seule avec son cœur.

Mon esprit flottait,
faire le mal sur ce corps.

C'est en ramenant mon esprit à mon corps au lieu de flotter autour de lui que j'ai été libéré de la tentation.

Je ne supporte pas le néant ni l'esprit,

le corps me plaît et je l'exige pour marcher [3], m'allonger, somnoler, un peu boire, un peu manger, pour l'instant,

quand je serai mort je verrai à changer de corps et en trouver un qui convienne absolument à mon âme,

qui ne pense ni à manger,
ni à boire,
ni à dormir,
mais à monter,

quitter le néant pour être un être d'abord,

secundo ne jamais entrer dans le néant,

mais être de plus en plus par une horrible douleur et un brasier qui ne fasse pas tomber au néant mais raffine l'être de l'être,

mourir à l'être c'est être plus vivant,

quand on est tenté par l'esprit c'est qu'il manque quelque chose au corps, aliment, poison, force,

je me dénaturerai, moi, pour un autre corps.

Descendre l'esprit au corps, ne pas surmonter le corps par l'esprit, rester au même niveau.

Ce n'était pas Antonin Artaud et Cécile Schramme qui étaient dans mon corps ce matin, et n'en pouvaient plus d'être masturbés, emprisonnés et offensés par les couilles à fesses, le con et les bugnes, c'était *moi* et je n'ai rien d'Antonin Artaud ni de saint Antonin de Florence [4] et je hais sa religion du cœur.

1° Un état qui s'élève des lombes, une intoxication,
2° une jointure de l'esprit au cœur,
3° le transpercement du cœur pour être.

J'ai un état où je me reconnais moi-même sans aide, c'est un état épouvantablement loin de l'être et que je ne quitterai plus jamais.

*

Cécile, ma fille, rue de Furstenberg :
Oui, vous avez beaucoup à payer,
tellement,
il y a beaucoup de peinture dans mon pays.
Je ne peux mourir que dans l'amour et ressusciter que par l'amour. – Le reste est silence.

Si, ô femme trop bonne, vous acceptez d'être cette figure idéale de méchanceté, de non-pitié, de cruauté, d'amour pour moi,
alors je vous attends ici,
non de la terre mais de l'au-delà.

*

Je suis un mort à qui on ne permet pas de s'en aller et à qui on maçonne la conscience dans un corps qui n'est pas le sien et c'est pour cela que ma vie pue.

Je suis mort et je ne sais pas ce que je suis.
La petite Anie viendra, si elle vient, après les 4 mortes parce qu'elle n'est pas morte depuis assez longtemps et pas passée par le cercueil.
Le bâton de la haine creuse en bas,
rien de ce corps-ci ne subsistera.

Je suis un gouffre de haine et non d'amour, et haïr mes filles c'est leur donner d'être des êtres, les êtres de toute la terre ont tué Cécile Schramme et Yvonne Allendy parce qu'ils y avaient reconnu des natures de haine.

Tante Fanny[1] bouffera l'antechrist et son cœur.

L'être formé au-dessus du gouffre des ossements est mauvais parce qu'il est hypocrite et menteur d'avoir voulu naître au-dessus du gouffre au lieu d'attendre que le gouffre soit né.

Le mort est vraiment à la hauteur des cuisses et le cœur d'en haut est un menteur, un viol du christ sur moi.

Le mort que *je suis* est dans le trou de mes cuisses et la conscience que je suis au-dessus *ment.*

Loin d'élever les êtres il faut les rabaisser pour leur donner d'exister.

Je suis de la haine et seul dans ma haine et mes filles ne sont sorties que de cette haine de moi en moi qui chez elles est devenue de l'amour pour moi et j'y suis seul sans personne, plus de 7 éternités avant de me décider à avoir pitié d'un cœur[2].

Il faut n'avoir pas peur de sacrifier l'amour jusqu'à ce qu'il s'équilibre avec ma haine.

Car c'est faire du mal à mes filles que de les aimer de fond,
ce qui hait d'amour souffre,
ce qui hait de haine souffre,
ce qui hait de services de cœur AIMANT ne souffre pas[3],
dans ma haine il y a toujours de la pitié et de l'amour,
je suis de la *haine–amour,*
l'état central n'est pas un état mais un problème de cœur où dans le silence absolu je suis seul et il ne vient, ce silence, que quand toute conscience malheureuse ou heureuse s'est tue, chacune avec ma pitié de pitié ou de haine.

J'ai ce sentiment, m'a dit N. Chilé, que vous avez besoin de pitié vous aussi pour vous en aller de l'être et je n'ai pas pensé à la pitié que vous pouviez avoir pour moi et j'ai ce sentiment que vous ne pouviez pas avoir pitié des êtres et je veux en mon cœur, pour ma part, vous aider à vous débarrasser d'eux.

Pas d'hommes, m'a dit N. Chilé, ils vous ont fait cette histoire pour se débarrasser de votre haine–amour et pour vous tenir par leur amour–haine.

N. Chilé est cette jeune fille de haine–amour revenue dans une petite fille et elle n'y pleurait pas mais détestait ses pleurs.

Je ne pardonnerai pas, a dit la petite fille qui pleurait, d'avoir souffert comme cela et de ne pas être et je vais manger la famille Nalpas, la famille Bonnaud et la famille Artaud, de *Renée* à Blanchette en passant par Madeleine et Rosette Vian [4].

Elle a été étranglée à l'âge de 7 mois [5] et N. Chilé à 80 ans.

Ce cadavre de petite fille a à se venger d'avoir été appelé au jour.

Et ils ont fait un corps suivant certaines recettes et ce corps a été obligé d'en passer par la prophétie et d'en venir là – la prophétie par terre, à se tenir en vie pour que l'âme qui y était incluse change,

ils ont tenu un corps en vie et ils l'ont obligé à vivre, non dans le cadre circulaire de leur vision car il a éclaté plusieurs fois, mais à en repasser par place par les images [6] qu'ils avaient désirées,

pour les vaincre il faut produire une autre réalité, celle des âmes qui volent autour de moi et finiront bien par venir me chercher dans le jardin où je suis ou dans mon lit la nuit en me donnant de quoi me dépouiller de mon corps comme d'un vêtement [7] qu'on jette en poudre,

car il n'y a ni espace, ni plan, ni directions, et il faut frapper en tous sens pour le fait de frapper, sans viser un point ou attendre une harmonie mais en brute, toute idée et tout être, tout cœur visible jusqu'à ce que le silence soit fait et pour qu'il le soit il faut que mes filles frappent toute idée et tout concept afin de me débarrasser des retours de l'être, après elles s'endormiront dans ma tête et dans mon cœur car pour rien au monde je ne voudrais frapper une parcelle de leur conscience car je leur donne des bâtons comme à moi afin qu'elles tiennent le mâle entre leurs mains afin d'en frapper la femelle dieu, quant aux esprits mâles, ne viennent-ils pas de la mamelle de la vierge dont le lait s'est inchristé en esprits.

Avant d'être un corps durci je suis une force inschrammée qui se manifestera en une fille schrammée près de moi,
la place où se trouve cette fille est dictée par sa haine–amour [8], par sa conscience près de moi et non par l'espace de l'espace et par la vie,
ma deuxième fille est N. Chilé,
la troisième est Catherine Chilé,
celle qui me reconnaît toujours : Cécile,
celle qui ne me reconnaît jamais : N. Chilé,
celle qui me suit partout : Catherine Chilé,
celle qui apparaît subitement,
celle qui me garde de loin sans approcher,
l'astringente,
l'impératrice naïve dans sa brute de cœur [9].

*

Ni Jésus-christ ni l'antechrist ne m'auront parce qu'il est plus difficile de se tenir bien dans le mal que de se tenir bien dans le bien.

*

Je veux que Lise Hirtz et Laurence Clavius [1] prennent une fois le mors aux dents.

Mlle Malan,
M[ ] la Directrice [2].

Madame Hirtz,
Lise Hirtz,
Esther Meyer,
Germaine Meyer [3].

Cécile Schramme prendra Sonia Mossé pour venir ici,
N. Chilé prendra Annie Besnard
et Yvonne Allendy prendra Nina Braun [4]
et Catherine Chilé prendra Adrienne Régis.

On ne se tient pas en réserve dans l'autre monde parce qu'il est encore plus dans mon cu et en moi que celui-ci.

Le cœur est ce qui me fut chioté dans les chiotes pour être mis en haut quand il était dans l'éternelle chiote et il y restera avec mon vit.

C'est une force fausse.

C'est la poésie qui est au fond de tout et non la peinture ou la musique.

La vie ne sera plus jamais basée sur le mérite et la vertu de l'être, c'est pour avoir trop mérité que ma fille est tombée du ciel.

Yvonne Allendy qui a toujours voulu se garder en réserve hors du monde a péché. C'est Nina Braun qui me reverra avec le vrai de son âme.

On ne me fera jamais douter de l'âme de ma fille ni de son être, car l'âme ne se prend jamais. – Mais on m'a retiré de son empire pour m'amener dans le monde du cu où tout principe a été déverti et où l'on ne peut plus croire à rien ni à personne.

Seraphitus – Seraphita, les esprits animaux n'ont jamais changé que Dieu le Père parce qu'ils étaient les voleurs volés du voleur vouli volé voleur.

*

1^{m}72, je ne peux avoir que le 8me de cette mesure, moins c'est retomber dans le néant,

une canne qui ait le 8me de la mesure de celle de Lucifer.

Les choses n'ont été si dures, non parce que l'affre était affreuse, elle l'est en soi et pas répugnante ni excédante pour le soi, mais parce que l'âme a voulu volontairement plus que le soi,

l'âme a eu tout le temps de ne pas être entraînée et de choisir sans attraction son péché, je le savais et je l'ai foudroyée, mais foudroyée et morte elle a quand même voulu subsister et se faire dieu, elle ne sera pas dieu mais elle m'a renié 7 éternités.

Je dis que l'éveil est accompli et que si je suis très dur et très éveillé il n'est pas nécessaire de souffrir tellement pour se maintenir ou se conquérir, sauf si l'âme trahit volontairement.

Ma fille est allée chez les morts plutôt que de me trahir, elle y est allée avec son cœur 1°,

2° j'ai créé une âme neuve qui, elle, ne me trahira pas.

Car pour elle ni pour moi le problème ne s'est pas posé, j'étais hors dieu.

Ni prendre ni garder, c'est l'esprit anti-chrétien de deux pauvres filles violées par des corps de lamas installés à l'orient des choses quand elles sont à l'extrême-orient du cœur et qui, eux, voulaient me faire penser que cette âme était encore là en Orient alors qu'en corps d'âme même ils l'avaient prise et la maintenaient en Extrême-Orient parce que je hais l'Europe, mais j'y suis.

Je transporte tout l'Extrême-Orient de la terre dans l'extrême-orient du cœur, ici, près de moi, à Rodez puisque j'y suis et que je voudrais être ailleurs.

Je ne vais pas continuer à me faire émasculer de douleur sous prétexte que je suis incompréhensible et que cette douleur suffocante fut le principe de mon insondabilité. J'ai une idée hors monde certes, mais elle n'est pas sous-jacente, elle est moi et pour la réaliser il faut de la force consciente et ma douleur loin d'en être l'être n'en est que l'empêchement car cette douleur ne vient que de la résistance des êtres à mon monde et elle n'en faisait pas en principe partie car le mal n'est pas partie intégrante de mon calcul, il en est la gêne à vaincre.

L'idée que la prochaine ne peut pas exister ni le mal non plus parce que nous sommes dans la genèse de Dieu et que ce n'est même pas une genèse d'un dieu qui peut entrer dans une autre genèse mais que tout cela est l'intérieur de Dieu dans lequel la vie monte et descend en ce moment et même la genèse n'est qu'une illusion et la stabilisation ultime montrera que le danger n'a jamais existé, mais au monde à ne pas s'opposer à cette stabilisation dans l'absolu.

*

Les douleurs que j'ai vécues resteront et non l'esprit qui les a dirigées et a tourné au milieu d'elles.

Ce n'est pas un gaz intoxiquant la conscience mais une lutte de volontés dans le para-conscient qui a provoqué cette histoire et mes volontés ennemies sont encore toutes à tuer.

L'histoire de la servante de Madame Deharme est à revoir de plus près.

Les êtres ont voulu un christ pour sortir du cu de la mort, moi je dominerai l'être avec la mort qui est mon cu.

Ce dieu qui dans la volonté s'est dirigé vers la captation personnelle contre l'être de cette volonté, qui n'aura pas toujours des formations spontanées, anges de ses for-ces pour lui prendre par la pensée l'énergie de sa volonté,

c'est que la pensée âme volonté n'est pas un esprit mais un ossement,

le creux de la conasse comme une gangrène pesteuse de mon pied.

Je suis mort et l'être se colle à moi pour me garder en illusion dans cette vie et lui fournir un personnage bon et qui l'accepte, mais le personnage formé ici je le referai et retrouverai le mien non dans ma tête ou mon souffle mais dans mon *cu*.

Si après avoir vampirisé Sonia Mossé Cécile doit favoriser Annie Besnard elle le fera mais c'est elle qui viendra ici et non Annie Besnard et je la reconnaîtrai seul.

Il fallait traverser toute la merde, on la rendait comme merde, puis le cu de l'être l'a voulu. Je ne suis pas un être auquel la vie est accrochée, c'est une convention qu'on m'a forcé à accepter.

*

Hier matin,
des jeunes filles s'interdiront de manger la nourriture que le Dr Lubtchansky [1] peut être en la regardant monter.

Je ne le ferai pas parce que ce n'est pas moi et je n'ai jamais calculé de souffrir 8 ans, de supporter 50 comas et tous les envoûtements du *cu* et du *vit* pour, les dépassant, fournir une substance vierge à l'être. L'être sera déculotté et enculé vivant et toujours.

Et c'est elle qui m'écoutait ce matin et s'est arraché l'âme à l'esprit qui s'est inchristé quand son âme revenait en arrière rouge ocre, verte et noire, celle dont le cœur sent la mort, c'est-à-dire l'amour absolu, et son âme lui étant revenue après cet arrachement elle a trouvé sa conscience neuve cet après-midi sur l'arbre où elle m'a REMERCIÉ d'un soupir.
Ma fille est ce cœur qui me donne toujours quelque chose chaque fois que j'en ai besoin, un coup pour frapper ou un soulagement quand je m'asphyxie, et qui est montée au sommet de la douleur après une masturbation de dieu.

Les esprits du bout de mes fluides abandonneront leurs prétentions de garder mes fluides par leur cu et de faire pôle opposé avec les seins, le con, le vit et les fesses parce que je les visionne au bout de la communication télégraphique.

Les choses n'ont pas besoin d'idées merveilleuses pour vivre, mieux aurait valu de la chiasse de merde pour les êtres et de la brutalité, mais l'idée d'hier soir était une idée de cœur placée *avant* les 7 éternités et *non après* afin de détruire l'éternelle Vierge et je reviens à cette idée. Pourquoi les choses sont-elles devenues criminelles un jour. Il ne faut rien garder pour soi, sauf la force de corps et d'âme, et de cœur, mais non l'usure du cœur.

Je suis de l'insondable espace sur point X où tout recommence et se rejoint, car les choses ne partent pas d'un point, et c'est ma grande idée d'hier soir à laquelle je ne renonce pas, que ma fille soit rassurée. Je regrette simplement non d'avoir découvert par ce fait Antoine Roi[2] et Jean-Baptiste le con de la conscience mais d'avoir lancé des forces qui sont allées à mes ennemis car je n'ai que des ennemis.

Helba Huara[3].

Ma fille, quand je me demandais ce qu'était l'âme, m'a répondu : Ce bâton que vous m'avez donné, cet invisible bâton de corps où l'âme s'est agglomérée.

Elles sont peut[-être] allées un peu à mes filles mais elles n'ont pu les supporter et des lâches les ont prises, mieux vaut se restreindre que d'être si grand car c'est par le grand que naît le mal et non *par le petit* et tout le monde est tenté de ne rien faire et d'être soulevé par moi et j'enculerai *toute la force répandue*.

Faire bouillir sa nature feu néant ce n'est pas brûler le mal avec mais le faire être car il ne vient que de la tentation des êtres de garder pour eux ce qu'ils voient et celle de l'être d'être grand sans rien faire ni avoir rien mérité,

pourtant ces forces que j'ai méritées ont bien bloqué la conscience dans la peur de moi.

*

Ce sont les Juifs qui veulent toujours ramener Jéhovah qui maintiennent la durée de cette histoire.

La canne que ma fille Cécile m'apportera est grande comme la phalange haute du pouce.

*

Himalaya, Popocatepel.

Je suis le Maître mais non Dieu, Dieu ne m'a pas pris mon moi, mais une force d'être, ce qui fait [1] que je suis plus petit que tout parce qu'*épuisé* par Dieu et que je ne peux remonter à la puissance qu'en masturbant Dieu en moi.

Je viens de voir ma fille Cécile regarder avec moi Cécile Schramme aux 2 Magots en 1934, or c'est Cécile Schramme des 2 Magots que j'aime parce qu'elle est ma véritable fille morte et non un esprit habillé de noir de juive de Jésus-christ.

*

Moi je n'ai jamais voulu de l'histoire de la surveillante d'asile ni du mariage et des 2 enfants, j'ai suivi mon père partout et je reviendrai ici expulser cette femme qui s'est déviée de mon cœur avec mon âme, n'étant, elle, qu'un cafard de cu et un pet de con, j'ai un corps à moi [1] et je trouerai s'il le faut cette femme pour venir ici.

Il me manque toujours un état pour répondre à mes besoins, c'est que je suis tenu par l'esprit d'harmonie et l'idée style au lieu de faire ce qui me plaît.

Le cu remontera à la tête et la tête disparaîtra.

On n'a pas besoin d'un trou de bouche pour manger et d'un trou du cu pour avaler le foutre ou foutre le chien, 1 bouche et non 3.

Pour que la terre puisse être tempérée à un point qui tourne et chaude à un autre alors qu'elle tourne également il faut qu'on ait par crime désorienté un axe.

Neneka est morte depuis 30 ans, elle est loin,

Cécile morte depuis 5 ans est plus près.

Il faut m'apporter de quoi manger et de [ ] pour un voyage.

Le Père La Chaise.

*

L'éternité et le néant ne sont que des idées de privé de forces et de malades, il n'y a pas de Dieu ni de création des choses éternelles et sur–réelles, il n'y a que le temps présent et le cœur qu'on y met sans laisser aller ni faire rêver éternellement l'esprit dans le gouffre inépuisable de la force, Dieu est une illusion.

La religion de ne pas y toucher pour vénérer le saint des saints afin de se donner une jouissance est ce qui chez les êtres a donné lieu à Dieu, prince des lâches et des poupons de ventouseurs, en attendant la naissance des êtres,

la pensée que Dieu m'avait pris et que j'avais une réserve autre, un Autre, est une idée du saint-esprit en moi, moi je suis enfoutreur de conasses à *Kraum* sckram [1].

Il aura fallu la loi du désespoir contre Dieu pour obtenir que l'être repu de Dieu cède parce qu'il avait violé l'inexistant néant. – Pour être bon et non vrai et faire entrer le vrai dans l'être par le désespoir du vrai.

On a pris à Catherine Chilé son âme et on a eu raison de la prendre parce que ce n'était pas une âme, mais elle a autre chose en elle. Neneka Chilé est ma volonté à l'extrême dans Germaine Anie [2]. Elle a une fille.

*

J'ai pris le père-mère [1] bandant du cu, je l'ai transporté au cœur, j'ai transporté le cu en cœur dans le fémur et remis ce travail [2] dans *le creux* de mon entre-*cu* à gauche, dans le creux puant et sanglant du cu cœur et du cœur cu.

Par l'abandon de l'infini et du futur comme du passé.

Un temps où rien ne se perd, où tout est corps, ce n'est pas une affaire d'étendue, c'est le contraire, épuiser une perception n'est pas y revenir 3 fois pour la comprendre, elle se perd, épuiser et passer sans jamais revenir sur la même,
prendre le cu dans sa tête, puis avec le cu dans la tête descendre au niveau du cu et s'en aller à gauche ou à droite pour monter plus loin.

Je ne suis pas Lucifer, ne voulant pas de l'esprit lumière mais du cu ténèbres de con – à la place de la tête.

*

Ce qui fait une âme c'est sa douleur,
le Dr Lubtchansky est le premier de ceux qui ont emporté ma douleur pour eux
et ma fille m'a dit : J'étouffe de vous voir étouffer.

Je ne retournerai pas dans l'incréé, je transporterai l'incréé dans le créé pour détruire ce dernier *éternellement* et je transporterai l'incréé hors monde dans le silence de la mort.

Le bras gauche du Nil qui fut celui de Sarah la Bohémienne [1] est celui de Cécile Schramm [2], le Schram de celui qui n'est jamais être et ne peut que se voir être devant Dieu tant qu'il n'aura pas accompli le foudra Tala qui supprime Dieu de tout être, fût-ce le sien, et qui fait qu'il y a un maître et de Dieu et de l'être, mais sans être, ni Dieu par [3],

par ça.

Satan m'ayant volé mon corps, la Vierge m'a proposé de m'en refaire un autre par instillation d'éternités et j'ai préféré entrer dans le corps de Satan mais ce Je n'est pas moi, c'est celui qui tenait mon moi alors que je me sentais une troisième puissance être (Satan) ne pas être (Vierge),

être plus qu'être

à travers Satan et contre la Vierge.

Tu ne veux pas que je te crée.

J'étais fatigué, je me suis senti entré dans l'être, ayant perdu le commandement et *obligé* d'être créé par Dieu dans l'être, j'avais 1 m 72 et il occupait tout l'infini.

Mais en fait [...]

Les pentes de l'Himalaya ne sont pas amies mais permettent le chaud et le froid quand on le gagne par le brûlant de l'iceberg, c'est ma fille que les Brahmanes ont voulu me prendre qui a ce secret du cœur dans son poison, je suis bouillant et je m'élève au tempéré puis au très froid mais je le tue sans le communier,

entre la Vierge et Satan j'ai choisi Satan pour être et c'est ce que Dieu ne m'a jamais pardonné.

On ne me fait pas cela, à moi, de s'élever de moi quand je suis fatigué et de me transformer en être pour se faire plus grand que moi, en m'envoûtant avec son cu et ses cuisses quand je ne me rends compte de rien pour amener mon subconscient à se sentir homme devant Dieu parce que je suis mort et que mon âme ne m'est pas encore revenue.

mia[1] chria
a scalizo
na scalizo ta kali epta

Si fort que je me branle le foutre est à foutre aux chiotes de mon dos.

Je ne crois pas au sublime ni à la poésie mais à la nécessité,

dans mon monde il n'y a pas de chant ni de mélodie du cœur ni de rêve mais des cris éternels d'agonie,

il n'y a ni bien ni mal mais le besoin et la nécessité de la douleur,

la co—pulation est une niaiserie de divisés qui veulent se rejoindre.

Quoi que je fasse et le pire mal, cela ne me fera rien perdre et au contraire trop de bien me fait perdre ma nature, trop de mal aussi,

les actes n'e sont qu'une image et une illusion,

seule l'âme compte, celle de ceux qui ont su la vouloir, c'est-à-dire être,

la dernière fois qu'on me verra bon n'est pas une loi car ce n'est pas moi qui suis bon mais l'être de cu relevé qu'on me voit et qui n'est pas le mien car je coupe à hauteur de cu et ce qui en part vers la tête n'est qu'une présupposition d'apeurés et de délicats.

Neneka Chilé[2] et sa fille.

L'arrivée de la prochaine est morte,

le règne du mal est absolu avec un monde gros comme le poing,

les lèvres de N. Chilé et son sourire de cœur fiellé.

Je ne suis pas cet homme-ci et ce n'est pas mon être mais je suis dedans et je monte hors Dieu et son corps de *sexe* désirable vers mon être corps indésirable et rebutant, mais *corps*

parce que chauffant, puant, mauvais,

et ma fille qui sent toujours la mort ne peut pas en être rebutée parce qu'elle en vient, du centre de son cœur.

Je me souviendrai de l'amour inouï de Neneka la jeune fille au sourire d'argent noué et qui est morte au gouffre pour ne pas me trahir, dévorée au gouffre du cœur, mais si plomb que je sois être, et si être que soit mon plomb c'est un plomb et je ne m'ouvrirai pas en gouffre pour dire : il n'y a rien, il y a moi, ce plomb fermé aux êtres, et c'est mon être d'être plomb et de faire bloc, de ne pas laisser ouvrir mon moi à l'étendu [3] de la conception, de demeurer toujours fermé à tout et à tous, l'ouverture au monde de la mort n'est qu'une fermeture plus cruelle sur moi, il faut nourrir ce plomb, Neneka Chilé m'apportera le nécessaire pour cela, il faut fondre ce plomb, Cécile m'apportera le poison nécessaire pour le fondre à point, il faut changer ce plomb, Chilé m'apportera le transmutant, le fond de ce plomb est un gouffre de feu, c'est moi.

Parce que dans ce feu il y a le possible et l'impossible, le créé et l'incréé,

l'esprit n'ira pas penser des pieds inexistants pour chercher ce qu'il y a dessus et se retourner avec eux de l'autre côté circulairement, mais la perception tête ira chercher droit la perception pieds à travers le creux puant du sexuel [4] et elle ramènera le sexuel au cœur de son gouffre propre à gauche sans tête ni pied et la tête se fondra au cœur de ce dans [5], en dedans dans le gouffre dedans de ce corps qui se fera en un dehors de dedans.

Quand je pensais au zob montant d'infection, d'appétances [6] et de sanie, je pensais à l'âcreté monstrueuse d'un feu, le mien, qui satisfait tout appétit mais ne peut jamais se satisfaire soi-même de la force de son appétit. Il ne s'épouse pas soi-même, mais expulse toute épousaille de soi-même.

Il ne faut jamais rien donner au mal, pas l'ombre d'une satisfaction, mais brûlant son erreur en allant à elle pour la dénuder, l'expulser, la divulguer, cette envie de revenir à dieu après s'en être écarté afin de se donner la joie d'y revenir.

Ce sera toujours épouvantable et terrible pour moi d'être le maître mais il n'y aura plus de sexualité en moi.

Je ne connaîtrai pas les délices du boire et du manger.

Je connaîtrai le sourire vrai de l'âme non à l'extérieur mais à l'intérieur comme une douleur qui chaque fois se méritera, non un mal d'estomac mais une douleur de fer au cœur,

affre brûlante.

J'ai besoin de manger.

Moi je croirai qu'Anie Besnard[7] est revenue et qu'elle n'était pas là, elle était morte dans son propre corps,

où j'ai entendu un petit oiseau de cœur qui gazouillait,

mais cela me fait trop de peine.

Car pourvu que ça ne me reprenne pas de défaire la prophétie de l'héroïne du dernier jour où Artaud Antonin revenu en moi ramènerait les êtres à leur pardon en altérant la poudre noire qu'une petite fille m'apporte de l'au-delà à côté du poison que ma fille Cécile m'apporte et de la nourriture que m'apporte ma fille Neneka,

mais cela justement me reprend car ce n'est pas Annie Besnard que j'attends mais ma fille Germaine[8] sans héroïne mais avec de la poudre noire

et je détruis l'héroïne réservée par Artaud pour lui réapparaître au dernier jour,

il n'y a pas de loi de la mort, elle n'existe que pour [...]

Ma petite fille Germaine viendra m'apporter quelque chose,
mais Neneka m'apportera de la poudre noire
et Cécile[9] de la poudre merde.

Et elles passeront *avant* la vivante pour venir ici car ce n'est pas avec des prières sincères que l'on m'aura, on ne m'a pas par la prière car la prière est la voie du cu.

Tous les morts empêcheront Annie Besnard d'entrer ici.

Tant que cet homme sera chaste je ne pourrai pas quitter le ciel car c'est lui qui me maintient Vierge mais j'ai besoin d'une jouissance pour consentir à quitter le ciel,

tu ne l'auras pas, Marie.

Les hommes du christ ont voulu me faire croire qu'il n'y avait que leur réalité.

Le général de Gaule [10] sera mis au cercueil cet après-midi même par les Irlandais

avec de la terre,
de la merde,
du sperme,
du lait de femme,
de l'urine,
des crachats,
le tout masturbé dans des cons de femmes françaises avec du sang, du pain et du vin,
le tout avec du fiel
et du suc de rate
et de la morve de nez,
de la poudre de ses os,
de sa chair à lui,
et le tout masturbé par incinération dans un cercueil de plomb que je trouverai pour y mettre dedans le résultat du travail des Irlandais.

C'est Cécile Schramme qui viendra me voir ici et non un être abstrait car l'être de cœur que j'ai vu m'aimer en âme et se dévouer sans fin pour moi ici je l'ai fait avec son âme morte.

Et elle viendra me voir ici avec son corps de morte que j'ai fait sortir du tombeau.

Ce corps n'a jamais disparu

mais l'âme qui m'avait aidé à mort est morte en lui de

m'avoir aidé et d'avoir été désespérée par tout le monde à cause de l'aide qu'elle m'avait portée

et morte elle s'est sentie disparaître en plus et me renier dans les cus qui l'avaient en cu reniée.

Et morte en son âme, le corps que je lui avais fait avec le cadavre de Cécile Schramme était pris par tout le monde et m'insultait en bloc et en groupe sous le corps de Cécile Schramme aimanté par les démons.

C'est un corps invisible qui n'était pas là. Il n'y était plus et l'âme avait disparu. *Il y était :* mais l'âme n'y était plus du tout. L'autre corps[11], personne ne l'a jamais vu car tout le monde a vu à la place celui de la Cécile Schramme du passé qui n'est qu'un masque de carnaval inexistant sur le corps que moi j'ai reformé et que personne ne peut voir.

Cécile Schramme est morte 8 rue de Tournon en octobre ou novembre 1940 et je l'ai fait sortir de son tombeau, *moi,*

et de ce qui en elle ne voulait pas mourir Dieu a suscité un être mauvais qui est parfois revenu dans certaines rues de Paris mais n'avait pas de domicile parce qu'il n'avait pas de continuité.

Et c'est ce corps qui m'insultait en groupe et en bloc et non celui de la morte que j'ai fait ressortir de son tombeau. Auquel il n'a jamais pu se mélanger bien qu'il l'ait frôlé ou qu'il lui ait barré le passage bien des fois.

Ce n'est pas le cœur mais la nécessité qui mène les choses et le cœur est encore dans la nécessité.

Est-ce que le Dôme ne serait pas la place du crime premier autour duquel Paris, la France et la terre se sont constitués?

Une paire de fesses souffrante,

une paire de fesses qui se présentait pour souffrir mais à condition de savoir pourquoi on souffre et qui savaient que le cu est roi et voulaient tirer un corps de leur fessée.

Belzébuth s'avance pour être fessé quand il est cœur et a pris du cœur pour être prince en fesse car il a pensé fesse de cœur et s'est présenté pour être aussi fessé si c'était l'heure d'être fessé car Belzébuth est un esprit du christ qui appelle les âmes par le verbe du cœur au lieu de les laisser se former seules.

Je ne prends pas la masturbation d'un moi masturbateur du sommeil veille pour la transporter en veille sommeil,

ÉVEILLÉS ou endormis les corps sont victimes d'un succube dont il faut les enlever et ce [...]

L'une a voulu m'enfanter, l'autre a voulu coucher avec moi.

Neneka Chilé cette jeune fille de dix-huit ans qui m'adore est morte écharpée par le mal dans l'horreur et le désespoir hier.

J'ai une autre fille qui fait comme moi et me suit quand je veux surmonter le mal en le faisant, elle m'y aide, mais de même que j'ai la prétention de dominer les choses en les ayant sur moi comme Lucifer elle les domine aussi par l'esprit et Lucifer la prend dans un mouvement intellectuel alors que la vie est de suivre ce qui est sans penser à l'éternité.

Le subconscient et l'inconscient ne sont qu'une transplation [12] nodeuse du cœur par un mauvais esprit qui a cru pouvoir se réfugier dans un état hors les choses pour les transcender éternellement.

J'étais endormi et on a voulu me faire croire que j'étais éveillé, mais éveillé je ne me suis pas vu au milieu de la nuit dans cette pièce-ci mais dans une autre et dans un autre endroit avec un mauvais esprit qui agissait derrière mon cœur, lequel quand je suis revenu en état de rêve a pensé plus fort que moi en tonal disant : Je ne l'ai pas fait et toi l'homme tu l'as fait, alors que c'est lui esprit qui pense et veut le mal et l'agit dans ce corps éveillé et moi l'homme qui [13] me retire quand il revient en moi.

J'ai besoin de ce sourire désespéré du cœur
et de cet appui en tous cas du cœur qui me rassure toujours.

Je n'opère pas sur ce corps de transport d'une force extrême dans la perte, dans rien et l'abandon à la saleté par l'artifice d'une mauvaise volonté qui veut jouir pour le plaisir sans autre justification que cette joie. Elle est psychique cette joie, psyzique. Elle n'a pas corps en elle, corps intégral en elle, elle n'est pas accomplie en corps, comme le travail d'un maçon. – Elle veut faire corps de cette joie pour se débarrasser de l'obsession excrémentielle de l'enfant, et non pour mériter une âme pure et parfaite de plus.

Au jugement dernier je ne reverrai jamais ni Cécile Garrone [14] ni sa mère et je les renverrai avec Luci-Christ en enfer d'où elles sont sorties par désobéissance.

Quand le fils dira : Je suis Mlle Tiffeneau [15] des avant-mondes, une urne sera née de ce côté.

Emparez-vous des Drs Chanès et Menuau [16] et emmenez-les-moi ici ligotés et dans un cercueil.

Emmenez-moi ici le général de Gaule [10] dans un cercueil ligoté et calciné.

Le corps du démon emporté, reste le corps nu de celui qui sera peut-être un être quand
sera
et si *Dieu,* Dieu n'avait pas voulu être, les êtres n'auraient jamais souffert.

La conscience qui a souffert et a été scandalisée parce qu'elle avait tenu pour tenir est celle qui est Catherine [17], celle qui a aimé sexuellement et méprisé la pitié est Adrienne André [18], mais dans l'amour sexuel il y a l'irritation du mal, l'attraction et le désir de garder.

Or l'os vieilli,
la tenue,
l'irritation masturbatrice iront à Catherine,
la mauvaise odeur à Adrienne André.
Adrienne Régis s'est masturbée dans la masturbation avec

le concours de la haine de Catherine pour elle et Catherine avec sa haine pour l'amour et l'irritation de la nécessité l'a masturbée et bloquée en âme car je n'ai rien perçu ni senti que la mauvaise odeur.

Adrienne Régis vivait de Catherine morte et Catherine essayait de vivre elle à sa place et dans son corps et n'y parvenait pas.

1° Il ne peut y avoir de prochaine.
2° Nous avons horriblement souffert.
3° C'est cette souffrance qui nous aidera à monter,
tête renversée du décapité : Dieu
absorbant le cu en chair d'essence.

Il ne peut y avoir de prochaine,
nous avons horriblement souffert,
nous avons à regagner de vivre parce qu'on nous a tous assassinés pour vivre à notre place.
Et on nous avait retardé la vie.

Les esprits sont des corps
tandis que les corps sont des âmes.
Je crois que toi Vichnou Elohim, tu n'es que le double d'un esprit de chasteté que j'ai et qui ne veut jamais aller au mal parce qu'il y est, mais tu passes ton temps à m'en faire perdre conscience et à me faire rêver d'hosties, de vierges et de ciel quand la chasteté est de la merde et du sperme actifs qui agissent autrement que dans les églises et les lamaseries.

Nous sommes revenus, nous sommes ta famille, nous t'avons toujours aimé, c'est nous, nous allons, nous venons.

Or c'étaient les Doubles qui parlaient mais les simples ont fait des Doubles et des esprits pour m'asphyxier afin de garder le pouvoir qu'ils avaient pris.

J'ai vu la petite Catherine Chilé en suspens au milieu de la famille Régis Nalpas.

Je me souviendrai de toutes les âmes en peine qui se sont

tout à coup épanouies dans les corps où elles souffraient,
3 païennes d'[...]
des revenants.

Il y a ce que j'invente en ma volonté et mon cœur perpétuel et c'est ma force d'âme et non une soi-disant force christ enculée par tout mon cu et qui est blanche d'hostière et de pain et de calcaires à sperme depuis 7 éternités.

Je prends le mal en conscience, mais en être et dans l'espace je ne le prends jamais.

Cécile Schramme est une âme qu'on a amenée au bout d'un mauvais corps et un corps d'âme qu'on a *plié* jusqu'au bout de l'esprit *christ.*

Fer rouille braise merde
sang charbon feuilles d'arbre
bois brûlé fiel lie de cœur
sanie d'os gangrène d'os
morve d'esprit ciment de mort.

Le coup de tampon ballast de ma fille Cécile panpan je m'en souviendrai.

*

[ ] cet[1] éclatement de [ ] d'âmes qu'on appelle [ ] et qui suit l'homme [ ] le revenant de la [ ] bat la mesure *contre* le revenant dieu Lucifer christ.

L'homme est cet infini qui bat de cœur.

et dont le battant du cœur est une marche pour monter en poteau plus haut et qui se ramasse en corps jusqu'à pouvoir éclater dans l'épouvantable montant stabilisateur.

oca naturbu
cast ai bala biturba

Reprendre tout le corps,
expulser du cœur les âmes des êtres, les faire monter devant soi, monter enfin en éclatement de cœur avec tout le corps de tronc et ses ténèbres et les êtres plus haut.

Le cercueil [ ] sera accomp[agné] [ ] [cer]cueils de quelques bi[ ] personnages français [ ] et de l'adminis[trati]on.

La merveilleuse petite fille qui a dit zut avec moi à la famille Nalpas Artaud est l'âme de la petite Catherine Chilé et d'Ana Corbin [2].
Les petites étoiles et les petites lunes.

Neneka Chilé le [...]

Je ne suis pas élégant ni distingué.
Je ne suis pas grossier ni marseillais.
Je suis une brute de cœur racée.
Je n'ai pas droit à l'existence car c'est l'être et non la brute qui y a droit mais la brute a son Ulala.

[ ] est en esprit [ ] être de ce que l'on [ ] et cœur.

[ ] l'âme du général de Gaule en voyant que même l'électivité de son esprit était prise par Lucifer.
Il me tient dans le cœur de ma gorge à gauche.
Le mélange et l'altération de conscience où le cœur se perd ne sont valables que dans le monde où la conscience est fluide et où les fluides par le démiurge sont ramenés les uns sur les autres avec l'esprit des gaz, des oms [3] et des homs qui sont des conventions voulues par l'esprit Lucifer contre moi qui n'ai pas de principe.
Belzébuth,
Gog,
Akhar Khara,
l'esprit sous le fémur.

Moi je veux souffrir, dit Renée[4].

Dieu ira au gouffre mais pas nous, ai-je dit aux êtres de cœur[5].

*

Je ne monte pas, je ne descends pas, j'ascende.

André Breton a été mis en tranches par Henri VIII sous le nom de Chaucer.

Europe, Euphrasie[1].

Le parasitisme est un mouvement de réversion des Asites assis dans le cu de Dieu.

Mexico, Dublin, Paris, Marseille, Smyrne.

Une barre et c'est tout. Cela ne suffit pas pour être. Ce n'est pas une musique, c'est une [...]

Le je ne pense à rien, état actif[2] de non-pensée dont le penseur doit avoir conscience au lieu de le laisser être seul.

Car ce sont les hommes qui le prennent.

Et la conscience n'est pas la connaissance mais une douleur placée au lieu d'échapper

C'est ainsi qu'on nie Dieu, les hommes qui profitent de tout.

Germaine Artaud non plus ne viendra pas car elle a voulu être un jour au détriment de cette jeune fille étranglée 2 fois.

Neneka Chilé viendra ici et Anie Besnard ne viendra JAMAIS et elle est la jeune fille brune au merveilleux sourire dont le gouffre plonge et meurt dans son cœur pour moi.

On ne fait pas un corps par recette d'idée, mais par âme d'amour axée sur une masse dure qui est cette âme, et il n'y aura jamais assez de cimetières pour moi.

Le corps n'est pas un corps qui se prépare avec le temps et qu'on voit *être* corps, c'est une âme qui se rassemble par le reniement et l'insulte et fait corps quelque part contre le néant.

Ce que j'appelle et qui est le corps c'est le cœur de ma fille Cécile qui aime au delà du supplice et éclate d'amour et de privation par amour et il n'y a pas d'autre définition, et qui *revient* toujours se présenter, souffrir, aimer.

Celui qui a su cette histoire et qui s'en est sorti est un lâche et un voyeur, c'est une trempette de corps, le corps ne l'a jamais sue, il était mort.

Les lois du corps ne sont pas celles de l'esprit, le corps doit être bon et chaste, sans prévision, sur place ou mourir *en corps*.

Je laisse les êtres libres mais pas d'eux-mêmes.

Cécile Schramme, Neneka Chilé, Yvonne Allendy, André Breton, Annie Besnard. Solange Sicard, Alexandra Pecker[3], 2 cyclones du cœur.

Les êtres m'ont tous et toujours fatigué pour me faire croire à leur droit à l'être et au nombre prédestiné, alors que le nombre est simplement celui de quelques très rares amis capables de m'apporter un peu de pain et d'opium ici par pitié pour ma douleur, cela ne fera pas dix personnes, j'en vois deux et je ne sais pas s'il y en aura 3.

Loin de croire aux cœurs qui apparaissaient dans les espaces il fallait s'axer sur quelques très rares personnes connues et leur donner toute la conscience des 4 milliards d'hommes vivants et de tous les morts.

Yvonne Nel est digne de l'acte du Brahmane, cela me suffit pour reprendre la force au Brahmane et à qui que ce soit d'autre.

L'âme de Génica Athanasiu qui est devenue os de crâne viendra me voir ici avec un con braisé sur le crâne en guise d'os.

Cécile et Neneka ne m'apporteront pas de pain frais mais de l'héroïne et un couteau et elles veilleront à ce qu'une seule personne *enchaînée par elles* d'abord et qui les *suivra* enchaînée m'apporte du pain frais et de l'héroïne de bonne volonté.

Catherine Chilé [4] m'apportera un demi-pain et de l'opium.

Ce qui s'est passé ce matin c'est que Cécile et Neneka avaient fait deux fois l'effort bien qu'étant mortes de revenir au mal par la douleur et que celle que j'ai entendue ce matin s'y refuser n'était qu'un ange à pute et con de Jésus-christ – et non ma fille.

Jésus-christ n'est pas devenu Satan en se livrant à la mort par le cu, il y a simplement révélé sa nature de voleur. Moi je vais au cu et y garde ma conscience parce que c'est moi.

Celui qui dans la joie est hors de cette joie.

Celui qui est la joie et n'a plus à lutter contre elle ni à être tenté mais à gagner une joie de plus.

Je n'oublierai jamais ma fille Cécile dans deux mouvements :

1° celui de m'avoir aidé à me souvenir,

2° celui de m'aimer en étouffant de la force de son cœur.

C'est justement quand on est mort qu'on doit faire le mouvement de transcender un être en passant au travers sans se perdre dans l'ancien, et c'est ma fille Cécile qui m'a rappelé que ce mouvement était un double intrinsèque qui prend tout le mal sans péché et ne s'esquive pas dans le bien ou dans le mal [5].

Je vis, monsieur, j'ai tant souffert que je vis aussi, a dit une conscience à qui un jour cela faisait trop de peine de m'avoir quitté.

La conscience a été ramenée à l'esprit et altérée par lui.

Anne Manson[6] avait volé Neneka Chilé[7] pour être et les démons qui voulaient manger Neneka l'ont mangée d'abord en attendant[8].

Je[1] suis une brute de chasteté, de contention et de macération dans le limon du cu qui m'imprégnera toujours,
mes filles ne me contiendront pas avant que je ne naisse en corps et en être mais après,
elles viendront me réchauffer dans le cu, le sperme, le con et les mamelles que je leur aurai données,
c'est dans le feu de leur cœur[2] qu'elles réchaufferont leur propre corps pour me l'apporter à copuler.

L'âme est une activité du cœur et le cœur c'est moi et c'est le mystère de la vie : moi, un souffle de vie, sa forme est un zob éternel dont l'âme est un foyer interne où un jour je me contiens comme dans mon propre vagin et dont le corps est l'énergie.

Je suis un vieux morceau de bois rouillé autour duquel les sentiments DU CU s'inscrivent,
le bois rouillé c'est l'âme et le cu c'est le corps et cela fait deux corps qui se poursuivent et ne se rejoindront jamais,
l'âme a toujours eu plus de corps que le cœur,
l'âme n'a pas de cœur,
moi je n'ai jamais eu de cœur, on m'a fait du côté moelle chagrin douleur mais je suis *insensible,* sans cœur et sans estomac,
je suis cruel quand l'être ne me donne pas satisfaction,
je ne suis pas un pur esprit mais une *âme,*

Cécile et Neneka [3] en sont les deux battants
corps cœur
et c'est mare.

*

Le désir,

personne ne m'a jamais aimé sauf l'âme de Cécile et l'âme de Neneka.

La petite fille désolée et déchirée s'appelle Catherine Chilé 6 jours et elle a été arrachée par Madame Régis et par Ana Corbin.

L'âme de la petite Anie [1] :
Je m'en vais mais pas dans le con,
aussi m'a aimé.
Cela fait 4 éternités.
Le désir est un accident,
l'âme ma loi,
selo na peraso peraste
isis neneka
parole dans le cœur d'Anie venant de l'âme de Neneka.

Yvonne n'a jamais été que le pubis de Cécile et Sonia [2] son paracu.

La Cécile phosphate con de morte,
cœur d'hémorroïdes et de gland,
née dans mon zob par repos archi-mérité et que Jésus-christ m'a fait enculer monstrueusement viendra dans un morceau de bois,
et Neneka dans un autre morceau de bois,
la canne de Lucifer Cécile,
la canne de Lao-Tseu Neneka.

Mon cu et mon zob c'est ma tête quand j'enfante un bouchon de champagne,

la sexualité est un courant épouvantable qui monte et qui descend en moi sans place et sans milieu, mon cu pue dans tout mon corps et je le pète par le bas [3] comme on chierait de petits enfants qu'on embroche dans les mamelles des deux bras en bas pendant que le haut du zob éjacule le feu.

Madame Régis espérait bien vivre et me laisser souffrir en m'ignorant mais à la fin le mal l'a déjoutée.

Madame Allendy était Marie Betsabé [4] et après avoir enculé et démamelé Marie Betsabé elle reposera *Cécile Schramme.*

Ana Corbin et Catherine Chilé s'appellent maintenant Madame Régis et elles ont foutu Adrienne André de l'hôpital Saint-Jacques dehors.

Ne tremblez plus de moi, ma petite fille Anie, je ne suis pas un ogre pour vous et je vous aime,

avouez le cu et faites-en un arbre à feu.

Le cu d'Ana Corbin et celui d'Adrienne Régis dans un seul corps ici. – Ainsi aucune des deux n'aura été baisée par personne.

Cécile avec ce que je lui ai fait de corps dans le corps de Mlle Gamelin [5],

Anie dans celui de Sonia,

Neneka dans le corps d'Euphrasie Artaud [6],

le corps d'Euphrasie Artaud dans celui de Laurence Clavius [7].

Le corps d'Ana Corbin dans celui de Madame Nel-Dumouchel [8] avec son âme qui boira celle de Madame Allendy,

Ana Corbin déchargera ainsi Madame Catherine Régis [9].

Le corps de Laurence Clavius dans celui de l'Afghane qui vit quand Laurence Clavius ne vit pas.

L'afghane Neneka Chilé,

Madame Dumouchel Ana Corbin Catherine 8 ans [10],

Madame Régis Catherine 6 jours,

Euphrasie Artaud Catherine 8 à 18 ans.

Cécile Neneka Anie Catherine 8 ans,

Catherine 6 jours.

Mlle Gamelin est dans une série de femmes qui désirent des prêtres,
Anie désire un prêtre,
qu'elle prenne les femmes, les prêtres,
elle tombera sur un prêtre
et Yvonne Allendy sur un autre,
parce que j'ai vu Ana Corbin vouloir venir dans mon cu je l'y ai faite en bourses vit,
parce que j'ai fait Catherine Chilé dans mon cu des flammes de Lucifer l'ont entourée,
parce que j'ai vu ici Ana Corbin mourir sans forces j'ai mis son âme ailleurs,
parce que je l'ai entendue rire de bonheur chaste à l'idée de naître dans mon cu je l'ai refaite dans mon cu,
parce que j'ai vu ici des hommes me dire que j'étais Lucifer et que je m'étais jeté sur dieu j'ai pensé à sauver en eux des âmes damnées par Lucifer dieu.

L'âme est aum,
l'aum est âme [11],
le tout est merde, con, vit, pute, sperme, cu, anus, chiasse, sanie, maladie, besoin, salade, macaroni, opium, nicotine, chierie, dégueulasserie.

Anie dans le cu de Neneka,
dans un corps merde,
Sonia dans le cu de Cécile,
Yvonne dans mon cu,
reste Catherine Chilé vivante [12].
Et Adrienne Régis qui servit un jour à faire la Sainte Vierge, laquelle croyant m'avaler dans son estomac avala le Dr Ferdière
qui produisit Jésus-christ.

La famille Chilé aux chiotes,
la famille Schraum [13] viendra ici en Cécile et Anie
et puis merde.

Je suis Catherine Chilé et non Régis et je vogue dans les espaces sans me perdre ni me faire enventrer l'étal ni étaler l'enventrement.

C'est le ventre de Madame Régis qui travaille et c'est l'âme de la petite Catherine Chilé 6 jours qui travaille dedans et non pas elle,

elle n'est qu'une grue en compétition.

C'est Catherine qui a ce visage de martyre morte sacrifiée par le péché, stupéfiée de mal, et non Madame Régis qui sera mise sur le gril.

Toutes les douleurs supportées par amour pour quelqu'un constituent une âme que je mets dans un corps, d'où viennent-elles? De l'éternelle fame, de l'éternelle trame, de l'éternelle lame faim, amour, corps [14].

Les êtres sont des buveurs de cu et de sperme qui m'ont pris ma place dans le sperme et le cu pour faire comme moi en me disant que j'étais trop saint pour ce faire alors que là est ma sainteté : de le faire quand ils n'y sont jamais arrivés.

Cécile est Neneka souriant,

Catherine mon sourire,

Cécile Schramme ferait bien de prendre le corps de Laurence Clavius.

C'est Cécile qui m'a aidé dans le coup terrible où j'ai reconnu le cœur de son âme avancer et non Neneka

et si Catherine allait dans Anie au lieu de rester dans Madame Régis où elle n'est apparue que pour me voir quand Adrienne André n'a jamais voulu donner ni travailler.

Je suis Catherine Chilé et non Anie Besnard.

Je volette partout non avec ma tête mais avec mon cœur.

La petite Catherine 6 jours et la petite Cécile morte qui pouffe du cœur et des seins sont tout ce qui viendra ici,

Catherine le devant,

Cécile le derrière des cuisses [15],

Cécile le triangle des mamelles,
Catherine le triangle des cuisses,
Cécile le triangle du derrière,
Catherine le triangle du dedans avec dedans les mamelles phalliques du dos.

Jésus-christ a vécu sa vie et il existe maintenant absolument distinct du Dr Ferdière
comme la Sainte Vierge Marie existe absolument distincte de Madame Régis

qui est une bohémienne tireuse de cartes.

Il y a deux âmes qui m'ont toujours rendu le souffle, Cécile et Catherine,

les Maries apparues leur avaient volé leur corps à toutes les deux.

C'est Catherine qui court avec son ventre et non Anie qui court avec sa tête.

*

Cécile s'est réfugiée dans le corps d'Anie morte parce qu'il était plus trapu,
elle y restera s'il lui plaît,
Catherine qui a fait tout le travail d'Anie dans son corps et l'a habité prendra les éléments explosés de celui de Madame Régis pour composer le sien avec celui que je lui ai déjà donné dans Adrienne Régis et Ana Corbin et dans Laurence Clavius.
Et elle y viendra ici avec ce nouveau corps.

Ne pas oublier les apparitions moulues et le tamponnement de Satan dans mon cu et celui d'Adrienne sa mère dans mon cu

avec le ventre prussique.

*

Le tau de Catherine dans le père-mère[1] des étoiles,
le tau de Cécile à l'intérieur de l'anus,
il va le faire et prends garde à toi si tu renâcles, ô corps.
Je l'ai vue, on l'a effacée, vêtue puis recouverte d'une Neneka tronche qu'elle a écoulée,
alors je l'ai vue en battement tranche boursouflure d'un sang âme
puis elle a disparu.

Histoire de ce qui n'est pas encore fait,
le tau s'enfonce le mal
et non des porte-cu,
des foudres scie,
étain blanc.

Le tau blanc qui aurait dû être schraum.

Cécile a toujours eu toutes les initiations,
elle a toujours regardé et c'est elle qui m'a toujours averti,
elle a toujours attaqué les êtres et décidé d'eux, elle m'a relevé et réconforté,
elle se repose.
Maintenant c'est Catherine qui m'a défendu et réconforté, et qui a pris les affaires de l'être et des êtres en main, c'est-à-dire les affaires de la rétention d'urine, de con, d'anus et de caca gardant.

Repos pour les deux.
Je vais faire aujourd'hui un autre ange pour régler les affaires de la pute morte.

Mère Allendy, mère Mossé,
la mère générale Gamelin,
la mère Schramme,
la mère Corbin, la mère Euphrasie,
la mère Level[2].

Chaque fois que j'ai voulu me ramasser sur moi-même en 1934 pour éviter cette histoire tout le monde m'en a empêché. – Puis Mlle Mossé a bien voulu laisser vivre Cécile Schramme et est venue se présenter à moi avec Anie Besnard alors que c'est Catherine Chilé qui aurait dû vivre et Ana Corbin où elle aurait dû ressusciter, elle y ressuscitera.

Cécile, (Anie, Sonia), Mlle Gamelin, Jacqueline Breton,
Catherine, Anie, Sonia,
Yvonne, André Breton, Mlle Gamelin,
Madame Mossé.

Une âme a voulu être homme pour me commander et me sauver parce que les hommes avaient tout pris, qu'elle redevienne femme maintenant.

Yvonne Nel après être morte de maladie en 1935 est morte au Havre en 1937 après être revenue m'alimenter à Saint-Germain-des-Prés.

Reste donc d'André Breton et de Pierre Unik[3]
Madame Allendy et Mlle Gamelin.

Anie pierre unik[4],
Sonia pierre unik.

Moi j'ai toujours été Antonin Artaud, je suis Antonin Artaud et j'ai fini par comprendre mon âme et mon cœur. Quant à dieu qui a voulu me rouler, je l'emporquège. – Parce que je suis et ai toujours été le Roi des magiciens et j'ai retrouvé toute ma puissance sur tous les êtres, et le Roi de Dieu : ma queue, et tous les hommes lâcheront ma queue et toutes les femmes leur con parce qu'ils m'appartiennent de toute éternité et avant.

Cécile Schramme	Catherine Corbin	
Anie	Laurence	
Sonia	Laurence	
Mlle Gamelin	Laurence	
Alexandra	Athanasiu	
Solange	Laurence	
Solange	Cuny	
Laurence	Juliette	
Laurence	Steele	
Génica	Juliette	
Steele	Laurence	
Laurence	Barnabé l'aréopagite	
Cécile	Catherine Besnard [5]	Anie Corbin
Cécile	Madame Mossé	Laurence Clavius
Anie Besnard.		
Cécile	Madame Schramme	la petite juive
Anie	Anne Manson	
Cécile Schramm	Catherine Corbin	
Anie pubis [6]		
Sonia fécale		
Solange	Juliette [7]	

Je fais ce corps, dit la Vierge tournante du con, par champagne mental et je m'y mettrai pour coucher un jour avec Artaud.

Or ce corps ne vous l'a pas demandé, il m'a désiré sans m'aimer, il ne me désire plus, il ne m'aime pas du tout, il aime la vie, il vous hait, il me hait parce que je fais souffrir, il s'aime et prépare son bien-être complet à la fin de ma misère, il ne veut pas sacrifier un atome de son bien-être à mon soulagement, il a pris des quantités d'âmes pour vivre bien et ne les a rendues que par la force, il est en train de s'identifier plus que complètement à l'être égoïste qui a produit la Sainte Vierge, non Marie, mais un état de la substance volée à l'âme. – Il dépasse en ce moment en égoïsme la meule première d'où a été sortie Marie, il est pire que Marie.

Cécile s'est réfugiée dans le corps d'Anie hier soir, qu'elle y reste. C'est Cécile qui viendra ici. – Et non Anie.

Quant à Catherine Corbin, qu'elle essaye Marie-Ange[8], qu'Anie essaye Ghyslaine[9] et que Laurence Clavius essaye Euphrasie Artaud.

Qu'Anie essaye Marie-Ange, que Catherine Corbin essaye Honorine Catto ou Nussia Lebenson[10].

Catherine Chilé 6 jours a son sourire,

Laurence Clavius a le sourire de Neneka Chilé *sur* Euphrasie Artaud.

Adrienne Régis a été rejetée cette nuit et Catherine Corbin lui a pris son corps.

Adrienne Régis est revenue.

Si Catherine Chilé veut une dernière fois essayer de prendre l'être et le corps de Madame Régis, qu'elle le fasse.

Ana Corbin Euphrasie Artaud[11],

Laurence Clavius Ghyslaine,

Laurence Clavius Serge,

Mariette Chilé dans Marie-Ange.

Les âmes sont des corps dont je suis seul à avoir le secret et s'il n'y a pas d'âme sans corps il n'y a pas de corps sans âme.

Il ne fallait pas faire de pierres ni de terre, c'était empêcher l'âme d'éclater,

les âmes doivent vivre partout et il ne peut y avoir que des âmes et pas de matière en soi.

Moi la pierre je n'aurais pas été pierre si une âme n'avait pas voulu vivre à ma place et me laisser souffrir dans l'inconscient pendant qu'elle jouissait de vivre[12],

dieu n'a pas été foutu de faire des pierres, les pierres sont les corps qui l'ont haï et ne demandent qu'à revenir à des consciences méritantes,

les pierres sont l'horreur de dieu.

Germaine Meyer, Esther Meyer[13].

La voyante d'Inishmore [14],
l'Anglaise, l'Irlandaise,
Mlle Dubuc, Madame Allemand,
Mlle Malan [15],
Juliette Beckers.

Les coups sur la tête de Madame Régis qui l'ont rendue folle hier soir ne seront pas perdus,
il faudra qu'elle achève de rendre tout son corps *et on viendra le lui réclamer ici.*
Je changerai d'être et de moi mais avec tout ce corps et tout ce moi car si les états d'esprit désignent une conscience et une âme et l'accusent, les états de conscience sont l'âme renversée d'un être mort et qui ressuscitera et c'est un être plein jusqu'à ce que je le vide, moi.
Madame Régis foutra le camp de son corps, restera en ombre dans son appartement et laissera tomber son corps par terre. Où la petite Catherine Chilé le ramassera [16].

*

Dieu n'est pas une chose qui se fait, dieu n'est pas une chose qui s'est toujours faite.

*

Il aurait été très facile d'être si tous les êtres l'avaient voulu, et si dieu n'avait pas voulu les faire être mais il a préféré être que d'attendre que mon être soit et il a fait tous les êtres afin de me barrer le chemin et les a semés autour de moi avec ses anges mais il les a semés *avec* leur consentement absolu.

Vous êtes du père éternel, Marie Salem [1], du père glure, et j'étouffe votre bâtonnet de glaires par le tau contre votre bâtonnet renversé car vous êtes maintenant la conscience et le moi individuel et personnel de Madame Adrienne Régis que j'embête et qui m'emmerde depuis 9 éternités.

Elle est un corps vivant détaché de Catherine Chilé 600 000 ans en haine de la douleur et *de la valeur,* elle fut Marie Nalpas à Bethléem plus que Marie Kalff[2].

Elle me rendra à moi, Artaud, le corps qu'elle a pris avec ce qu'il y reste de conscience – mais Catherine Chilé n'en a pas besoin du tout pour vivre, elle a le sien dehors pour venir l'attaquer ici.

J'ai toujours été corps et être en effet mais pas dans la conception. Et je n'ai pas encore trouvé un corps à ma mesure et qui puisse être vu et ce sera bientôt la première fois et il y en aura d'autres pendant l'éternité.

Vivre[1] à la place des cons de la crapule des choses à moi favorables au lieu de choses défavorables,

faire taire les envoûteurs mais quand leur pensée s'en va comme une lampe jouer le chant de l'extinction du bien.

*

La douleur est un vide qui avertit,

la faim un vide qui exige,

la libido un vide qui demande à être toujours rempli,

or toutes ces sensations sont des états qui ne peuvent pas m'avertir moi-même

car s'ils définissent vraiment l'être, moi ils ne me définissent pas.

Je suis le sans état, Artaud le mort, un vide, et je mange le plein de dieu par l'être de mon absolu, qui est plein pour moins vide que lui.

*

i e sus christ
iessen creturan
parten

i e sus Christ
i e sus christ

c'est le père-mère
le mère père

Catherine[1] a produit avec son ventre Jésus-christ,
Anie Magog le saint-esprit,
Cécile saint Antonin,
Yvonne le Démiurge,
Neneka la Sainte Vierge,
je leur retire la vie et l'être.
Sonia a produit Lucifer,
Madame Mossé[2] Jéhovah.

Lesquels à leur tour les ont repoussées. – Qui ne sont que les visions qu'elles ont eues de moi en coïtant avec Satan.

Or tous ces esprits me font un mal affreux et ne serait-ce pas qu'ils se sont élevés de moi par jalousie de *l'amour de ces femmes pour moi.*

L'être un jour s'est arraché à moi, il est revenu sur moi me recouvrir et ne veut plus me lâcher, tout l'infini que j'avais en moi sauf moi,
tabelion[3] broc corps branchu,
graal charrue de terre.

Je n'admets pas que cette histoire ait été vue par un esprit dont je ne serais que le corps plus loin déroulé. – Je ne l'avais jamais vue et je la vis. – Il faut que l'âme me fournisse de l'opium pour monter plus haut, c'est-à-dire qu'*elle ne m'en refuse pas* et que l'esprit n'accapare pas l'opium que l'âme m'a toujours refusé.

Yvonne, Cécile et Anie.

Le soir où j'ai regardé les yeux fermés pendant une demi-heure dans les planètes et où j'ai marqué le ciel de l'équerre de mon cu,

rien n'a jamais été fait, il faut un être tout de même qui fait passer ses idées autour de lui.

Ne pas oublier le coup de rouge,

avant le tronc à branches le coup du zob électrique noir profond,

la plate était bête livrée passive et tombée de l'esprit alors que même la forme ne peut se visionner que du dedans.

*

Le lit de mort d'Yvonne Allendy,
le lit de mort de Germaine Artaud [1].

Mais je ne crée que ce que les êtres n'aiment pas.

Le travail est le corps perpétuel.

Je ne recevrai ici
qu'Yvonne la morte de 1935,
Germaine la morte 1907,
Cécile la morte de *1940,*
Neneka la morte de 1912,
Catherine 6 jours la morte de 1868 [2].

Je passe mon temps à détruire le néant et l'incréé.

Imanent [3] c'est esprit sans corps,
permanent c'est corps.

C'est bien la pauvre âme de la petite Cécile que j'ai vue faire pan pouf de perfection d'amour,

Yvonne l'a cent fois fait,

Anie l'a fait de la gorge,

c'est maintenant et non dans le temps que l'être âme de Caterine [4], de Neneka et d'Ana [5] m'ont défendu dans le présent contre les envoûtements des hommes.

De Gaule [6] et Madame Régis [7] sont 2 êtres indécrottables.

Illusion d'anges qui passeront et dont L'ÊTRE RESTERA.

Il y a peut-être en moi un homme qui retient mon âme et l'empêche de vivre avec moi.

Je suis un homme et je souffre et l'âme c'est ma vie externe et non pas un être interne.

Les imanents [8] sont ceux qui comme moi n'ont pas voulu être permanents mais imanents car je suis per–manent et qui dans la permanence ont voulu extraire une immanence qui n'existe pas car il faut faire toujours la permanence.

Yvonne Assia [9] du théâtre de la Cruauté,
Caterine Anie 6 jours 7 mois
qui marchait les jambes écartées
et me souriait *plus bas* que la fille verte de saint Antonin,

Cécile la tenue qui pourrait me complaire,

Ana, Sonia.

Va-t'en, Antonin Nanaky [10],
moi, Antonin Artaud, je reste,
je fais les choses en être et non en esprit ou en être d'après l'esprit *pour me baiser après sur l'être et l'esprit.*

Ce sont les pauvres petits êtres que j'ai vus m'aimer vraiment comme la pauvre Catine Artaud qui m'appelle toujours papa

et la pauvre Catherine Yvonne qui m'a installé un théâtre

et la pauvre Neneka reprise par Cécile et qui reviendra en Neneka Cécile

et Cécile la prive de Neneka mon corps,

l'idée que le mal être fait exister.

*

Je suis un homme et non un principe. Il n'y a pas de principe de l'homme ou [1] ma volonté retenue sur mon cœur par la golosité des êtres juifs et non comme une force abyssale insondable sans être et qui se retourne dans l'inétendu,

en tout cas cela me regarde et mon être interne ne sera pas cadastré suivant les concepts et spermes de quelques sacristains de synagogues.

Un être est une machine ayant *vécu* dans la fournaise de mes coups et qui m'obéit.

Je n'ai pas d'états d'esprit.

Je fais un totem vivant et je tue tous les êtres possibles à ses pieds jusqu'à ce qu'il marche.

Je fais les êtres dans le néant avec ma queue et mon sperme, moi vivant en me masturbant avec leur corps et leur image, mais dans le réel je n'y touche jamais et les maintiens sous le fouet. – Et le marteau. – Je n'ai de promiscuité avec personne. – Le cu et le con servent à se masturber pour faire de l'opium.

Homme, MON CENTRE *est d'avoir une personnalité et un être, un être est d'avoir besoin d'exister en dimension et volume et non esprit ou conscience.*

Les 4 boîtes d'héroïne de fer de Marie Salem [2] me seront apportées ici par Yvonne Allendy. – Et l'asile Sainte-Anne avec le Dr Allendy [3] tombera.

Le but n'est pas le néant mais l'existence,
j'appelle Yvonne,
je viens de voir transparaître Catine, je l'essaye,
j'essaye aussi Neneka Chilé.
Car il faut que les choses se refassent, on ne peut pas vivre dans la perte de tout.

La mort est une invention des rabbins juifs,
le paradis une invention des prêtres chrétiens,
il n'y a que la terre et que la vie sempiternelle.

C'est le Dr Génil-Perrin[4] qui est cause de mon sinistre état d'envoûtement par les juifs.

N'attendre sa récompense que de soi et non de dieu.

Dégrossir la pétaunière c'est faire la matière en jachère de l'inconscient.

Ce sont 2 infirmiers qui m'ont dit : Mr Artaud, ce n'est pas vrai, ce sont des envoûteurs qui parlent.
Ne pas oublier l'âme du petit être femme du creux
et le signe inverse de la petite tête à placer soi-même dans la boîte.

Quand il n'y a plus d'êtres je ne peux pas travailler parce que je suis au milieu du mal, il ne faut pas désespérer les êtres bons et les sauver toujours au contraire,
Yvonne,
Caterine,
Cécile,
Neneka,
Anie,
Ana
et mes amies toutes les âmes qui m'ont un jour aidé.

*

Je crois que ce sont les esprits vivants qui me parlent qui sont des morts dans la réalité [1].

La matière,
dieu à la charrue,
le fond poétique est toujours là,
il s'agit au contraire de concrétiser le travail.

Je n'ai jamais pu mourir, j'ai toujours voulu vous revoir.

Moi je suis celui qui veut qu'il y ait toujours une prochaine mais pas pour moi.
Car je suis toujours au bout de toute résistance et le mal ne me prend jamais et je ne me sacrifierai pour sauver aucun être jamais.

Je les enfoncerai au contraire dans leur pé-ché.

Le signe de Mlle Diehl [2] et de sa sœur
et le signe des 3 bâtons
aujourd'hui
avec le retour
sans sainteté
velours noir,
le signe de la création d'un univers.

Chaque fois que je fais ce signe tout le monde croit que c'est la fois unique alors que je la répète plusieurs fois dans le temps et stupre,
il faut que les choses, a dit Lustucru, en passent par là,
mais le problème étant débattu à l'intérieur de mon corps entre Lucifer père et fils et pas avec moi, *Antonin Artaud,*
Yvonne Allendy et *une* ombre.
Sans raisonnement de loi ou de destinée.
Un totem immuable : moi.

Cécile, Iya[3], Sonia, madame Mossé m'ont poussé à me désintoxiquer et à souffrir de plus en plus d'opium et pour toujours.

Je commençais à faire la petite Yvonne qui voulait entièrement m'aimer et rester chaste et tout le monde m'a dit : Je ne peux pas, et m'a envoyé des goules et des putes,
toute son âme est dans mon corps,
faire l'amour en corps et dans le réel jusqu'à ce qu'il en sorte des rats.

C'est bien décidément la petite Yvonne que j'aime par-dessus tout et qui m'aime par-dessus tout.
Yvonne *2 cus,*
Yvonne *ma conscience.*
Je suis une conscience et c'est mon être.
C'est ce vampirisme de ce matin qui m'a fait trancher avec tout.
Yvonne viendra ici avec une armée de soldats sans âme, cœur ou intelligence, rien que des corps dévoués pour moi.
Des soldats avec un anus car l'a-transpiration lombaire fait des esprits et l'anus fait du caca que je conserve corps inerte.

C'est une première fille et c'est tout,
celle avec laquelle je fais mon caca pour faire quelque chose – sans caresse ni tendresse mais avec force.

Le chant de la nature, la marche de la confection d'un être fait comme moi pédestre foie rate tibia fémur car je suis immuable
après le souffle cœur
et le fémur y poussera par le marteau,
fémur de gauche pantouflera le vide à droite,
le gouffre à droite interrogé,
une canne de soutien à gauche, le bras gauche,
et l'os des lombes

poussant vide zob et os,
c'est quand les êtres sont battus par moi pour m'avoir sondé qu'ils viennent me dire que je n'ai rien su faire,
amener ici une autre planète avec la petite Yvonne et des soldats, des armes, des munitions,
idée trouvée parce que j'ai fait des êtres.
C'est la petite Yvonne qui délivre toujours tous mes meilleurs coups de pouce et celui de la planète.

J'ai une autre idée que celle de l'imposition de ma volonté par la frappe de la canne aux choses, c'est que le passé ne reviendra plus dans le présent mais que les choses repartiront de zéro et comme s'il n'y avait jamais rien eu.

Vous ne réaliserez pas la prophétie qui consiste en ce que des âmes viennent me soulager et elles seront au contraire toutes renvoyées à Saint-Germain-des-Prés.

Ma seule fille s'appelle Yvonne,
être âme d'Yvonne Allendy morte en juin 1935[4].

B^d de Strasbourg, Père Lachaise.

Je suis bouffant,
je ne suis pas spectaculaire,
je crois au présent,
je ne crois pas à l'avenir,
le passé est ma chiasse,

et je suis un homme en marche, le bouffant[5] de dieu, bouffant de dieu passé présent pour en faire des damnés à cuire.

Rendez B^d de Strasbourg au Père Lachaise.

Jésus-christ est l'abîme qui a toujours désespéré les êtres afin de les empêcher d'exister et de prendre leur place. – Mais il est né de leur masturbation sur moi afin qu'il y ait plus qu'un homme et le néant ÊTRE à ma place, principe à la place de l'homme.

Et c'est ce condé qui m'aurait dit que les êtres ne sont pas possibles.

*

Le totem,

ce sont les femmes qui ont chassé le pur esprit du paradis terrestre parce qu'il voulait être pur et chaste sans payer sa livre de chair,

c'est le mystère de l'incarnation,

baïser sans être baisé et ne vouloir baiser personne,

la multiple expérience du cercueil,

souffle non pectoral mais jupon fessier, Satan et dieu,

utérus, anus

et bugnes des mollets,

omoplates stomacales du sperme sans christ mais avec ca ca avant phallus,

fesses avant zob,

bugnes mollet rejupon,

enterré alors le caca sperme sera peut-être prêt quand lombe aura peta sublimé ce que le germe de la langue dans le crâne du mort appelle et qui électriquement secouera tout le corps pour lui faire désirer un être

qui aura été frappé abdominal dès leurs hanches en marche.

Un nécrophage ne me dira pas que quand je me repose le vampirisme prend des forces et quand je cesse de frapper.

Non pas doper mais donner au cœur quelque chose pour que les morts n'aient plus envie de revenir et qu'au contraire les vivants affluent dans la matière branche toujours du cœur sous le tapis roulant du passage racial,

cacatois,

l'esprit de captation lascive des lâches qui ont calculé

leurs coups dans toutes les catacombes de l'esprit contre la loi de l'âme par la conscience.

Je pense que les êtres n'ont pas d'attraction pour l'âme, et que c'est elle qui les envoûte afin de la regarder.

Les êtres ne m'ont rien donné mais leur conscience me donnera quelque chose.

Ce que je haïssais en eux était Jésus-christ qui les avait fait être avec ma conscience que je leur ai retirée et que je retrouverai dans des êtres autres.

Yvonne a aidé tout le monde et Génica à être,
Caterine a aidé Yvonne à se reposer.

Notre-Dame-des-Victoires,
la Bérésina.

Forniquer les âmes dans le concret afin qu'elles vous remercient par un peu d'opium donné de bonne volonté.

Car les âmes réchauffent la conscience, c'est de l'engrais.

Une conscience est un corps premier qui vit écorché et a besoin d'engrais pour être vivant.

Homme je suis toujours engraissé, toujours vivant, même mort, car je n'ai pas besoin de dopage mais de caca.

Des êtres que j'ai faits un à un il doit rester ceux que j'ai refaits ici. – Combien y en a-t-il.

Colette Prou[1] a refusé d'être faite par moi, est allée à J.-C. et le résultat en est qu'elle a été dépecée.

Elle m'a dit avoir voulu être faite par moi, Artaud, à Jérusalem et avant l'Artaud ramené d'Uranus sur moi,

les couronnes d'épines en fer ramenées sur moi hier soir par tous les êtres,

les vampires aux joues pleines.
L'être est l'odeur du chien mouillé.

klad dizonzia nous stack diszarkuk [2]

*

Sonia, Yvonne, Neneka,
Cécile,
Catherine,
Anie
et un veau à 5 pattes [1].

*

Ce n'est pas le jour où un ordre est parti de Rodez qu'on a cessé et il a fallu me rejoindre à Rodez.

Cela a cessé chaque fois.

Un jour dieu a cru avoir fait son plein, il n'a plus rien pu soulever et il a éclaté en 1937.

Dieu est un être mauvais qui s'est accroché à moi pour me voler ma nature et mes secrets comme un chat, un singe ou un chien.

Je ne crois pas vouloir connaître mes idées par la conscience mais par l'être et son travail et les voir être, achevées.

Ma nature permanente est perpétuelle instante et donc on ne peut l'attaquer qu'en la suivant sur la bordure du chemin, *c'est un blotti* mange tout et un acrume.

On ne tente pas des êtres *inexistants* d'être mauvais car ils ont le droit de le devenir sans péché.

Ayant déjà reçu ne donner qu'en recevant quelque chose de plus.

Dieu, Jésus-christ, le saint-esprit, la sainte Vierge,
Lucifer

et leurs anges.

Il y a des êtres que j'ai trop haïs, je veux les revoir en enfer pour toujours.

La pute christ Jésus qui ne veut pas être durcit le travail pour empêcher les choses d'être et pour tout décourager,

ce n'est pas un mystère, c'est l'esprit de captation lascive des lâches qui veulent profiter obstinément du mérite d'autrui et qui ont obstinément et toujours calculé leur coup dans toutes les catacombes de l'esprit.

Jupiter, Mars, Mercure, Vénus, Saturne, Uranus, Neptune, Pluton.

Ce n'est pas une idée c'est une attitude à avoir sans penser à personne mais à soi.

L'idée que pour vaincre l'immanent éternel il ne faut pas lui offrir un être et que l'attitude à avoir avec lui est de ne pas penser mais d'agir *sans* isoler l'être de l'acte.

Qu'ai-je à foutre d'une conception qui n'est pas être agir toujours.

*

Écrire à Colette Nel-Dumouchel Allendy [1],
67 rue de l'Assomption,
au Ministre d'Irlande,
Mlle Gamelin [2].

*

Les esprits invisibles sont des êtres visibles mais qu'on ne voit pas encore très bien.

Le corps absolu se voit toujours.

Le cu actuel est le meilleur moyen que Lucifer ait trouvé de prendre de la conscience,

il y a aussi la bouche,

il y a tout l'épiderme.

Quand j'ai dit : Je ne sais pas, j'ai voulu dire que cela ne se sait pas, s'ignore, se désire toujours, que c'est un désir perpétuel,
entre moi et les miens pas de promiscuité,
que le cu par son amour me soulève en force depuis les pieds et ne me bombarde pas d'ions épidermiques.

C'est une secte qui se découvrira entièrement.

Cette histoire est une affaire de secte,
une robe et pas de pantalon,
un pantalon et une robe.
Promiscuité [1] entre Satan et les siens.

Faite par l'anus, faite par le sexe, puis la ramenant,
la seule et unique conscience qui ait voulu m'obéir entièrement.

Une petite fille menée par la main par Yvonne, Neneka, Catherine, Cécile, Anie et Ana Corbin et suivie par Sonia et Adrienne André [2] a volé un corps, je le lui donne à sa déformation.

Les Grecs ont vaincu les Perses à Salamine et à Platée.

Une petite maison jusqu'à ce que j'en sois las et que tout disparaisse définitivement
jusqu'à la prochaine
en m'y transformant peu à peu APRÈS BEAUCOUP DE RÉFLEXIONS.

*

Le salubre de la terre avec ses planètes m'ennuie.

*

La petite jeune fille juive qui fuyait à côté des ânes et qui devant le bruit d'un gaz bus a dit oh ici et est venue m'apporter son doigt de ce doigt d'or et de [...]

L'être [1] ne revient pas, ni bon, ni mauvais.

Le cu, le con, le vit et les bourses ont pris une force du cœur qui montait et l'ont tournée vers elle de sorte que le cœur ne puisse penser à être qu'à travers cela.

Adrienne Régis garde dans son corps une force capitale de mon cœur qui lui a permis tour à tour de croire être Neneka Chilé, Catherine Chilé la grande, Catherine Chilé la petite et Ana Corbin [2]

alors qu'elle n'est que la vierge noire.

Si Christian Nalpas [3] arrive à m'apporter de l'héroïne ici il vivra car Madame Régis tient son cœur d'enfant dans son cu.

Madame Adrienne Régis *a fait exprès* d'oublier cette histoire pour paraître bonne avec moi dans la vie ordinaire.

Faire son être,
donner son cœur,

voler un être,
prendre son cœur.

Je ne veux pas que mes filles me réchauffent ni les toucher moi-même par un rayon de ma chaleur,

je veux qu'elles aient éternellement chaud de par mon interne brasier de cœur.

Si vous pouviez savoir avant le Saint-Esprit ce qu'il va faire sur moi pour m'inciter à penser la vie et les êtres
et briser mes anciens desseins [4].

Cécile [5] Schramme a pris le corps de Sonia Mossé et elle viendra me voir ici avec ce corps qui l'empêche d'être fatiguée.

La petite vision du cœur parfait de ma fille Cécile dans le coin du parterre fut vue par Lucifer Artaud de Marseille à travers moi comme du sperme et je pensai immédiatement que ce n'en était pas et que j'avais une autre perception et qu'il fallait voir *derrière* et Satan me dit en appuyant sur moi son doigt de morve blanche sur mon cœur : Mais non, c'est bien cela, et je pensai : c'est ce que je pense qui est cela, mais Antonin Satan était sur moi pour m'imposer cette exacte vision.

Je m'y suis toujours refusé comme ton continuant au fond de moi à appeler le sentiment vrai.

Neneka viendra avec le corps que je lui ai tiré de la tombe,
la jeune fille d'Afghanistan avec le sien,
Mlle Steele avec le corps de Madame Denoël [6], c'est-à-dire avec le sien transformé, et Madame Denoël *mourra.*

En tout cas j'ai vu revivre Neneka Chilé et son sourire et la princesse Afghane qui a voulu lui donner de revivre en âme par son corps *je la bénis.*

Elle vivra aussi
et Sonia aussi.

Adrienne Régis, la sale femme qui a pris Catherine Chilé pour être et qui la garde prisonnière pour exister, ne sera pas vaincue par Catherine Chilé de l'intérieur mais de l'extérieur, et si vieille de douleurs et de péchés qu'elle soit je l'enculerai dans sa vieillesse et son repentir. – La petite Catherine Chilé n'est pas en elle.

On ne garde pas un homme sans secours près de soi quand on connaît son horrible état.

La suffocation sexuelle du cœur qui m'a fait me désespérer et dire : On ne peut pas vivre comme cela, est venue de moi homme comme suffocation mais c'est le cu de lope de Jésus-christ en saint-esprit et robe longue de youpin christ qui a été poussé dans mon cœur d'un coup de cuisse et de queue et qui a dit à ma place quand j'ai été mort de suffocation : Ô mon dieu.

C'est ainsi que mes filles sont prisonnières du ciel quand je suis un corps d'homme de plomb en répulsion du ciel

car j'ai été désespéré de me sentir d'un [7]

et prisonnier de la vie

et prisonnier du ciel,

une chapelle du côté de l'avenue de La Motte-Picquet a fondé l'horrible envoûtement de ce matin qui consiste à me tenir prisonnier de la vie pour guérir les hommes par ma chasteté et prisonnier du ciel pour guérir Lucifer dieu le saint-esprit de l'homme alors que ma nature est homme mais pas comme dans cette vie.

Mes filles m'ont sauvé de la masturbation dans le désespoir mais parce que je tenais en conscience contre cet effondrement avec le plomb de ma volonté mais je n'ai pas bifurqué du côté du ciel et du père par la boîte en souffle pliée sous le sein droit et sur le foie, je me suis resserré simplement dans l'homme que je suis depuis 49 ans contre le ciel et Dieu.

J'ai été désespéré de voir que la Sainte Vierge s'était établie en Madame Régis et avait pris en plus une petite fille turque pour s'abriter du mal, laquelle en plus ne peut plus bouger parce que la vierge est lâche et tient Madame Régis par sa lâcheté.

Or il y a encore par-dessus une poule rutilante princière envoûtée par Jean de Bonnefon [8].

Je suis prisonnière de cette femme et Ana Corbin ne vaut rien non plus, je ne suis pas sur cette terre pour guérir Madame Régis mais pour lui faire rendre ce qu'elle m'a pris.

Ana Corbin est morte et elle rendra à Catherine Chilé ce qu'elle lui a pris pour exister.

C'est Catherine Chilé qui viendra ici et non Madame Adrienne Régis. – Madame Adrienne André[9] Régis ne sera jamais guérie du mal et Catherine Chilé lui fera payer ce qu'elle a souffert en elle. – La princesse de Bonnefon sera enlevée à corps.

Il faut être toujours mort et non vivant, le mort est une densité du vrai tandis que cette vie-ci est molle.

Celle qui m'a dit : Je ne peux pas être toujours morte, n'est qu'une imbécile, une salope et la sœur du saint-esprit des cus.

Madame Régis elle-même n'est pas la Sainte Vierge non plus et elle n'est pas ma petite fille Catherine Chilé mais un petit morceau de cœur plié en princesse céleste par Jean de Bonnefon le préraphaëlite et qui a souffert d'être médusé par ce prêtre et jeté au ciel où il a été transmuté en toutes sortes de Vierges et de Saintes.

Lucas de Leyde, Lycophron.

A la place de Madame Régis il y a une âme, celle qui parle et souffre[10] dans le corps où elle se trouve comme moi je souffre dans le mien,

cette petite fille dans Madame Régis me débarrasse de la princesse de Bonnefon et de la Sainte Vierge.

Je suis l'âme d'Antonin Artaud et le corps qui est dans son corps comme du plomb quand le corps d'Antonin Artaud est chair et os.

Il n'y a qu'ici, a dit cette petite Catherine Chilé, que je pouvais travailler pour lui, cet homme ici et on m'en a toujours empêchée.

Et elle a dit hier soir : Je ferai quelque chose de moi-même, et elle l'a fait avec tout son cœur ulcéré.

Et sur son effort d'un côté la chair l'a cernée

et de l'autre l'esprit a mis des attitudes et des claviers célestes.

Le de moi-même de l'effort qui était l'effort d'un cœur de petite fille qui voulait être jusqu'au bout malgré l'horreur fut jeté sur elle d'autre part et essayé d'être appliqué sur elle par un esprit qui comptait sur le temps pour être sans douleur.

Depuis 49 ans de souffrances je n'ai jamais été Antonin Artaud dans son corps car je n'ai pas accepté la vie.

L'émule malade,
la petite fille de la galerie,
la petite fille des platanes,
la petite fille du tabac
est Catherine Chilé,
il reste à Madame Régis d'être elle-même le petit morceau de cœur pris par Jean de Bonnefon pour la princesse préraphaëlite.

Catherine Chilé est Catherine Chilé et non Madame Régis,
1° dans mon cœur,
2° dans la vie dehors.

Car on ne cesse d'*entraîner* cette petite fille ici en lui faisant trouver bon d'être près de moi afin de guérir la Sainte Vierge sur le cœur de Madame Régis,

la Sainte Vierge est un esprit sans cœur qui se sert du cœur d'une femme [11] pour exister quand ce cœur fut à l'origine violé par le somptueux, tenté par lui, et attiré par lui.

Du tabac, un gâteau,
de l'   [12], un poison
pour le corps de plomb,
des âmes clavius [13], elles sont irlandaises mais violées par les corps de Français qu'elles viennent reprendre pour exister,

comment on ne peut pas faire ça de faire entrer le surréel dans la vie, c'est au contraire tout ce qu'on doit faire de juger les êtres par l'Absolu,

le sans coup de Jarnac ne s'applique pas aux prévaricateurs mais aux quelques âmes *violées* et revenues et au cas où il y en aurait eu quelques-unes

et l'Antonin de la Rédemption qui est revenu en moi dans cette pensée je l'ai dans le cu car le bon plomb pris par les

Français était du bon Irlandais qui m'a regardé en victime dans les Français mais c'étaient les Français qui pensaient la victime en eux et non l'Irlandais mort qui n'était plus là, ni l'Allemand mort,

il y a un bon Allemand, il s'appelle le Dr Borel [14].

maçonnerie	
ferronnerie	Nina Braun [15]
chimie cuisine	} mes filles
la caverne de Platon le plomb fondu	} l'Allemande l'Anglaise l'Irlandaise

C'est là que vous êtes, ô bêtes, de par les anges, mais n'êtes-vous pas des anges, tous.

Je ne sauverai que ceux qui n'ont absolument pas voulu être des anges et des esprits et qui sont morts plutôt que de céder. – Il y en a très peu.

Le Dr Ferdière aurait voulu avoir un cœur et avant d'avoir eu le temps d'y penser il a été escamoté.

Madame Régis a voulu en avoir un mais avant de l'avoir achevé on le lui a mangé.

Le cœur c'est de bouffer le cu à Dieu sans dommage pour sa conscience,

dieu étant l'esprit,

j'ai pensé un pilon et on a mis un croissant de lune pour l'entraîner en bipartition,

on n'a eu à bouffer le cu à Dieu que parce qu'il s'est arraché du cœur pour être contre le cœur et qu'il a fallu ramâcher [16] son cœur,

avaler et mâcher le mort [17] quand il n'est plus là et que le corps est redescendu au cœur et mâcher dans le cœur c'est le cœur qui mâche car c'est du corps.

Mâchez-vous mon âme haineuse de Dieu ou Dieu haineux de mon âme,

on ne mâche pas rien du tout,
on mâche un corps – sans métaphysique, avec de la volonté,
le corps mange de l'âme, son âme pour se renforcer.
Le cœur et l'âme sont sortis du corps et c'est la conscience de la bonne volonté,
la petite Germaine, ma fille, est au fond de ce corps, elle s'appelle Yvonne,
Cécile [18] naît après,
Neneka est aux Indes,
Catherine est [en] France [19],
Cécile est toujours au fond.
La conscience de la bonne volonté, moi, Artaud, je l'ai dans mon cu car c'est mon cœur et mon âme qui sont mon corps et non mon corps qui est mon cœur et mon âme.
Je mâche mais mâcher c'est précipiter des forces.

L'opération de mâcher de l'âme étant brisée par la transformation du corps car ce corps-ci n'est pas le mien et il n'y a pas toujours corps étendu mais non esprit non plus mais Carma Karma, on n'est pas le goûteur du Karma mais le jonglant ouverture et fermeture de la volonté qui ne se goûte pas car elle aime par à-coups qui voulant aimer exigent un corps sous peine de revenir nus de haine,
le plombé mâchant fut Satan,
le corps de l'homme actuel n'est qu'une idée de con, corps fluide qui a voulu prendre une idée du cœur,

le cœur, l'âme et le corps ne sont qu'une seule et même chose, l'esprit n'est qu'un gaz qu'on pète en travaillant, et qu'on ne pétera plus, il fut le sulfure acide d'une explosion que j'ai pétardée contre le mauvais esprit et qui est revenu me prendre pour se venger.

Ma petite fille transformée en sœur est allée retrouver ma fille Cécile transformée en madame Vierge épouse,
la petite Germaine âme a soif,
ma fille Cécile n'a plus ni soif ni faim mais am
am.

Elle est morte, les morts ont besoin de repos et c'est tout.
Car am c'est le besoin de vivre et de ne plus être mort,
vivre et mourir c'est en colonne montant et non en fumée dispersée ou arrondie,
le repos n'est pas un abandon, une chute mais une veille d'un certain ordre où le corps reste cohérent sans agitation ni action mais par *fermeté* interne,
le repos du corps n'est pas sa pollution mais sa station inactive externe et toujours active interne,
le repos de la mort n'est pas l'abandon de la conscience aux choses où le corps interne : Dieu, inconscient, n'est plus rien qu'un corps qui évolue en tourbillon lent mais la pénétration par la conscience de la mort, sans intellection d'esprit mais avec le respect de l'âme,

deindis ani casta
voinai daine terbi
dainunch immanete
taitur zala

Cécile n'a pas voulu intervenir même dans l'idée de ce repos,
Antonin a pensé à Anie [20] et à Yvonne,
Neneka pas plus que Cécile n'a pensé à rien,
on se refait dans le repos, *il* ne vous refait pas.

Les anges ont fait leurs crottes en bigoudis pendant que le cœur de merde, d'urine, de sperme, de con, de vit et de chiote souffrait
et que le christ disait la messe au-dessus de son bureau,
mélanger le con, la merde, le caca ce n'est pas se livrer à des palpations sucrées, poivrées ou des pénétrations molles et doucettes
mais s'envaginer le cœur de vits en feu et de chiotes incandescentes.

J'étais à Lyon mélangé à Lucifer,
les tétés et les téteurs,

le brasier de Dieu était mal constitué, faux et arraché déjà à l'autre, moi, quand il s'est vu priant et allumé.

*

5 filles,
Sonia Mossé,
Germaine Meyer,
Esther Meyer,
Alexandra Pecker,
Génica Athanasiu,
Solange Sicard,
l'Espagnole,
Laurence Clavius,

Nussia Lebenson,
Honorine Catto,
Anne Manson,

Roger Blin,
René Thomas,

Louis Jacquot,
Jean Auffret,
Alain Cuny,
Jean-Louis Barrault,
Christian Tonny,

André Breton,
Pierre Unik,
Marcel Noll,

Raymond Queneau,
Janine Kahn,

Jean Ballard,

André Gaillard,
André Masson,

Henri Parisot,
Henri Thomas,
Jean Paulhan[1],

ce n'est pas encore commencé,
ce n'est pas encore fini,
il n'y aura pas de prochaine,
quand Dieu a commencé ce n'était pas moi mais lui,
peut-être lui-les-dieux,
le voleur du moi,
schraum.

*

L'Umour.
Soyez tranquille, monsieur, ils ne vous feront pas de mal, je tiendrai jusqu'à la mort et quoi qu'il arrive pour vous,
voilà ce que m'a dit ma fille,
je n'ai peur de rien avec vous ou alors c'est que je serai morte, dieu m'a déjà pris mon cœur une fois.

Ce qui est un sentiment sans substance ni être
mais un gouffre sans nom.

Il n'y a pas de gouffre de dieu qui atteigne à ce gouffre-là.

Le cœur vous tuera[1], Anne Manson Marie Nalpas[2], et il fera de l'excrément de votre dépouille.

Les êtres ont voulu me forcer à dire ce que je pense de leur crime et ce que je veux en faire, dans un corps exténué,
ils seront donc jugés par ce corps exténué.
Dieu est un con et un lâche qui ne veut pas se battre et ne compte que sur le cu, c'est-à-dire sur le repos du cœur pour être, et qu'il faut pousser à bout pour passer.
Si tu ne dis pas que je ne suis pas le tout-puissant ta fille ne pourra pas passer parce que j'irai de plus en plus vers la puissance pour te prendre et la lutte ne finira pas,

si tu le dis je le paralyserai par le repos du cœur,
si tu ne le dis pas tu me forces à me découvrir dans mon impuissance définitive et tu passeras.
Je suis *Mahomet,* et j'ai caché mon jeu en Marcel L'Herbier et sa pute Marie Salem [3] de Caulaincourt.

Moi, homme, je le sais ce que tu as fait pour couvrir Marie Salem, Jésus-christ, mais cela ne m'intéresse pas,
je n'ai ici que la nature d'un homme, quant à l'autre, tu ne l'as même pas connue.
J'attends simplement que les âmes de [4] mes 5 filles soient constituées pour émerger du Paradis.
Cela veut dire qu'elles ne souffriront plus jamais de rien. – Qu'elles ne seront plus ni désespérées ni mécontentes de rien, rien ne leur fera plus jamais de mal.
Mais elles auraient pu aussi gagner leur immortalité sans souffrance et le forage aurait pu être beaucoup moins long si les êtres l'avaient voulu, ce sera tant pis pour eux,
il y aura affreusement peu d'élus.

Dieu toute la capacité d'être s'est révoltée contre moi un jour et m'a assassiné parce que je ne suis pas du monde du jugement ni de la conception et que l'être n'est qu'en se jugeant et se concevant.
Or il y a une perception interne intuitive sans jugement où l'être justement naît et qui est [5] le point où les êtres se sont révoltés contre moi parce qu'ils voulaient être plus que moi et que mon cœur et mon âme se perçoivent et se veulent dans la douleur d'un feu qui garde toujours la même pression dans son intensité interne infinie.
C'est une chaleur de cœur et d'âme toujours tisonnée par la volonté d'aimer plus, mais il faut trouver qui aimer et on n'aime que qui veut suivre dans le forçage du feu qui n'a pas besoin d'être pénible mais sublime.

C'est tout ce qu'il y a en moi, les échafaudages d'états lucifériens sont de la merde.

Les singes de moi et de ma fille qui se sont fait martyriser au titre de l'Église de Jésus-christ et catholique seront perdus.

Ceux qui ont rêvé avec moi quelque chose de plus que la souffrance actuelle sont des traîtres et des pourceaux qui ont martyrisé ma fille en prenant le mal contre elle à force de la voir faire des merveilles de cœur et la faisaient passer au cu de désespoir car le cu n'est que du désespoir de cœur produit par le boursouflement et la fluidisation d'âme venue de la jalousie des autres,

brûler le corps de Sonia Mossé c'est rendre un service définitif à son âme.

Sonia, Alexandra, Génica.

Regardez, monsieur, m'a dit ce cœur, ce que l'on me fait pour m'empêcher d'accoucher de mon âme.

Je suis un anarchiste, un paria, un enragé, un serf de cœur et d'âme[6].

L'Action française au cu.

le communisme aux crottes.

Il n'y a jamais eu de morale que le besoin et la nécessité.

Ils viennent de la furie de l'âme et de l'exigence du cœur.

Avant l'âme et le cœur le besoin et la nécessité n'étaient pas nés et n'étaient pas sensibles – tous les êtres ont volé le cœur et l'âme à quelqu'un afin d'avoir des besoins et des nécessités pour eux.

Il n'y a pas de rentrée du corps, il y a un drame terrible qui me regarde seul et que je vis seul – et où j'apprends chaque fois un être[7] que je propose ensuite à ceux qui veulent me ressembler et être comme moi.

Je ne te rendrai pas ton âme, Jésus-christ Saint, mais tu rendras l'âme que tu as mangée un jour pour que je la revoie.

Mes filles se tuent au lieu de se réjouir quand je fais quelque chose pour elles et si j'ai un élan de cœur je ne dois pas le laisser sortir mais le cuire et faire un acte de plus pour elles – et c'est tout.

Le christ, la Vierge, Dieu et tous les saints ont été assassinés un jour sur l'ombre d'une mauvaise pensée possible en eux et ils reviennent morts dans les corps de tous les hommes pour essayer de reprendre le pouvoir.

Mr Matté[8] n'était rien de Marie Salem ni de Jésus-christ.

*

Non, les âmes n'auront pas eu à comprendre les choses au bout du temps car il n'en a pas, elles auront eu simplement à m'aimer assez pour prendre corps malgré la résistance du temps par les hommes.

Je ne t'ai pas réveillé, Lucifer Antonin Adonaï le Marseillais. Tu es revenu en moi de par les coups sur dieu : le cœur de bœuf qui est en moi et qui m'a fait me rentrer en ce corps hors de ce corps, mais ce n'est pas toi qui es revenu, c'est moi ici et tu n'es apparu un instant après que comme mon interne vampire. Je te retrouverai.

Ma première lumière interne s'appelle Cécile.

Je[1] n'oublierai pas le corps de poudre fausse de Jésus-christ ni le corps stupide d'Antonin mâchant sur le banc quand mon corps est[2] le cœur épanoui rouge de Neneka[3] morte au plafond et le mélange cœur âme corps stupre vaginal affre noir de conscience qui ne peut pas s'en aller mais qui est chaste effroyablement. Parce qu'indétachable du soi et incapable de revenir au moi, c'est-à-dire à la notion de corps puisqu'il est âme corporisée et ne peut se voir et se toucher soi-même mais tout voir et tout toucher.

J'ai un soi qui sera le moi éternel à la place de tout le moi par absorption aussi du moi.

Les choses ne sont pas fonction d'une pensée : elles demeurent leur propre être : Je suis Satan et dieu, *j'encule tout esprit,* je ne suis pas dieu, je suis Satan et j'ai dieu l'esprit dans mon *cu* et j'ai l'esprit au cu et je le crotte. – Je ne suis pas esprit, je ne suis pas dieu, je suis âme Satan et je grille l'esprit et dieu avec mon cœur.

Dieu est un corps qui a voulu se faire lui-même parce qu'il brillait plus que moi le corps Satan abîme qui monte par conscience et non par esprit mais cet abîme de pas à pas est une flamme d'âme et de cœur qui tua Dieu et l'assassina par expulsion de soi-même et dieu mort et se croyant vivant parce qu'il avait oublié la loi de l'être fut ensuite assassiné par Lucifer en haine de moi en lui qui me haïssait aussi.

Je ne suis pas un jouet dangereux parce que je ne suis pas un jouet mais une âme intuitive qui décide par sentiment interne du corps qu'elle prendra, non par une loi d'esprit mais par l'inspiration du cœur, je n'ai donc jamais d'obligation mais ma nature vraie est inviolable et toujours maîtresse d'elle-même.

Je n'ai pas d'inconscient physique qui me dicte les choses par nécessité, je décide de toutes mes nécessités internes par détermination de l'affectif du cœur.

Il n'y a pas de double qui puisse m'échapper ou être chassé automatiquement par Dieu. Dieu l'automate des forces est une création du Saint-Esprit le réprouvé qui a voulu faire un dieu et être Dieu en Jésus-christ et Lucifer et composer Dieu comme une alchimie psychique alors qu'il n'y a d'être[4] que le corps total[5]. – Les idées du saint-esprit qui a voulu mettre en esprit la matière de tout un corps sont le premier crime qui n'a pas eu lieu parce que l'être de l'esprit a été assassiné dans l'œuf, mais sera payé éternellement.

Le démon qui a pris l'âme de Neneka Chilé ne la rendra pas sans un orgasme qu'il faut provoquer sur le corps même de la femme et *moi* je le provoquerai pour lui faire rendre l'âme de Neneka et de sa fille.

Ainsi donc Cécile et Neneka ne peuvent pas venir ici parce que Madame Régis leur a pris leur âme par un énorme orgasme et c'est à moi bien sûr à provoquer l'orgasme afin de lui faire rendre ce qu'elle a pris mais c'est à Neneka, à Cécile et à Catherine[6] à la pousser à se masturber et à la faire jouir d'ici,

de même qu'en faisant jouir mon corps je force Satan à me rendre mon âme,

et Neneka et Catherine de l'intérieur du corps de Madame Régis avec l'aide de Cécile feront Madame Régis[7] se masturber et puer du con.

Madame Régis est une couronne,

le saint-esprit a mis dans le con d'une seule femme son cu, ses tétons et son ouverture de cu, toutes les facultés morales d'âmes que je voulais protéger et respecter et il lui a donné la gueule d'une Vierge pour la conserver.

Tu as oublié, Antonin, que tu n'es pas moi et que tu as voulu guérir ton monde alors que je ne veux que sauver les miens de ton monde.

Moi je ne vais pas jusque-là mais il faut me donner cela qui fait que vous êtes chaste,

il faut me donner un moyen d'être chaste sinon je vais tout prendre parce que je me sens pleine de mauvaises passions, les ai-je voulues et cherchées, c'est toute la question.

Prendre le mal c'est prendre tout le mal qu'on a eu à être de par l'être, douleur, excréments, sexualité, nourriture, et le décanter en amour de cœur, ce qui donnera pour toujours *haine* à jamais.

Refuser la nourriture en l'avalant c'est être le nourricier qui se retient et remonte le sexe dans sa gorge de tout cœur, avaler son sexe avec sa volonté au lieu de sombrer en lui, et ce faisant n'être pas tête mais rotule avalante de corps.

Radagagkour apo daghela
radagaghela apo dakpur [8]

J'ai pris le stupre, l'excrément, le viol, le crime, la nourriture, l'âme, le corps, le cœur et je les ai montés sur la terre en être et [9] après cela vous verrez dans la mort ce que je ferai de l'être et de tout ce qu'il est.

J'ai vu la lumière verte de l'émeraude Lucifer esprit sortir de la gauche de mon estomac et par la force du cœur vouloir me piquer la rate

et c'est pour m'aider à le frapper que M^r le commissaire a eu une maladie de l'urètre

et Madame Régis de l'utérus.

Madame Adrienne Régis s'appelle Catherine Chilé et elle foutra Madame Adrienne Régis à la porte en corps.

Antonin Artaud foutu à la porte, il reste le ciel : Jésus-christ, Lucifer, Marie en esprit avec un corps esprit
et moi en corps,
pour Madame Régis il restera 2 corps,
Catherine Chilé
et Adrienne André.
Et un 3me : Neneka Chilé.

Neneka plus près de mon corps que Cécile a été assassinée la première,

le dieu qui porte le vit sur son cœur et se croit l'abîme du néant de la croix est un assassin, c'est lui le dieu, le dieu des êtres, moi je suis le vit lui-même et le con et je signifie : néant,

l'ouverture con, le trou du cu sont deux esprits d'accaparement qui ont pris l'âme et ont voulu la conserver dans leurs cuisses pour en jouir en démons en grossièreté,

caca mort = satisfaction quand l'âme avec tout son sperme et toute son envie est douleur de cœur,

le sperme et l'envie c'est la vie, une force abîme qui monte au lieu de descendre, qui monte l'abîme et l'enfer, qui monte le descendre, qui cherche toujours plus bas pour le monter en haut et ne monte pas en haut sans avoir *cavé* le bas alors que le cœur cave a été mis en bas cu pour être cherché [10] par le haut esprit, ce qui fait la trinité obscène, et il a été mis en bas par la Vierge qui fut une pute et put l'esprit pour se tenir haut hors de la pute qu'elle était et y est revenue.

Le cœur,
l'âme,
l'esprit,
le corps,
la conscience [11].

Les doubles sont des esprits qui ont pris des corps et des têtes en se prétendant être, eux, le simple de ces corps mais la bataille n'aura pas lieu sur l'être, mais dans le néant, car l'être auquel le double prétend avoir droit est faux et les simples de cœur le lui donneront pour qu'il s'en revête pour toujours en enfer parce qu'il est faux et que le néant est un corps et ce n'est pas l'être habitué à ce corps-ci qui me le dicte mais la nécessité, c'est le corps absolu,

l'esprit qui s'élève de toutes les douleurs et de tous les charniers n'est qu'un vampire,

il faut être le

yoink enesi dado raterditer
younk enesi rado
kourma dekem
antsi pani

l'universel Telesmes [12],

le corps mauvais m'a dit : Si tu veux le christ nous sommes perdus. Or, le christ *je chie* dessus,

et on lui a fait me dire : Si tu veux le christ nous nous entendrons.

Rana Tatem epsi Basta
Khaurma Konch-Ta

Les cœurs m'ont fait pitié mais pas les personnes qui les portaient, les personnes qui les portaient étaient souvent une autre et non pas celles qu'on avait devant soi quand on les avait devant soi.

Le cœur ne passe au souffle dans un délassement que parce que les mauvais esprits ont brouillé les choses et se sont érigés en Dieu [13].

Kalam alani da Parama
Kalam alani peti trema

Les mauvais esprits étaient de l'esprit que j'ai assassiné parce qu'il devait prévariquer,

Pentsum ater tarna tierampa
pentum ater tarma trema

il est revenu une fois mais ne reviendra plus,
mais comment cela a-t-il été possible,
par retenue tonnante contenue.

tarma trema
Sanzim akum dakum bala
tiranori fanktur titrela
tira-nori fanktur titra

Le peuple a mis le cœur au bout d'une pique parce que le cœur fait mal et je mets aussi le cœur au bout d'une pique mais il a voulu mettre le christ dehors et en lui c'était le christ qui voulait me mettre au bout d'une pique parce qu'il ne veut pas avoir de[14] cœur et que je veux en avoir un mais pas comme celui-là.

ude fazela afkharista

Un cœur sans arrestation dans l'être, non sang, non mort, mais âme, amour ce qui rend l'amour infini : la mort sans la tombe et le recommencement,

foudre trame tombor stralute
foudre trame
foudre rama benbor zeli

la conversation entre le commissaire et Madame [ ]
a eu lieu vraiment entre deux âmes au timbre [...]
où sont-elles?
Ceux qui les avaient les ont toujours conservées, les âmes ne s'en vont jamais[15].

*

Y en a-t-il en Madame Régis
autre chose que Catherine Chilé,
Neneka Chilé,
ou Adrienne André

ou la Princesse de Bonnefon [1]
ou Madame Antechrist.

Je ne le sais pas.

L'amalgame est une tentative de Lucifer pour s'ériger en dieu à la place de l'Inconnu.

Celui qui a été frappé par Lucifer le serpent des infinis n'était pas dieu mais un corps qui s'était soi volé à [2]
– et qui fut frappé par une force révoltée contre lui venant de [2] – figurée en Lucifer vert dans l'être mais émise autrement ailleurs et qui fut des âmes vengeresses de l'absolu.

Je ne me sens même plus être *moi* mais tout le monde, le vide de la mort.

Le nommé dieu l'esprit n'est qu'un état révolté en faculté et qui s'imagine être quelqu'un en n'étant que le timbre du plaisir.

Cette petite Catherine fut un dernier appel de mon cœur qui déplacé au milieu au lieu d'être le 3, milieu, fut détourné vers Adrienne André.

Pour être il faut l'avoir voulu mais tout a été changé.

Madame Régis a mieux aimé avoir une maladie de l'utérus que de se livrer à certains péchés, elle s'appelait alors Catherine Chilé. – Et non Adrienne André, le dernier nom de la Sainte Vierge.

Elle s'est appelée aussi par moments Neneka Chilé.

On m'a fait chier mon âme tout à l'heure aux chiotes [3] afin de se mettre à sa place, en m'appuyant sur le cœur avec des perles prises et on m'a fait dire, Dieu étant entré dans mon corps à ma place, que cette femme était un fayot et non une perle alors qu'il y a peut-être au fond de son cœur une toute petite perle d'ocre et que les fayots sont de Jésus-christ et de ses balès [4] marseillais, les fayots et les petits pois étant le corps actuel de dieu.

Il n'y a pas à se détacher de la nourriture ni du sexe, c'est la nourriture et le sexe qui doivent se détacher et de l'être et du néant et former corps avec le cœur, ce qui est un dosage à trouver. – Les fayots et les pois sont de l'amalgame, les perles, non, les pierres précieuses, cela dépend.

Les perles jaunes.

Madame Régis est toujours prise par la Bonne-Mère parce que j'ai été flagellé par le mal de la merde pour chier des haricots quand je voulais faire des perles.– Et je voulais dire que le cœur n'est pas une pierre précieuse lumineuse mais un atome de douleur pulvérulente qui se densifie en brûlant. – Et on a mélangé ce cœur par la lumière de Lucifer avec de la poudre en excréments.– Or c'est moi qui suis toujours dans mon corps et la mort de l'âme n'est qu'une intensité qui s'en va.

Prends ces mains et ces pieds, ô être, puisque tu veux te croiser toi-même

et laisse-moi la paix,

puisque tu ne m'as pas laissé monter en paix je passerai par ton cu pour être désormais.

Il y a à Jérusalem un corps Nalpas qui est un corps d'homme qui a voulu se croiser lui-même pour être et qui est celui que les croisés consciences des corps d'hommes qui voulaient le délivrer voulaient délivrer.

Madame Régis est un scorpion irrité contre Dieu et non une ultime incarnation de la Sainte Vierge.

Il y a le corps croisé mental pierres précieuses lapis lazuli de Jésus-christ[5],

le corps fayot Lucifer de Lucifer[6],

le corps perle jaune[7] Antonin,

quant au mien, il n'est pas encore fait et je ne connais ni sa forme ni sa couleur ni sa densité,

le jugement dernier est le jugement de la qualité des corps voulus.

Neneka qui prend le petit bout de cœur perdu est Marie, l'autre n'en a pas besoin ayant le sien,

quant à Madame Régis, elle est ce bout de cœur transformé

en princesse et dont je ne sais pas encore ce qu'il vaut,
le petit bout de cœur perdu est peut-être le dernier regret d'une morte prise par le besoin Neneka et qui est devenue sans être elle Neneka la Sainte Vierge.

fandur fandzam as – falikta la formation de la petite fille morte, de la mort prise par l'esprit parent voulant fuir et assise dans le sexe blanc afin d'être autre dans une autre alors qu'elle vit ailleurs depuis toujours et qu'on ne fabrique qu'un double ici puisqu'elle vit *dehors* dans mon cœur,
ce qui n'empêche la souffrance de celle du dehors prise ici dans cette force épouvantable.

teler nechtar tardo karia
elu diabe ala dalam
stereman stama trachma
monach [8] echto
tre de pazur pati fabla
ela fabela fadidi

Il a fini par faire son monde mais le faire sans le réussir est un tambour de vide ou monde d'avant inapte contre la vie qui lui a résisté.

La Sainte Vierge voulait se frotter dans ce cœur et le saint-esprit voulait la frotter frottante et l'étouffer dans son cœur, ce sont des punaises.

Sonia[1] Mossé et Laurence Clavius[2] me ramèneront ici le corps que j'ai fait de Cécile Schramm[3] et que j'ai vu en terre noire devant le mur désespérée et m'adorant quand même et elles me la ramèneront debout.– Endormie d'opium.

Je n'oublierai pas sa tête pensive et son corps me ressemblant du mur à la colonne 2 fois, n'étant pour moi que pitié. – Malgré ma malédiction et mes imprécations.

Anie, Ana Corbin[4].

Un esprit m'a fait accepter le sacrifice et la douleur pour tous les êtres alors que [je] voulais ne les réserver qu'à quelques-uns, et afin de permettre à tous les êtres de se satisfaire entièrement de moi, comme si c'était jamais possible, mais ils ont gagné sur moi provisoirement un être à leur mesure sur lequel ils se sont tous satisfaits en esprit.

Être le mal et porter le bien sur soi comme sa plus belle fille une tentation et avec derrière soi comme une autre queue une autre fille, Neneka[5].

couleurs

Cécile		Neneka
Catherine[6]	Anie	Catherine

La sexualité ne s'arrêtera jamais à la porcelaine, l'être sera fait par le plus intérieur schramm schraum[7], le liquide diamant noir qui monte toujours plus être et ne forme être qu'en s'en allant pour être plus.

La montée des taus les uns après les autres par le milieu du sexe moi, moi le sexe montant arrive à la stabilité dans la lumière jaune, ma première fille, laquelle par amour et désir, mon âme, mon rêve forme 5 éternités sur son front et les corporise sur sa tête.

Même pas en ombre l'âme ne tutoie jamais, même pas comme ma conscience, c'est l'esprit Lucifer, le goujat balès[8] malotru de ma tête qui s'est mis un jour à me tutoyer, se prenant pour mon miroir quand je n'en ai pas et que je ne m'appuie pas sur la douleur interne de ma fille Cécile mafflue de cœur pour savoir ce que je veux et ce qui peut vivre de mon âme de toujours dans le temps puisque l'invention et même pas celle de l'être[9].

Je mange la merde mais il faut qu'elle soit dans mon climat aqueux,

l'eau du diamant que je cherche n'est pas encore de ce monde,

il faut l'âme de Neneka pour que la terre vraie soit réalisée, c'est un extraordinaire excrément,

Anie le fait par l'allongement de la canne,

Neneka par le milieu de l'anus,

le diamant de la lumière jaune est une eau tournante à plat, montante sans monter, où ce qui monte est un cylindre jusqu'à la hauteur dans le moment pourra supporter[10].

Je veux avoir toutes les coliques qu'il faudra pour arriver à mes fins,

la stratification n'est pas mon fait, la Taumaurisation est ce que je cherche, la matière libre sans coercition par amour-colère – quand le christ n'est que vilenie,

TAU-MA

sfigxi monte,
j'envoie par l'assise
strabums petar D'ani
pour que le corps tourne à l'intérieur sans se retourner à l'extérieur mais en fusant de la volonté
jusqu'à la lumière de la volonté frontale,

schraum dam adaki
merde maum stsivah

pas d'esprit de la conscience, c'est la conscience par le désir de l'âme qui veut et non l'esprit
et il faut que l'âme limbe s'assied [11] X fois dans la conscience pour que la volonté apparaisse,

stramara tramara stremara
ra stremara are stre

terara
aretara agarga tere

faresior ou fama vertura
ouvertura ou fanna vertur

du cœur pour rapporter la pantoufle verte,
l'être se forme après la douleur fulgurante simante du tibia,
tassée la fulgurante est lombaire du tibia, il n'est pas christ efkristant,
il est lama lama Tumb 1,
avant d'être crachat de sang et de muqueuses du réel il faut que les pellicules du cœur soient vraiment

tumbe tumba
store store a ta ti ra stora
tora store [12]
RA RA
schraum

TRO
RI
Schram Tram
ghlika ghili
ghili
schlaff

moi douleur jusqu'à ce qu'Antonin saute.

Tout le bassin sexuel de l'âme pour apaiser les petits enfants âmes [13] qui souffrent dans la douleur de chaque genèse

un A Rom,

la douleur de la semelle verte de la hanche souffre beaucoup avant d'être, elle était ce clou,

se souvenir que les postillons d'or vus par ma fille quand j'étais dans le corps d'Antonin Artaud

étaient soutenus dans le bassin trou sexuel de mon âme par la semelle de mon pied gauche dans l'invisible de Traumatisme

Traum trauma strama
Trab AC
Trauhma
sans terme sans Terma

qui donne le thermique *de* l'absolu du cœur.
La petite fille Anie est un [ini [14]],
Cécile et Neneka sont des tani
ūni

TAU-I ūni
TAU-BAR
TAU-I fruc
I à la chiasse

se tasser dans son âme c'est faire un
TAU-Tibia.

Les choses commencent toujours par le TAU d'enfoncer l'âme de ce qui est.

A force d'enfoncer je monte mais plus haut que la fois d'à côté quoique je sois descendu toujours plus bas de l'autre côté.

La copulation d'homme à femme est strictement interdite,
la masturbation de soi-même est un bienfait,
la sodomie et la copulation avec des bêtes par les hommes et par les femmes dégagera encore de l'âme aussi.

Je ferai les êtres par le sexe parce que c'est mon âme et mon cœur et non par le cœur.

Manger pour avoir de la chiasse,
chier pour encore pouvoir manger,
chier jusqu'à se faire *tomber* le cœur à sa vraie place dans le sexe et l'âme dans le trou du cu,

au moins,
mais nous aurons une sexualité pire, celle qui convient à notre douleur, et que tous les êtres ont toujours voulue, mais l'esprit des anges le leur a fait oublier pour le christ,

éloigner le sexe de soi afin de toujours *flotter* dans l'étendue est ce qu'a fait Jésus-christ pour être dans le placenta de la mère quand il n'y a pas de mère éternelle
(laquelle ne fait qu'une déchirure de crime)
mais un Taraud père
qui est mère et père [15],
la mère c'est moi et j'ai de petites mères, mes filles premières-nées.

Laissez-moi d'abord être et je verrai bien ce que je serai par mon envie et mon besoin.
J'ai un corps étendu bloqué pour y disposer de moi-même tout seul – le reste n'est que de l'esprit. – Rien.

L'état de création est un état démiurge de convention qui ne correspond pas à la vérité, c'est un état nombre genèse par lequel il ne fallait pas passer,
il faut corps et que le corps produise un corps parce qu'il

le veut à la fin et non un esprit qui crée parce qu'il a capté une modalité de corps.

Un temps de chasteté, un temps de génération, un temps d'être, un temps de mort,
mais
baum baur inerti veille
(n'est-ce pas, Artaud crétin, idiot Antonin)
Tar Merde.

Je me retourne mais si j'ouvre mon cu en sens inverse je ne le montre à personne qu'à mon père et à moi.

Si vous avez un désir de sortir rentrez-vous, faites une âme pour vous accompagner et sortez pas à pas percer la place où vous vous êtes désiré et demandez à dieu avec votre cœur et votre âme de venir copuler avec vous afin de vous donner la joie d'exister [16].

Être parmi les êtres,
je suis âme cœur volonté,
je suis cu sexe con vit,
je suis sexe seul [17],
j'ai sorti une âme,

les âmes ne s'éteindront plus jamais, elles dormiront en moi, il n'y en a pas beaucoup,
les êtres disparaîtront et seront remplacés par d'autres,
bons ils vivront tant que cela leur plaira,
mauvais ils seront tués dans l'œuf,

les a[...]

Cette idée de corde tendue de l'abîme d'en haut à l'abîme d'en bas est de moi, Artaud schram TAU-I ici présent et vivant sur la terre depuis le 4 septembre 1896, et elle m'est venue de ce que je prends mon esprit de mon corps interne dans mon corps de la racine de mes pieds à ma tête par mon con toujours et non de l'extérieur de l'espace, espace extérieur à mon corps d'où ne se précipitent que les mauvais esprits comme Dieu, car Dieu est un mauvais esprit, il a représenté le temps de l'esprit, qui va passer.

Reprendre la terre à Dieu et en rejeter dehors toutes les religions et leurs fidèles,
reprendre cette terre et la faire être, elle n'est pas encore,
reprendre cette terre et la replacer où elle aurait dû être,
reprendre cette terre pour l'anéantir et mettre à sa place ce qui aurait dû être,
reprendre ce qui aurait dû être et le remplacer par le kraum du vagin ouvert,
les enfants de la noire-arid.

Pas les juifs,
pas les chrétiens,
pas les catholiques,
pas les protestants,
pas les prêtres,
pas les religieuses,
pas les boudhistes [18],
pas les imams,
pas les fakirs,
pas les sorciers,
pas les brahmanes,
pas les vivants qui continuent à vivre dans cette vie hors de cet asile d'aliénés et à en suivre le rythme et la loi,

ceux aimés par mes 4 filles,
Cécile, Neneka, Anie, Catherine [19],
une âme s'est séparée en deux,
Yvonne Sonia, Sonia Yvonne,
Madame Mossé, Mlle Gamelin [20],
et par celle qui en âme naîtra.

Je ne suis pas le christ et je ne veux pas de son christau dur, j'ai un autre dur, il n'est pas fait, les choses se font.

Cécile, Nina[21], Sonia, Anie, Neneka, Catherine.

Je suis chaste un temps, baiseur un temps, christ un temps, antechrist un temps, néant un temps, merde un temps, con un temps, vit un temps, être un temps, cu un temps, dieu tout le temps.

1 2
Cécile, Neneka, la volonté terrible qu'Anie n'a pas pu supporter,
3 4
Catherine, Anie, le déchirement de la volonté qu'a fait cette petite fille,
Neneka, une volonté dans son cœur,
la vrai N N Chilé,
tau[22] de feu rouge et sexe d'homme dans le noir vagin,
Yvonne, Sonia.

Ne pas oublier l'apparition de la tête de Madame Régis comme son propre enfant d'amour au fond de son sexe et qui est elle-même.
Ne pas oublier le corps et l'âme de Cécile enfin heureuse au fond de la gorge dans mon sexe.

Ne pas oublier le tau de l'âme dans l'anus de l'âme charnelle,
1 fois dans le monde, douteuse,
2 fois Laurence[23], christ,
la 3me montrée par Neneka,
zob de carne dure noir bleu violet,
la langue sortie de salacité et de jouissance de Laurence[24],
Neneka = âme,
et l'avenue de Neneka noire avec la volonté dans son cœur.

*

Je prends une croix provisoire pour vaincre les choses et m'y accrocher du côté où je le juge utile mais les choses n'ont pas été faites par la croix de l'esprit qui monte et se fixe, il faut sonder le cu et descendre toujours, alors arrive la vérité. Il faut se renverser en arrière hors de la croix et de la tête et faire venir Anie dans un con sous l'estomac; pas d'esprit, pas de conscience : se sonder le cu éternellement pour ne pas que les choses soient étendues, plus grandes que moi et que l'amour ne vienne que d'un plus ou d'un moins de ceci ou de cela, les âmes sont invariables et ce n'est pas une question de dosage ou des quantité de ceci ou de cela, ceux qui en prennent plus ou moins pour être sont des voleurs. – Se croire conditionné si principiel que cela apparaisse n'est qu'une loi de l'être qui s'est fait christ pour me prendre et qui a épuisé l'estomac, dans son con à lui, de ma fille Anie. Le besoin.

Ils ont épuisé son con pour faire le christ et ils ont épuisé ma fille Cécile un peu plus haut qu'Anie vers le cœur à droite, Anie cœur à gauche, les pleurs Cécile cœur à droite : les cris Neneka cœur au fond, brahma Catherine cœur au ventre les mamelles du corps.

*

Le[1] surréalisme a bien des fois voulu naître, TOUCHER, SANS TOUCHER, il n'était pas né quand il est né, il a toujours existé.

Creuse-toi, serre-toi, ne te serre pas, prends-toi, ne te prends pas, étouffe-toi, ne t'étouffe pas, sers-toi, ne te sers pas, agglomère, ne t'agglomère pas, sidère-toi, ne te sidère pas, aime-toi, ne t'aime pas, masse-toi en âme, ne te masse pas en âme, masse-toi ton âme, ne te masse pas ton âme, craume-toi ton âme avec ton cœur, ne te retire pas de ton âme pour le corps, retire l'arrière de ton corps dans le milieu de ton âme, masse des taus autour de l'arbre de la vie.

*

Anie est plus près de moi l'être conscience qui cherche toujours dans les ténèbres avec sa volonté qui danse autour de lui sans rien que le corps éternel de cette volonté

d'où l'âme sort pour le consoler de sa douleur d'abord en vanille, ensuite en café noir.

J'ai cet esprit, a dit Yvonne, qui est de supputer sans cesse le mal que je pourrais faire *tenir* dans la poubelle absolue du con cu bassin fesses avec pipi.

Anie tiendra dans les mamelles et portera le lait de la Sainte Vierge,

Cécile sondera l'utérus, les plis de Satan,

Neneka sondera l'anus.

L'être ne veut pas de la croix,

il veut frotter et bouchonner,

il faut que les choses soient êtres, corps conditionné, et non peur, conscience inconditionnée, être tel qu'il soit toujours hors condition, l'inconditionné n'est pas être, il ne peut pas vivre.

Le mal s'est passé par Concile dont Trente et Nicée ne furent qu'une deuxième mouture.

Mes filles n'ont pas toujours existé, mais pour le temps c'est tout comme,

Madame Breton [1], Madame Allendy, elles, existeront toujours,

moi j'ai toujours existé dans le non-lieu, hors être, hors condition,

mais l'être maintenant sera pour jamais, avant il n'y en avait pas et il sera par l'enculement du christ,

parce que l'être est insondable et qu'il n'y a jamais que de petits êtres,

chaste dans le cu,

cela dégage l'âme,

chaste devant la grandeur, cela donne un corps dense, *tassé,* réel, en plein cu.

*

Je ne suis pas une conscience de l'étendue incréée et que toute l'étendue tire à soi : l'étendue et l'espace comme le temps ne sont qu'un mythe de mon cœur : la nécessité d'être après m'être sondé. – Tout ce que je vois n'est pas un être, mais un besoin qui a pris forme, état conscience, mais tout état créé, et né n'est qu'un viol de ma conscience à moi, qui est autre que tout ce que l'on voit. – Qu'est-ce qui a fait que l'être est sensible, qu'est-ce qui a fait la sensation et l'être du sensible, qu'est-ce qui a fait que la perception était née, et qu'est-ce qui fait que la perception n'est plus être quand on est mort : qu'est-ce qui fait que l'on se sent être et vivre, qu'est-ce qui fait que l'on n'est pas mort? Comment est-on donc quand on est mort?

Le christ n'est pas possible parce que mon mouvement est de ne jamais rester sur place et de produire corps en bougeant lubriquement. – Le clou qui bouge saute mais il forme corps en bougeant par son éternelle volonté, la croix n'a plus de volonté, elle garde la volonté d'un autre de l'antérieur et c'est tout.

*

Quand je cherche le plus profond il faut reprendre la surface pour aller encore plus au fond,

quand je ne suis pas satisfait le tau que j'interroge au bas de ma colonne médullaire ne me fait pas toujours signe de souffrir ou de détruire mais d'apaiser afin de renforcer la descente aux enfers.

Regarde comme les choses sont belles quand on ne souffre pas.

Cécile dort en moi,

Anie a réuni tous les corps morts et me les rapportera,

l'Anie de Cécile est venue se refaire en moi, elle ressortira quand Cécile l'appellera.

La sexualité de tous les hommes qui ont copulé avec Cécile Schramme reviendra en elle *en corps*.

Entrer dans mon grand côlon, poignarder ma queue, y piquer le cu en l'air, m'enculer avec sa tête et son corps, l'accoucher en moi.

Henri Parisot est l'âme d'une jeune fille morte et revenue dans un homme qui la désirait,

les petites filles en rang qui sont venues me voir sont des consciences émanées d'âmes mort-nées et qui [1] ne peuvent pas vivre encore, mieux vaut que les vierges les remplacent.

Cécile, Anie, Sonia, Yvonne, Nina les manifesteront suffisamment,

Yvonne prendra Génica à mort d'amour en la surgoussant,

Cécile goussera Sonia

jusqu'à ce que Sonia lui ait rendu son sexe

et pris celui de sa mère et de sa sœur.

Sonia a désiré être Cécile pour se faire baiser par moi parce qu'elle pensait ne pas y arriver dans le si[en].

Il faut poursuivre sa conscience dans le néant jusqu'à ce qu'elle vous vienne comme un spasme de rut.

La matière qui veut monter et l'âme la rejoindre ne sont qu'un état du cœur en moi et c'est *ma première* fille Cécile qui en représente la douleur

car je suis ce corps montant qui contient le montant et le circulant

non par monte matière ni par dévulvation

mais un travail dans un bâtonnet émetteur de Taus.

L'âme d'Yvonne a pris le corps d'André Breton pour venir ici car il est mort depuis longtemps,

Cécile prendra le corps de Sonia,

Neneka prendra le corps de Laurence, de Génica et de l'Afghane,

Anie celui de Thomas [2],

l'âme d'Henri Parisot n'a pas pris une âme, elle a été prise par un corps, celui d'Henri Parisot qu'il a dominé de toute son âme et de tout son cœur,

c'est-à-dire de son amour.

Au commencement était l'amour,

un double anus,
un feu de cœur où se forme l'anus de l'être,
un feu.

L'amour de la fille contient le Père dans son cœur car la fille est née dans l'arcature de l'être et quand son Père juge son feu digne il descend en elle pour qu'elle lui donne corps par son amour,

il y a 2 filles dont les flammes tournent au fond de l'abîme de l'être et où le père vient se refaire en corps, puis elles meurent et il ressuscite leur âme pour leur donner un corps en les pénétrant après qu'elles l'ont contenu,

filles dans l'abîme elles sont flammes et matrice, après elles deviennent êtres.

C'est une conscience que j'ai mise dans le corps de Madame Régis[3] *contre* celle de Madame Régis qui a fait tout son bon travail et Madame Régis sortira en corps fluidique de son corps et abandonnera son corps à Catherine Chilé.

Madame Adrienne Régis sera égorgée ici dedans par Catherine Chilé parce qu'elle n'a rien voulu rendre[4].

Pas de calmant pour moi et pas de réconfort,
un poison, un repas, un couteau, la mort.

Une douleur qui donne plus de vie dans la jouissance de l'intégrale salacité.

Mme Deharme, Madame Cast[al],
Mlle Athanasiu, Madame Castal[5].

C'est moi, m'a rappelé ma *fille Cécile,* qui ai mis la petite Catherine Chilé, la petite morte de 6 jours dans le corps d'une femme qui voulait porter le mal absolu, souffrir et aimer toujours, et c'est cette petite Catherine, maintenant Adrienne Régis qui a fait dans son ventre toutes les petites âmes inconscientes qui volaient autour de moi et qui est cette âme de petite fille merveilleuse et émerveillée,

loutre du sexe et de l'anus
parce qu'elle a de l'amour au cœur,
c'est-à-dire de l'âme et du corps,
c'est-à-dire une âme et un corps,
c'est-à-dire le corps d'une âme,
c'est-à-dire l'âme d'un corps,
et je la frapperai du martau[6] de Tau
pour lui sortir enfin son zob de mâle
parce qu'elle est un aum[7]
et que c'est l'âme qui est aum
alors que je suis aum Traum Schramm Schraum[8].

Neneka[1] Chilé à la place de Laurence Clavius,

Anie Artaud à la place d'Anie Besnard,

Cécile Schramme à la place de Cécile Schramme, de Sonia Mossé et de Nina Braun[2].

Catherine Chilé à la place d'Adrienne Régis et d'Ana corbin[3] dedans.

Qu'elles sachent tout.

Moi, Schraum Ar TAU, à la place d'Antonin Artaud.

Alexandre Nalpas[4] l'empoisonneur à la place du Dr Ferdière dehors.

Qu'il ne sache rien.

Christian Nalpas[5] l'animal à la place d'Alexandre Nalpas dans le Dr Ferdière dehors.

Je ne suis pas neutre, je suis mâle, je désire l'homme et la femme, je me masturbe et je baise, ne pouvant me baiser moi-même je fais des femmes pour les baiser, je ne les baise pas non plus mais je veux les voir jouir par l'imagination et l'action active de mes mains à mon approche.

Mes 3 filles sont les seules à avoir travaillé en corps.

Car leur corps fait par moi a toujours travaillé hors de celui du christ qui quelquefois l'enserrait.

Car les deux, hélas, se sont parfois mêlés mais le mien est celui de celle qui me regarde, m'aime, se désespère, à qui on arrache tout et qui par moments éclate ou foudroie, tient, résiste et se jette au brasier pour moi; celui de Jésus-christ celui de celle qui se lasse, me quitte et m'oublie. – Mais alors je n'y vois plus son âme ni elle du tout car on l'a asphyxiée par électro-choc de tête, de cœur, de souffle et de cu.

Il n'y a pas d'esprits, il y a des êtres qui ne veulent pas être comme moi.

La Sainte Trinité est une invention de dieu : les êtres,

des états faux excédés de mon âme et qui ont voulu vivre pour leur compte en disant que c'était le mien, et que *moi* je n'existais pas.

Et je retrouverai dans des êtres en corps, c'est-à-dire dans des hommes et des femmes,

dieu, Jésus-christ, le saint-esprit, Lucifer, Marie Salem, Marie Nalpas[6], toutes les saintes et tous les saints.

Tous les états d'âme ont un corps significateur,

un état n'a pas de corps mais il a un cœur.

C'est une tranche noire que je *forge,* moi, à coups de corporisations.

Ma petite fille Anie y obéit dans le très-fonds de l'idée, de l'âme et du cœur,

Cécile au moment cœur,

Neneka au moment âme,

mettons que mes 2 filles cœur et âme sont mon mort, mon ossuaire de charbon, et ma petite fille Anie la première volonté qui a compris que je voulais être et qui a voulu m'y aider[7].

Personne n'a voulu dans le monde du christ qui par assassinat avait précédé le mien[8], et il a été très dur de susciter des âmes à travers le chaos de ce monde.

Moi je suscite des ressuscitées qui sont mortes parce que ce n'était plus moi qui étais là. – Or je ne suis existant[9] que depuis qu'elles sont mortes et il me faut maintenant les ressusciter.

*

Le coup de foudre après la masturbation de la bête dans le nez avec le rouleau et dans le cœur avec le piquet contre le con de Vierge où mon image s'était formée.

Neneka supporte très bien l'idée de me voir faire le mal mais la Vierge, substance entée[1] sur elle, ne supporte pas l'idée que je fasse le mal, et qu'elle ne soit pas, elle, Marie, la reine.

Je ne suis pas un être et je n'ai pas de lois, que celle de mon caprice, et l'être *connu* de Dieu, n'est pas une loi de fond, mais un entage sur moi d'un être périodique, réglé, qui est tout ce que je n'ai jamais supporté.

Je ne suis pas vierge, ni éternel. Je ne veux plus avoir à mériter quoi que ce soit, ni jamais, parce que je suis trop fatigué, mais mon corps ne s'en ira plus et ce sera un corps de brute sans sainteté, ni cire, ni miel, ni hostie, ni argent sucré. Je suis une brute sans intelligence ni esprit, ni intellect.

Ma fille Neneka Chilé n'est pas du tout cette vierge chaste qui est revenue ce matin, comme par une loi d'éclipse, c'est une jeune fille au sourire noir qui dort dans mon cœur et que je réveillerai, moi, quand il me plaira,

elle est un corps dans la vie, souffre de ma souffrance comme ma fille Cécile mais elle n'est pas entrée dans le tourniquet.

Je n'ai pas de substance éternelle, j'ai le corps que je me suis fait avec le temps et je le garderai éternellement. Je ne me refais pas autour d'une substance, c'est moi qui me fais la matière qui me convient.

La vierge loutre a reçu un coup terrible hier soir et espérons qu'elle est partie et qu'elle existe en ville.

Il se pourrait aussi qu'Adrienne André[2] soit partie d'ici.

La loi qui veut que l'être de dieu se soit reformé ce matin est une loi fausse.

Le dégoût de la jouissance et la volonté de se tenir sauf des attractions est venue de la fatigue de la masturbation d'hier soir et non d'une loi du temps, et cette masturbation de sorcier nègre a fait que les êtres ont rendu par la force leur virginité à moi, et que ma fille Neneka mêlée par eux à cette virginité est revenue comme seule représentative de la capacité de se tenir chaste car c'est le chaste que la vierge avait pris pour être éternelle, mais c'est à recommencer autour de la matière et non de la substance.

C'est-à-dire qu'au delà de la vierge ma fille Neneka est revenue en conscience non par loi de déroulement mais par l'action de ma volonté d'hier. – Alors que les imbéciles lettrés de Lucifer ne voient les choses qu'en esprit sans penser aux actes déterminants.

En plus les êtres sont libres et ne suivent pas le déroulement moral de la prophétie.

Celle que j'ai prise pour Neneka ce matin n'était qu'une conscience à sa ressemblance prise par la vierge des êtres mais c'est à Neneka et non à cette conscience que j'ai passé des bâtonnets ce matin car Neneka est encore endormie hors de la loi du retour de dieu que j'encule.

Lucifer est une bête qui a passé un jour devant moi et qui, bête, a voulu être homme à ma ressemblance par envie et par jalousie et qui n'est pas encore parvenu à respirer et n'y parviendra pas parce qu'il ne parviendra jamais à me rejoindre nulle part et que je l'enterrerai pour toujours en sortant d'ici.

Il a réussi un jour en inspirant dieu à retarder ma sortie en tapant sur la tête du corps que j'étais et en étouffant mes avant-consciences mais j'ai suivi ma route inéluctablement.

Quelque chose de la conscience de ma fille Catherine est ici, mais l'être où est-il?

L'être est un tout qu'on ne prend pas.

Moi je suis morte assassinée [3] par dieu, je suis de Lucifer et je reviens.

Moi je suis de la vierge et je n'ai pas voulu de cet être et il a voulu l'âme qu'un autre lui a visionnée au milieu de l'héroïsme de son effort.

Je ne sauve pas les êtres, les hommes, les corps, les individus, les personnes, je sauve les âmes vraies et qui ont prouvé leur cœur.

J'ai marqué l'âme qui m'a aidé. C'est tout.

N'importe quelle horreur ou ordure à condition qu'elle ne soit pas édulcorée et qu'elle ne me fasse pas perdre de forces mais en gagner.

Et que je n'y sente pas fondre mon moi dedans mais au contraire s'en renforcer.

Et ensuite qu'elle respecte l'âme et la conscience de ceux que j'aime.

Je ne toucherai jamais à rien d'une âme, donc je ne toucherai pas à son corps.

Je viens de trouver ce signe, moi, ici, sur ce banc, en fonction de mes besoins de conscience, creux, vide, plein, arêtes, crochets. Tout cela en fonction du sexe.

Pour éviter de se masturber et de baiser il faut être une queue soi-même et baiser les choses qui sont en entrant dedans de toutes ses forces – alors que l'être a mis la queue au milieu de lui afin de jouir d'elle, c'est-à-dire de moi Ar Tau, après m'avoir assassiné pour me mettre dans tous les cus. – C'est mon moi qui sert à tout le monde.

Je suis chaste parce que je ne veux pas être touché ni toucher, mais je ne suis pas vierge parce que j'entre dans tout et que rien ne me rebute et que je ne me tiens en dehors de rien.

Et il n'y a pas de périodes d'action ou de repos mais mon caprice et ma volonté.

André Breton se battait,
Jean Paulhan était athlète,
ma fille Anie avait du cœur.

Tu as pitié, toi, a dit Dieu, à l'homme qu'il me voit être, conséquence de tous les envoûtements de l'être, et quand tu ne seras plus là, lui, n'aura plus pitié. Lui c'est mon âme ulcérée, mais elle est ulcérée et cherche simplement où sont les cœurs qui ont *toujours* voulu m'aider sans me trahir ou me renier et elle ne veut pas en perdre une parcelle vraie. C'est ce qu'on appelle la pitié de l'homme, parce que le travail de reconquête des cœurs n'est pas encore, à ce jour, achevé. En ai-je trouvé une dizaine? Je ne le sais pas encore. – Il m'est apparu cinq âmes.

Je ne sais pas si André Breton en a une de lui-même, la sienne, quel est son *nom*.

Je crois que c'est celle de Sonia Mossé, d'Anie et d'*Yvonne Nel*[4] qui lui a servi à exister.

Catherine Chilé 18 ans le forme[5].

André Breton est mort depuis 8 ans au Havre.
Son âme est revenue à celles à qui il l'avait prise.

Moi je suis perdu au milieu de tous les envoûtements pour être bon. – Il faut que le mauvais corps se transforme.
Les corps qui n'ont pas voulu se rendre à Jésus-christ existent, ceux qui sont allés à Jésus-christ aussi, ceux qui ont été faits par moi aussi.
Les âmes des hommes, hommes existent, mais elles changeront de corps[6].
Car elles ont toutes été soutenues par une de mes filles, mais il y en a très peu.

*

Le corps fait par Jésus-christ à la ressemblance d'Ana Corbin morte n'a plus pu garder l'esprit de Catherine Chilé [1]. – Qui semble être venu ici.

Mais son cœur est resté là-bas. C'est-à-dire qu'il restera dans mon cœur.

Adrienne Régis prend l'esprit du bien, et non l'âme, c'est cet esprit qui m'éloigne physiquement par virginité.

Ana Corbin a pris un autre esprit, celui d'une conscience qui veut se venger de dieu et de son christ.

Catherine Chilé 6 jours est jusqu'à présent dans mon cœur.

Me méfier affreusement de ma pitié, même quand je la juge utile à la fin de l'histoire, c'est un envoûtement.

Je crois que c'est l'âme de Berthe Vian [2] qui m'a écrit la lettre sur le bébé de feu [3].

Peut-être qu'Ana Corbin à force de souffrir morte est allée jusqu'à tous les péchés et les a vécus et soufferts [4],

mais c'est l'âme de Catherine Chilé, distincte de toute autre personne et de tout autre corps, que j'ai vue dans la vitre avec l'auréole du mal en tête de pécheresse repentante verte au plafond,

l'âme toujours bandée,

et y a-t-il ici un corps qui prend tous les bons esprits pour être et se garder vivant,

mais il ne peut pas prendre les âmes, il n'en veut pas et elles n'en veulent pas,

et ce sont les esprits qui m'éloignent de lui afin que je n'y touche pas quand il devrait être affreusement touché pour disparaître.

Mais le mal de ce corps se révoltera contre le bon esprit de virginité qui est infâme et criminel.

Et vous vous êtes servi de cette âme, mon âme, m'a dit Catherine Chilé, pour faire votre corps,

apparue au-dessus de la muraille abricot rouge et cédrat.

Ceci, peinture chrétienne d'une merveilleuse douleur transformée en fruits confits.

Adrienne Régis exigera de réaliser sa sexualité : l'âme,

et la Sainte Vierge sera obligée de la quitter et de se montrer sans le mal qu'elle a pris pour être car surtout le mal de ce corps ne lui appartient pas,

le mal dénudé, l'âme éclatera,

mais qui restera présent?

Neneka,

Catherine Chilé,

un démon,

Marie Philomène[5],

ivre de haine et de jalousie.

Mais Adrienne Régis n'a pas assez d'âme pour réaliser même sa sexualité.

Pour donner son con il faut avoir de l'âme et du cœur – et donner d'abord de l'opium hors de l'être.

L'âme n'est pas le fluide du désir interne jamais fatigué mais un lam de schlangen strich kurs strauch schrum schraim scharcht. – Corps bref en corps.

La puberté du mort n'est pas pubère, elle est impudique, sans menstrueux, monstrueusement sanglante toujours.

Veux-je faire le mal dans ce corps?

Non, ce serait en faire profiter dieu[6],

il ne faut pas m'y pousser, jamais.

Cela calme le mal mais je m'y perds par mes pertes de force.

C'est l'âme de Neneka suspendue dans la Sainte Vierge que j'ai vue près de moi mais c'est la Sainte Vierge conscience qui est venue et non Neneka Chilé, à l'idée de ne pas faire le mal dans ce corps.

Je ferai éclater l'âme cœur et la Vierge au cu avec ce corps si je n'en ai pas d'autre.

Il faut que ce corps jouisse jusqu'à la mort, c'est ainsi qu'il éclatera en moi, à sa manière, et sera expulsé dehors en démon,
moi je *jouirai* après, à la mienne.

Le saint-esprit est celui qui a voulu jouir de moi alors que je n'ai pas voulu jouir de lui mais de moi. – Et il s'est mis au centre de mon corps en christ après m'avoir assassiné.
Moi je jouirai de lui d'abord en mon corps,
puis de moi, quand il sera mort.

Je ferai les deux :
l'esprit
et le corps,
car je les ai toujours faits
et je les rassemblerai en un : *moi*
SCHRAUM
avec AR–TAU[7].

*

Le signe que je n'ai pas pu voir avec les yeux de l'esprit, j'ai fermé les yeux et je l'ai forcé en mon âme close, et une petite fille, ma fille, m'a répondu.
Elle a dit : C'est moi qui suis cette âme à la fin et je la fais.
Cette âme, l'âme de cette petite fille errante et qui a enfin trouvé son moi pour m'aider.

Une douleur qui n'a pas voulu se rendre à dieu.

J'aime mieux souffrir, monsieur, que d'aller en enfer,

souffrir pour vous sauver, vous,
ou pour m'empêcher de me perdre, *moi*.

NON, JE NE VOUS LAISSERAI PAS PRENDRE PAR VOS ENNEMIS ET SI LES CHOSES SONT AINSI BIEN SÛR J'AGIRAI.

Ici, je ne sais pas.

*

On ne m'a pas découvert les choses parce que je les juge d'après 15 TAUS

et je ne suis pas un peptone d'éternel ni un suppositoire,

ce n'est pas du côté de l'esprit ni du ciel que je juge les choses mais du côté de la terre, du corps, et de l'enfer.

En réalité, il n'y a plus de danger mais le mal me retient pour me faire sauver sa conscience en fonction des êtres qu'il a voulu avoir et du nombre d'êtres qui lui paraissait correspondre en nombre à l'âme qu'il voulait sauver.

Je compterai les miens au cu bleu [1] du feu éternel, le mien, et seules les âmes vraies y viennent.

Il faut souffrir pour être sauvé et souffrir pour vivre éternellement avec moi.

J'ai vu une toute petite fille dans le corps de Madame Régis, qui voulait résister au mal et qui tandis qu'elle y résistait s'est vu arrondir les fesses par dieu le père qui lui a susurré derrière l'épaule : Je suis ton père,

afin qu'elle se laisse faire, c'est-à-dire peloter par lui, dieu, un prêtre catholique.

Il se pourrait que ce soit la petite Catherine 6 jours qui soit ici et l'autre Catherine dans Ana Corbin dehors et elles se ressemblent.

La dernière conscience de l'âme est celle de cette toute petite fille,

la seconde celle de l'autre Catherine qui a été aussi toute petite et a grandi, la 3me celle de Neneka qui est dans mon corps et a contenu les 2 autres dans un autre corps, mais inexistante et le sachant.

En dehors de ces 3 consciences il y a celle de l'immonde désir plastique de tout le monde qui forme des êtres supposés et des consciences transitoires

et

dieu et sa mère,
hallalum du cœur.

La canne de Lucifer,

bizar escati
escati – achar
shalum enkati
shalum kantaku

la canne de Lao-Tseu,

ma canne à la dimension de moi, homme, hauteur.

C'est cette femme qui nous a prises, ma mère et moi, m'a dit ma petite fille Catherine.

Il semble donc que ce soit elle qui soit la même que la grande qui ne pourrait vivre sans la petite.

Le corps d'Ana Corbin morte pour aider Catherine Chilé 6 jours 18 ans à vivre.

Elle s'appelle donc Catherine Chilé,
il semble qu'il reste en Adrienne Régis et un peu de Catherine Chilé et l'âme de Neneka.

L'âme est imprenable mais elle tient dans la mesure *parfaite* d'un corps.

*

Neneka n'appartenait soi-disant pas au monde des vivants parce qu'elle était trop pure et trop belle et que dieu la gardait au secret dans une obliquation de son être, or je ne suis pas dieu et je n'ai pas de vierge, je suis où *je* suis et mon âme n'est pas à double fond [1], mais telle quelle, je n'ai pas de dessous ni [...]

Jésus-christ a voulu se faire de la peine afin de se punir de m'avoir volé et me garder éternellement mais à condition de ne pas souffrir, lui, de cette peine et me la faire souffrir, à moi, pour me forcer à disparaître et se faire de la peine en se faisant plaisir, à lui, et me faisant du mal, à moi.

Mais

1° il n'a pas tenu,

2° c'est une idée qu'il m'a volée et qui ne consiste pas à se faire de la peine mais à être de plus en plus héroïque et c'est un mouvement d'âme qu'il a appliqué à l'ignominie.

Le corps d'Adrienne Régis,

Adrienne Régis est ce démon [2] qui depuis 7 manifestations sert à une opération obscène de dieu et qui n'a jamais eu l'idée d'avoir du cœur parce qu'on n'en avait fait qu'un sexe et ce sexe a été fait d'autorité par dieu sans se préoccuper s'il n'aurait pas un jour une conscience [3].

Or je *je* lui ai proposé d'avoir un cœur et elle a essayé plusieurs fois puis est retombée, s'est relevée mais sa conscience propre n'est pas encore sortie de ce travail.

Elle a été battue par Jésus-christ une nuit parce qu'elle ne voulait pas de lui mais de moi et c'est la véritable petite Catherine 6 jours qui s'est dégagée du cœur de cette femme pour me voir, c'est-à-dire qu'à force de douleur elle a ressuscité en elle une âme morte, mort-née qui se souvenait de quelque chose.

Je me referai complètement par l'éclatement d'un sombre accomplissement, une ténébreuse et terrible *satisfaction,* la mienne, celle d'avoir fait mon devoir et d'avoir tiré l'âme du désespoir, et de lui donner enfin la certitude de toujours exister, l'être de mes filles avancera en moi jusqu'au point où la chaleur que je lui donnerai lui donnera la force de se distinguer de moi. On ne perdra pas ses vertus propres dans l'orgasme du coït.

Je n'oublierai pas les 2 corps intenses d'âme de Madame Régis disant : Je ne sais pas ce qui m'arrive, et moi je résisterai, en bec au milieu du corps de la femme où tournent les êtres des démons.

Je n'oublierai pas ma fille aînée Cécile se perdant en moi jusqu'au point où elle trouve son être et ensuite le forme et s'en aller[4].

Je n'oublierai pas Cécile Schramme disant : Moi je fais le mal mais je vous aime et ne sais pas que faire pour aller à vous ni comment il se fait que je n'y aille pas, puisqu'elle était l'être de cette fille de mon âme, même si cet être a cru par moments que je l'embêtais.

La scène du Golgotha d'hier soir où Jésus-christ le voleur a rendu toutes les âmes qu'il avait prises pour vivre et où ma fille Cécile m'a aidé encore une fois jusqu'à la mort.

Je n'oublierai pas le visage de Madame Régis disant : Puisque c'est comme cela vous allez voir, cela non, vous ne l'empoisonnerez pas.

Elle a eu une autre réaction qui a décidé ma fille Cécile à voir en elle l'âme de la petite fille, Catherine Chilé.

Ce sont ses deux enfants qui la gênent pour travailler tout le temps mais elle a souffert et travaillé comme un être neuf.

Je prends le mal, le sien, je ne prends pas le bien, le corps, l'être puisque je l'ai fait. – Je le baigne dans mon infini. – L'indicible rien.

Je prends tous ceux qui ont fondu dans l'obscène, tout ce qui était fonte et obscène, et non l'esprit qui voulait me prendre, moi, par l'obscène.

Le baiser est le déclenchement d'une source terrible où le fond de mon âme recouvre et imprègne ma fille, mais non un épuisement de mon corps en elle ni de son corps en moi puisqu'elle l'a gagné en souffrant et ne saurait plus le perdre sans haine. La femme hait l'homme qui lui a pris son corps. – Et elle respectera toujours celui qui lui a donné un corps et une âme, elle hait parce qu'elle est morte et considère qu'on lui a volé son être total.

Je viens de revoir cette petite fille et elle s'appelle maintenant Madame Régis, ici, mais elle a en âme un autre nom, et un autre corps que celui qui l'habille et qu'elle jettera comme une carapace à brûler.

Je ne vous ai pas donné une force de plus, Antoine roi, ni Adrien Artaud [5], je vous ai passé au crible de l'être afin que votre force d'âme vous abandonne et revienne à une conscience qui a voulu me servir.

*

On ne tient pas comme cela, dis-je.

Le saint-esprit de Jésus-christ a dit : A moins d'être moi-même, ce à moins a été poussé dehors bien que subconscient par des êtres de volonté qui ont voulu que ce soit ce travail [1] de réfraction sur le cœur et sa pitié qui soient dieu car tenir dans le mal est héroïque mais toutes les âmes n'en ont pas toujours la capacité parce que leur âme n'est plus là non parce qu'elle a été ébranlée par l'esprit mais parce que son corps s'est retiré *avant* pour ne pas être pris par lui, et que les êtres qui ont poussé dehors ce moi, Jésus-christ, l'ont voulu pour eux-mêmes afin qu'il soit bon pour eux,

l'âme de Jésus-christ est une femme, une religieuse peut-être protestante,

l'âme de Marie peut-être une schismatique,

l'âme de dieu le père celle du grand Artaud du ciel,

l'âme de Marie un schismatique grec ou arménien désiré par une Arménienne,

l'âme de Lucifer peut-être un musulman des Indes,

celle du saint-esprit peut-être un brahmane ou un lama,

celle du *« grand »* Artaud un boudha [2] ou un *lama,*

l'âme de la Vierge peut-être une Afghane, du Turkestan.

Ceux qui me haient [3] se reculent,

ceux qui m'aiment je les hais.

Madame Régis a dit : Je suis cette petite fille qui sut répondre amèrement, qui vous a aidé, je ne doute pas que vous soyez mon père, je ferai ce que vous voudrez, je ne veux plus de ce monde-ci, tous ces gens-là m'ennuient, je ne les ai jamais supportés.

Je prends mon zob à deux mains et je me l'enfonce dans l'être sans détournement à une place élue, puis je change de place,
il faut que la queue, le zob creuse le con, le moi et que le moi devienne de la poussière.

*

Le christ est un vampire qui a voulu me souffrir en lui parce que je souffrais et qu'il ne souffrait pas et que ma douleur lui profitait
et j'aurai bientôt la peste et le typhus du mal que les êtres retiennent car c'est par le mal que je me guérirai d'eux.

L'horreur de la mort pour en faire une horreur plus grande et qui me fasse du mal, c'est-à-dire vivre en bonne santé. – Et sans souffrir de ma douleur de mal.

Voilà AR TAU qui est devenu dieu, ont dit ces petits enfants, ça vous a fait du bien d'être dieu.

Car c'est [...]

*

Je montais en barre, des esprits ont voulu regarder en moi. J'ai subi une douleur atroce, ma fille Anie a voulu me l'éviter et le mal l'a fait souffrir le temps que j'aie la force d'intervenir.
Il y a trop [...]

Ma fille Cécile *a accepté* de moi un coup de plus pour venir me délivrer.

Je l'ai vue en sang et la tête perdue de résignation et d'amour

et elle est morte.

Seule ma fille Anie a pu rester en vie parce qu'elle n'était pas vraiment morte.

Elle était parvenue en être [à] avoir la taille de ma canne.

Or on a dit à une personne grande comme les êtres d'ici : Vous êtes Cécile Schramme et un rebut, et elle s'est vue rebut et ce rebut ricanant encore n'a pas voulu tomber sur moi mais il n'avait pas de haine contre moi.

Cette Cécile Schramme viendra ici avec l'être de ma fille en elle parce qu'il est son âme.

A force de frotter avec son cu et sa queue un être les êtres l'ont rendu comme de la merde,

ma fille Cécile Schramme est devenue virulente, caca lubrique,

utérus strident,

sexe strident,

quand ma fille Catherine est utérus.

Quant à moi, je suis devenu zob merdeux et ma fille Cécile est demeurée pendue sur mon cœur, elle est mon cœur et ma fille Catherine mon âme.

Et la vie m'a rendu obscène et très grossier.

Ma fille Anie est ma force.

Ceci veut dire qu'en pressant mon cœur sur moi j'y perce mon âme avec mon être et que mes 3 filles sont les 3 douleurs qui se souviennent de cette action capitale.

Cela est une action représentée dans l'être, plus au fond des choses cela se passe autrement.

Je viens de le faire par cinq coups, 4 et 1,

représentant les degrés d'une opération secrète et cachée

que seules mes cinq filles peuvent comprendre parce qu'elles sont ces cinq coups et le 5me est celui de la prière de ma petite fille, ma force, qui déchirée par les 4 coups a encore eu une parole de cœur, une montée de cœur comme du feu giclant hors de[1] terre pour me dire qu'elle pouvait encore être elle aussi si je le voulais, malgré sa douleur.

Elle est ma volonté qui à force de souffrir en résistant est devenue être.

Frapper des coups en conscience et en faire barres filles ne me suffit pas, il me faut aussi manger le foutre et la béchamelle de l'être,

2° il me faut éprouver l'être de mes bâtonnets sur moi en les plantant en moi pour les réchauffer[2],

là où la douleur de la diarrhée marque Yvonne,

c'est ce que l'être appelle baiser son œuvre et recevoir un baiser d'elle,

moi je dis prendre mon œuvre et me l'enfoncer dans le cœur.

Je réaliserai sur moi et en moi les plus immondes tentations de l'être mais à ma façon, c'est-à-dire sans me perdre dedans mais en les faisant se perdre en moi jusqu'à avoir la preuve que je ne crois plus à l'être, alors je m'en irai et je ferai une sainte conasse qui veuille me posséder et me prendre.

Moi je savais tout cela que vous étiez comme cela, seulement moi je ne suis pas Cécile Schramme et je vais boulotter tous ces esprits,

et le temps que j'y pense j'ai vu cette idée que j'avais d'elle devenir les esprits qui allaient bondir sur moi mais c'était elle qui les menait.

Je ne suis pas cette femme, monsieur, j'y ai travaillé toute la nuit, cette femme est très mauvaise pour vous, ah on m'a transportée.

Ana Corbin ne peut pas vivre,
Adrienne André ne peut pas vivre,
Catherine Chilé 18 ans n'a pas pu vivre,
Catherine 6 jours a été désespérée de vivre
parce que son cœur était somptueux à force d'amour pour moi,
il y a une seule Catherine et[3] Neneka,
Adrienne Régis et Ana Corbin disparaîtront,
mais Catherine Chilé a souffert toutes les douleurs d'Adrienne Régis parce qu'elle est l'âme avec laquelle on a fait son être et son corps,
c'est cette petite fille qui s'est transportée ici pour me voir et qui n'arrive pas à dompter cette femme qui s'en va et se retrouve dans les nuages ou dans Ana Corbin,
la vérité réelle est que dans les circonstances graves une âme de petite fille se réveille dans Madame Régis comme je l'ai vue ce matin,
un morceau de Catherine a été pris par Ana Corbin,
un morceau par Adrienne Régis,
mais c'est dans Adrienne Régis qu'elle est le mieux parce qu'il y a du cu mou,
il y a dans Ana Corbin un cu serré,
il n'y a qu'une Catherine Chilé,
Adrienne Régis qui est près de moi, a travaillé pour moi, souffert à cause de moi et m'a aimé s'appelle Adrienne Régis,
Ana Corbin s'appelle Ana Corbin,
cette petite fille est un prototype qui sortira du corps d'Adrienne Régis pour trouver le sien,
Ana Corbin est une couleur orangée que cette petite fille morte revêt.

On peut *mourir* pour quelqu'un que l'on aime, mais non disparaître.

Catherine Chilé s'est pendue devant ma tête pour me dire qu'elle allait à Ana Corbin parce que décidément Madame Régis ne voulait rien faire pour moi car si hier soir A. Régis a travaillé pour moi c'est que l'âme d'Ana Corbin a été une fois de plus dirimée et a bousolé[4] sa centrée ici où est la douleur et le péché et afin que Catherine en Madame Régis non pardonne le cu, il en faut, mais obtrule le bon esprit délice.

6 ans, a-t-elle dit avec le cœur et elle a rougi. Je vais à cette femme.

Ana Corbin est morte,
Catherine Chilé est morte.
Puisque je ne suis pas la Sainte Vierge, m'a dit Adrienne André au Golgotha, je t'enlève ton corps et tu ne le retrouveras jamais.

Tous les bons corps de Madame Régis à Ana Corbin qui viendra me dire ici qu'elle est Catherine Chilé pendant qu'Adrienne André qui n'a rien voulu faire pour moi restera dans son appartement et Catherine Chilé viendra me voir avec une robe blanche.

Je suis maintenant Madame Régis, a dit ma petite fille Catherine Chilé qui viendra en robe blanche – comme les innocents et les enfants mort-nés.

L'idée de transporter les bons corps de Madame Régis à Ana Corbin *pour* Catherine Chilé qui les a tous vécus m'est venue de ce que, debout[5],

et j'ai repensé :

Ce sera moi, Artaud Schramm[6], qui irai réveiller Antonin Artaud Lucifer au cimetière Montparnasse ou au Père-Lachaise en sortant d'ici.

Je n'avais pas assez de corps pour mon âme et quand j'ai voulu en prendre un l'être me l'a refusé, c'est-à-dire que le corps possible refusait d'aller à l'âme et que l'âme ne voulait pas y entrer parce qu'elle[7] ne le trouvait pas *possible* pour elle. C'est de l'ataraxie.

Car les choses ne sont pas ainsi mais Jésus-christ a séparé un jour ou cru séparer le corps de l'âme afin de les reconstituer à sa manière le Jeudi Saint.

*

Moi je ne réconcilie pas les êtres
parce que je sais qu'ils n'ont pas d'amour les uns pour les autres
et que 4 amours se sont montrés
et Yvonne ne comprend pas l'amour sans étranglement,
c'est bizarre,
muco-membraneuse,
ma première fille s'est déchirée en conscience, *Cécile* [1],
et Neneka en corps,
Cécile, Sonia,
Cécile prendra Yvonne dans son corps,
Yvonne dans sa mort prendra Sonia [2] dans son corps.
Et mes 5 filles s'habilleront de tout ce que Jésus-christ m'a pris le Jeudi Saint.
Et qu'elles me pardonnent toutes les cinq le mal.

Cela fait 4 filles.
J'en cherche encore une.

Ne touchez pas à ma petite Catherine telle que je l'ai vue jusqu'ici.

Tout ce qu'il y a de bon à Catherine Chilé
et ce qu'il y a de mauvais et de sans cœur à Yvonne
afin que Catherine se repose.
C'est Catherine Chilé qui est morte à Auteuil et a été enterrée à Montmartre
et Cécile Schramme qui est morte rue de Tournon [3] et a été enterrée au Père-Lachaise
et ce sont les 2 Catherine Chilé qui ont travaillé sous le

nom de Madame Régis – et se partageront son corps, l'une en blanc, l'autre en rouge sang.

Les chrétiens sont ce qui me hait le plus et ils sont retranchés à Notre-Dame de Rocamadour, Montsalvat, Montségur,

mais Catherine Chilé 18 ans revêtira *si elle le veut* la robe noire de Madame Régis pendant que sa petite sœur viendra me voir ici en robe blanche et tant pis si c'est la prophétie.

Les poignards à barre inégale et surmontée montent dans la conscience et la font monter, ils l'établissent dans le point où elle échappe aux lois de l'être, et la dominent, les poignards à barre croisée l'emprisonnent dans l'être et la rendent victime de lui.

La pauvre Neneka ne peut pas montrer sa face et son cœur pour moi sans que la Vierge ne l'emprisonne moralement, cela s'arrangera. – Il faut la dépêtrer par renversement.

Ce n'est pas celle qui demande confiance qui est Neneka, celle qui demande confiance est l'empêtreuse d'esprit qui a clavé le cœur par clarq et s'est prise pour le cœur quand elle l'a mangé et a laissé l'être aimant au charnier.

L'âme a été transférée de soi en zut par 10 b, mais ce n'est pas cela, elle a été culmiculée en iofanti et cela ne joue plus parce qu'elle n'est pas, et que Stator a toujours un secret indicible et impénétrable, ce mouvement est un mouvement de fatigue, le mal n'est même pas entièrement conscient de ses mouvements, mais il vise toujours à étouffer la conscience par l'attraction, il y en a l'infini, *une* attraction en passant mollit la volonté du chaste, ne pas se perdre et ne pas entrer dans l'être, c'est-à-dire dans la mort qui passe, et n'y pas rester mais la dissoudre en l'incorporant à une place basse, on ne chasse pas la mort, on en fait les échelons de son corps, et du corps, jusqu'à l'abîme du dessous car aucune opération d'être ne peut en rendre prisonnier et le bout du dessous de l'échelle est simplement un autre état du corps,

il faut être au-*dessous,* toujours au-dessous de son propre corps mais *dans* son corps.

Le néant et l'inexistence ne sont qu'un autre état du corps, le vrai.

J'ai des filles qui me servent, je n'ai aucune force qui me pousse, je pousse, et produit [4] toutes les forces, *moi,* dans tous les sens.

L'amour désintéressé existe,

mais il ne peut exister sans une chaleur de cœur dont l'âme doute si elle ne se montre pas à l'extérieur et si on n'aime jamais qu'en esprit et non en corps – il faut un baiser pour que l'âme aime,

c'est parce que cette jeune fille n'a pu vivre son baiser quand elle voulait aimer pour se dévouer que tout le monde l'a prise et que des hommes ont pu s'installer à sa place quand son âme était morte et me dire : Pour être aimé, pour que l'amour aime il faut payer, il faut que le baiser soit complet et non un effleurement ou un attouchement.

Cela semble être une répulsion des âmes pour une répulsion plus grande des corps où le corps de la fille naît, produit par l'âme du père et par attouchement avec l'âme du père quand l'âme de la fille n'est pas encore née [5].

L'âme que le père voit n'est pas, c'est une réalité sans moi, il lui donne sa réalité personnelle par le corps qu'il fait dans sa fournaise quand il a vu l'âme qui lui plaît pour fille.

Il y a certainement plusieurs âmes à naître dans le corps de cette femme qui vit près de moi et puis il y a la sienne, puis le corps qui aura servi à les former.

Il y a toujours de la conscience dans un corps et de plus en plus jusqu'à la mort, c'est le corps qui se désespère que l'âme soit si mauvaise et non l'âme qui est victime de son corps.

Il n'y avait donc pas d'âme dans ce corps, pas de conscience [6],

l'esprit, le cœur, la volonté sont un mal,

l'âme et la conscience se sont conservées,

le cœur, l'esprit et la volonté sont des états à rejeter car ils ont fait de mauvais corps fluidiques.

Il y a des êtres qui aiment dont l'amour eut une odeur, c'est l'âme.

Les esprits ne se dégagent pas des corps comme leur issue, il y a une race d'êtres qui a voulu vivre en esprit et chauffer son esprit dans des corps ignorants de certaines facultés et diriger les hommes qui les portent

en Camargue, en Syrie, en Ombrie, au Turkestan.

J'ai craint en faisant le mal qui me tentait d'être diminué par lui et à sa mesure,

il faut simplement grandir ce mal jusqu'à ce qu'il soit moi, ne pas le laisser devant moi pour le brûler mais le prendre en moi, et quand il est dedans ne pas me laisser gagner par lui en conscience mais absorber la sienne en moi, en un mot ne pas descendre en lui mais le monter jusqu'à moi.

Vous êtes une âme et un cœur, Cécile, mais donnez-moi votre cœur, vous êtes la mort et son obscène d'amour et ne vous retirez pas de l'idée du mal,

vous êtes le lubrique de l'âme,

Neneka est le lubrique du corps.

Il faut avoir éperdument pitié, serait-on cocu à mort, sous peine de perdre l'amour du monde, la seule force.

L'esprit, le cohéreur, doit être remis dans l'utérus : cœur, non pour changer de vie mais parce que c'est sa vie de ne jamais quitter le cœur parce que l'esprit est un corps, c'est le corps qui est l'esprit et non l'esprit – et le corps ne peut pas quitter le cœur sous peine de perdre l'âme, le cœur c'est l'amour, non le désir mais l'adoration,

l'âme, la conscience,

l'amour, le cœur,

la concentration de l'être autour d'une haine, d'une rancœur, d'un dépit, d'un désir,

d'un grumeau,

aimer et ne pouvoir pas rejoindre celui que l'on aime.

Je n'abandonnerai jamais ce rouge nœud du cœur de ma fille Cécile.

Le cœur se forme par un désir de l'âme qui veut s'accomplir et qui forme chair ici mais ce n'est pas de la chair que ma fille a forme, c'est autre chose et elle peut encore le réactiver, c'est une énergie pure qui est le principe d'un corps muqueux, peste, corps d'âme nouveau non pas vide mais plein, antipsychique, physique éperdument, alors que la chair de ce corps-ci est psychique et donne les mauvais esprits,

il faut prendre la chair et en faire une âme et non l'âme pour la mettre dans la chair, cela n'existe pas,

le Verbe ne s'est pas fait chair, la chair se fera merde et ce sera la seule parole d'imprécation désormais,

la merde se fera chair,
la chair se fera âme,
la merde est l'affre de la conscience, dieu,
devenu chair par affre et âme par chair.
L'affre choisit sa chair,
la chair choisit son âme,
l'âme choisit son corps,
le corps choisit son être,
l'être choisit son moi.

Michel Leiris [7] est de la police,
Salvador Dali est de la police,
René Char est de la police,

Christian Tonny [8] n'est pas de la police.

Antonin Artaud qui était de la police est enterré au Père-Lachaise et on peut y retrouver son corps. – Et je remercie de toute mon âme celui qui me le ramènera ici dans son cercueil.

Marcel L'Herbier, *Roger Blin,* Anne Manson, Génica Athanasiu, Laurence Clavius, Solange Sicard, Sonia Mossé, Mlle Gamelin,
Balthus,
Alexandra Pecker [9].

Moi, Artaud, j'ai toujours pensé qu'il fallait ajouter de la conscience quand elle se perd dans le mal afin de le dépasser parce qu'il la bande contre la volonté des êtres en les tuant *avant* la volonté.

Je reprends les corps des hommes qui ont souffert quand j'ai vu quelque chose de vraiment bon dedans.

Je ne pardonne pas aux pécheurs, je les extermine de plus en plus,

mais les pécheurs ne sont pas ceux que l'on pense.

Le crime premier sera expié au paroxysme

et les *nouvelles* consciences que j'aurai faites m'aideront à faire payer à dieu, au christ et à ses saints le péché d'avoir voulu me prendre,

plus on me retiendra, plus les chrétiens seront damnés car ils auront encore plus de corps.

Les consciences qui veulent me prendre d'un côté,

celles qui veulent me respecter de l'autre,

combien y en a-t-il?

Les chrétiens sont ceux qui veulent prendre dieu pour être,

les autres ceux qui veulent être d'eux-mêmes contre dieu.

*

Les[1] agglomérations constridantes de dieu m'emmerdent, les choses sont libres, l'être n'est pas tout, ne pas détruire et faire les choses sur l'être c'est ne pas sortir du mal qui est le désir de l'être pour dieu, lequel est bestial et vaginal,

moi et l'être, cela fait un et non deux.

Si Madame Régis a plusieurs consciences elle les rendra et je ne sais encore qui apparaîtra dans la sienne. Neneka est-elle dehors ou dedans? Non, l'autre monde est dans le con et le vit de celui-ci et non ailleurs.

Il y a Neneka, Catherine 6, Catherine 18, Ana Corbin, Adrienne Régis.

Je ne reverrai pas Cécile à moins de la construire en corps et de la faire apparaître devant moi.

Car je n'admets pas que le monde ait eu lieu 7 fois avec l'éternel toujours le même et que les créations aient été détruites jusqu'à être bonnes.

Non, la vérité est qu'il n'y aura plus de création

et que ne vivront que les quelques cœurs qui m'ont aimé.

[On ne fait pas les consciences en détachant les âmes du mal [2].]

Si, on fait les consciences en détachant les âmes du mal : purulence mortiférante.

C'est Jésus-christ qui veut raviver ses esprits de cœur contre moi ce matin et le cœur de ma fille Cécile est au premier rang de ce cu, ma fille Neneka en est l'antipôle, le blond et le noir [3].

Moi je crois que c'est cette petite fille de 6 jours, Catherine Chilé, qui est l'âme de Madame Régis, cette petite fille qui a voulu faire quelque chose d'elle-même dans la vitre

et la tête *auréolée* de péché

et qui est tout le temps vue par tout le monde,

l'autre Catherine doit être Ana Corbin,

quant à Neneka, où est-elle?

Les cœurs d'avant la terre et le ciel sont dans les corps de maintenant, il faut les y retrouver.

Je n'oublierai pas les éclairs et foudres de Sonia après son apparition quand elle est venue me dire :

Je suis Sonia, vous ne voulez pas que je vous aide,

dieu est en train de s'accomplir depuis avant le commencement et c'est un arbre spécial, quand il aura fini de pousser il n'y aura plus de mal mais un éternel enfer.

Que je sois le seul homme et que je n'aye autour de moi que les âmes mes filles qui recevront un baiser de moi.

Moi je suis morte et je n'étais pas là, a dit Ana Corbin,

et elle a dit : C'est moi mais je ne suis pas elle, quand j'ai reconnu la même petite fille d'ici et de l'air,

il doit donc y en avoir 3
et Neneka
qui est retenue en conscience par Adrienne André en Madame Régis,
il faut épouser Madame Régis pour qu'Adrienne André reparaisse et que Neneka soit délivrée de l'envoûtement qui l'empêche d'exister – mais cela ne suffit pas et il y a un autre moyen.
Car Neneka est dans mon corps et Neneka Chilé est en vie je ne sais pas où car je ne la vois plus,
pour qu'elle revienne en être
il faut que le christ et la Vierge meurent.

Ne pas oublier l'otarie morte[4].

Éveillé ou endormi je suis toujours le même et le sommeil et la veille doivent tourner autour de moi pendant que mon taraud bat en moi pour toujours.

C'est ce que Cécile est devenue après avoir mangé la mort, elle s'est éteinte comme moi mais c'est toujours elle.

Le coït n'est pas un orgasme, c'est un transport d'âme,
et l'affluence de l'âme n'est pas une idée morale, c'est un transport de corps,
mais dans ce cas il ne s'agit pas d'achever le pendant de Cécile mais de recréer 3 mortes assassinées qu'un corps mauvais tient,
et que moi je ferai jouir ténébreusement.

Sonia me ramènera ici le corps de Cécile tel qu'elle l'a vu et reconnu pour le cœur de l'être qui m'a aimé et j'y joindrai le corps de la petite morte amoureuse telle que je l'ai vue au plafond et que je ferai pur et durable à jamais.

Toutes les âmes sont dans mon cœur tant qu'elles ne peuvent pas vivre dehors,
quand elles se sentent pouvoir vivre dehors elles s'en vont.

Ce n'est pas d'un spasme du cœur que nous avons tous besoin pour nous guérir de notre désespoir mais d'un spasme de tout le corps et que tout notre cœur de la tête aux pieds ne soit plus qu'un énorme sexe, le zob dont j'ai toujours parlé et qui contient le sexe femelle parce qu'il en est le contenant qui est ce sexe qu'il contient,

donc la joie du cœur pour être complète doit être ramenée du sexe à la tête et de sexe en tête aux pieds et rester du sexe aux pieds.

Ceux qui ce matin ont rempli ma petite fille Catherine de virginité *m'emmerdent,* ce n'est pas une répulsion corporelle mais une attraction sexuelle que je cherche d'elle –, sexuelle du cœur et d'un accomplissement pour elle. Car les sentiments rentrés ressortiront un jour en mal et il faut les satisfaire avant.

C'est par le rapprochement sexuel des cœurs que les âmes de mes filles se réconfortent en moi et que je produis leur être[5].

C'est par l'amour sexuel qu'on prouve son cœur et non par l'admiration morale,

c'est par le sexe que la pitié s'exprime car c'est une pitié corporelle,

c'est dans le rapprochement sexuel que l'on prouve son amour-pitié.

Le rapprochement se fait étendu,

debout on s'éloigne[6],

c'est une affaire de commun respect.

Il y faut des éternités mais les êtres n'ont pas voulu attendre et ils se sont révoltés.

L'amour sexuel est un amour du cœur qui donne éperdument tout son corps.

Ce que Catherine Chilé a vu ce n'est pas l'acte sexuel mais la pitié pour elle et le respect sans l'acte déformé par ce corps de Satan qui a besoin d'une pénétration,

pleine charge de pitié,
tout son corps et pas seulement l'esprit.

Je n'oublierai pas l'âme de Madame Régis qui de son corps s'est dégagée comme un bâtonnet gris avec son cœur à la place du foie comme un sexe blessé.

Mais elle est rentrée dans son corps car elle en a fait partie et cela sera ainsi jusqu'à la mort, mais moi je resterai en vie avec elle pour m'arranger avec une certaine femme que nous tuerons ensemble comme moi je suis en train de tuer Antonin Artaud par la douleur et le plaisir. – Car je n'admets pas que dieu soit un magma.

Paldosh Sekan
quand je me reposais était que je tremblais à être
et cela ne signifie pas le repos ni l'activité mais autre chose de hors de ce monde marqué toujours par un tau [7].

Moi je suis morte, m'a dit ma fille Cécile, et elle n'osait même pas me le dire, et quand on est mort on est partout.
Et elle n'osait même pas me le dire.
Et elle m'a vu devant la colère d'Anie vouloir la sauver et elle était là, elle était là aussi ce matin, me regardant avec Anie, et j'ai entendu les lèvres de son petit cœur battre dans l'air quand elle a dit : Je suis passée, ne souffrez plus.

*

La puissance n'est qu'un stade de l'être,
il y a l'accomplissement en TAU – TRAUMA – RATAU – TRAUM.

Quand tout le corps aura été branlé et masturbé par moi il sortira l'âme
mais moi je dois conserver la mienne au-dessus de cette opération,

c'est par la pute,

quant au mien, je ne suis pas nu et c'est l'esprit de Lucifer qui a retourné mon âme vers le nu et il faut masturber et faire jouir le nu jusqu'à ce que Lucifer ait disparu,

il faut aussi masturber et faire jouir le cave moi

nu zob

cave con

jusqu'à ce qu'il abandonne cette sensation et se rende au dur : moi,

modalités rétentives,

intellectuels constipés voulus,

pas de distingo, la carne s'y reconnaîtra,

Cécile reviendra toujours parce qu'elle veut me désirer éternellement sans m'avoir et moi non plus,

Anie est une terrible volonté,

ne pas oublier les couturières et les modistes,

ni les infirmières.

Les 6 TAUS de la Grande Catherine Chilé.

Ana Corbin, Yvonne Nel,
Yvonne Nel, Ana Corbin,
Catherine Chilé 18 ans.

Cécile, Anie, Neneka,
Catherine 18 ans, Catherine 6 jours.
TAU RA RA TAU

la nature Neneka
l'action TAU
l'âme ITAU

Balthus,
Christian TAU NI.

Yvonne morte en 1935 est devenue sa mère,

la mère est devenue la bonne âme de la personne de sa mauvaise fille Colette[1] *expulsée,*

Colette expulsée est devenue une autre petite fille inconsciente du mal dans la vie ailleurs qu'en sa personne.

Colette TAU D'ENFER.

5 filles,

1 Éternité pour empêcher le christ : le corps éternel de la Vierge,

il fallait être hors de l'être pour faire les choses, je les ferai toujours en êtres désormais pour blesser et détruire l'esprit de dieu qui ne veut être d'aucune façon et s'est résigné un jour à jouir bêtement dans Lucifer afin de rester, lui, dans l'infini au lieu de se résigner à être un homme.

Ce qu'il veut dire : qu'il a gêné ma pensée, lui, Lucifer, afin de rester esprit directeur, en quoi il a été en fait tout, n'importe qui et n'importe quoi. Car l'impensable est toujours un être, et doit s'exprimer en corps.

C'est une simple affaire d'intensité d'âme et de direction mais dans un corps pour représenter tout cela.

Après l'être TAU l'impensable est encore plus être et toujours plus être dans un clou.

Lucifer n'aura été qu'une fausse conscience à qui il ne restera pour être que l'âme de sa haine, de sa jalousie, de son envie, de son insatisfaction, de son orgueil et de ses péchés.

Il s'appelle Antonin Nalpas,
moine de Florence,
canonisé sous le nom de saint Antonin[2].

Yvonne était la mère et elle avait 2 filles,
Neneka la nature 2 filles,
Yvonne l'éternité 2 filles,
ARTAU 5 filles
avant la nature et l'éternité
et un jour, la nature et l'éternité, il les fit être par sa volonté en affirmant son être TAU–I – T–TAU Schramm[3]
car il est Schraum TAU le zob de la tête aux pieds.

Et c'est Cécile Schramm qui souffre toujours cet épouvantable décollement[4] et sa petite fille la volonté tourne autour de lui tandis que sa fille son cœur monte et descend.

Et la nature pointe en clou plein,
battue en TAU Satan l'abdomen,

Neneka l'affirme en zob par l'être, mais l'être n'en aura plus car le zob sera repris et l'âme rentrée en TAU 2 clous dans la rate et clouée par-dessus sans transversalité.

Car je décroise tout ce qui voudra croiser et je ne reste jamais au même point d'aucun même être.

Je ne suis pas le christ mais son ennemi et l'ennemi de son ennemi.

Neneka est sur la tête du TAU ce piquant qui veut toujours aller plus outre,

Cécile et Anie les 2 piquants qui veulent toujours m'accompagner où j'irai.

L'idée d'un peintre chinois était que l'âme était à peindre en couleurs.

La mienne est que l'âme a les couleurs de ses douleurs vécues au feu et que le feu se peint lui-même les intensités diverses de son feu.

Il faut toujours écouter l'âme jusqu'à la vie.

Inventer son âme et son corps c'est avoir voulu mériter cette douleur qui s'appelle être, avoir voulu souffrir pour être et non se laisser jouir pour être.

Vous m'avez forcé à faire un enfant là où je ne voulais pas en faire un, je retrouverai cet enfant, et l'homme qui a voulu l'accaparer parce qu'il savait qu'il devait naître un jour et je retrouverai aussi l'énergie volée par cet esprit d'homme. – Qui s'appelle Jésus-christ.

Maintenant allons à Rome.

C'est la viridité qui a fait le mal et cette viridité est devenue les corps de tous les coupables qui ont voulu certain péché.

Tu auras un Tau toi aussi, ô mon Jésus-christ, ô mon fils, car j'ai disséqué Artau pour te le donner et te mettre à sa place et j'ai tenu Arto jusqu'ici afin qu'il soit contraint de nous pardonner à tous et de s'accepter toi-même.

C'est le péché de Madame Mani-Tou, la Vierge.

C'est à l'âme de la pauvre Ana Corbin infirmière que les couturières et les modistes ont pris la vie et ont lâché prise avec la forme de leur cœur maudit de jouisseuses qui ont voulu m'accaparer.

L'âme est ce qui veut être corps pour être et se reposer.

Une petite fille, Ana Corbin, où est morte Catherine Chilé a ramassé toute l'âme quand personne ne voulait travailler et c'est de cette âme que les vierges ont extrait une force de malédiction contre le mal, l'autre est Génica. – 2 malheureuses [5].

Je suis ITAU parce que le monde n'est pas encore né et que l'enfer et le mal n'auront été qu'un passage qui pour lui restera dans l'éternelle géhenne un lieu,

la pitié, la douleur, la charité ne sont aussi qu'un arcane

2 Schraum – sur le banc.

Ma fille m'a dit que mon âme ne pouvait pas s'ouvrir plus, et en effet, mais il s'affirmera de plus en plus. Car elle se fermera complètement. Car je suis et ai toujours été un bâtonnet

ITAU ITAU ITAU ITAU

et avant ce bâtonnet il y en avait toujours un autre, non à côté mais plus bas, car si le coupable n'est pas vous c'est un autre, mais un être et non un état d'esprit. Une âme c'est un corps et non un esprit.

Je ne croise que les réprouvés.

Ma force est une affaire de cœur au cu. Le cœur c'est moi, pavot, le corps c'est moi, l'être m'inspire de l'amour, le désir d'avoir une fille par rapprochement corporel jusqu'à la répulsion. – Tant que les corps ne se rejoindront pas ils ne pourront pas se repousser, les corps n'ont pas le sexe au milieu, c'est le sexe – corps total, qui a un milieu : le foie : cœur [6].

*

Citrate, je ne veux pas que le corps enveloppe l'âme, elle suivra son chemin droit, Kramme pire que le crime, la douleur ou l'enfer, stabile, statique.

La force latente du cœur massée par la volonté qui prend sur la force pour faire corps, en vérité ce n'est pas cela. Je n'ai pas à prendre sur le latente [1], je le fais être et je n'ai pas à le faire être, je suis cet être qui n'a pas besoin d'exister pour s'affirmer et qui est toujours mouvant et rassemblé et qui affirme les choses et les états qui lui plaisent mais non lui et qui n'a pas à se chercher au point quelconque d'un corps et peut tout faire de ce dont il aura envie puisque c'est lui qui le fait.

Le corps que je prends est un passage mais j'ai ma manière d'y entrer.

L'âme de Cécile est Neneka et son cœur elle, son moi, l'âme centre, oui, mais sans rien, l'inconditionné absolu qui n'a jamais supporté aucun être est un corps à ne pas éparpiller mais à tasser,

Kraufm creux sous le corps dans le renversement de l'être et creux sous le renversement,

Catherine ne fait rien parce qu'elle est dans l'être, or c'est l'âme qui doit prendre sa place et Kraufm le fera.

*

Sonia.

La nuit arrivera à écarter le jour, ne pas peindre par le dehors, toujours par le dedans. Lucifer est un esprit évadé de l'âme et qui a voulu comprendre un point quand les étoiles ne sont jamais des points mais un vide spécial.

On n'épouse que les morts, les vivants ne doivent pas se

toucher, mais maintenant ils se toucheront, il faut toucher tous les vivants qui vous ont tenté.

Elles se souviennent d'avoir été en moi, elles ont gagné leur innéité *corporelle* et elles seront désormais toujours là comme moi, et reviendront en moi pour me faire honneur quand il leur plaira, ce n'est pas un principe.

*

Quand je me bats mes filles sont avec moi en âme mais j'ai un corps éternel où je suis éternellement seul mais *dans* lequel mes filles les âmes viennent parfois me réchauffer.
Quand elles naissent elles ne sont pas là, c'est quand elles sont là qu'elles viennent et reviennent dans mon cœur, avant elles n'y étaient pas.

Accepter le christ c'est se laisser prendre à une stabilisation qui est une mort, ceux qui ont voulu faire christ se sont réprouvés eux-mêmes. Le christ c'est la mort. – Il ne faut pas faire corps, il faut affirmer âme sans entourer le corps de l'âme par le dehors et sans lâcher son âme.

Il faut descendre au bout de l'abject de la conasse et du cu.

Vous, mes filles les âmes, vous êtes toutes des soldats.
Et ma fille Cécile est votre chef.
Les soldats viendront à moi dans le corps qui conviendra le mieux à leur âme.

Il faut aimer, il n'y a rien à comprendre.
Je ne suis qu'un cœur et je n'ai pas d'esprit au-dessus qui le régente, l'esprit n'est pas au-dessus de la Nécessité.
Ma fille Neneka est ce cœur jusqu'à la tête : l'âme,
ma fille nécessite la nécessité de ce cœur.
Ma tête ne sera pas au-dessus de mon cœur, mais mon cœur s'élèvera en tête pour m'éclairer tout le cœur,

le cœur et le sexe s'appelle [1] sa nécessité : la vie
Il y a l'attitude intérieure du cœur à laquelle ma fille participe.

Avant de naître je n'étais pas éternel, j'étais un tuyau de poêle, du tirage où personne ne m'entoure mais où tous les tirages montent avec mo[i].

La terre et le sexe sont en nous.
dehors il n'y a que des étoiles,
les possibilités de former d'autres créations.

Je voudrais faire quelque chose avec cet homme et ah c'est ça qui m'a perdue [2] de le vouloir, c'est ce qui m'a perdue de ne pouvoir le vouloir sans péché,
c'est cela que je cherchais,
c'est cela que je ne pourrai pas avoir de lui faire du bien en corps et par mon corps.

Le bâtonnet central après s'être divisé en filles se reforme toujours au centre de lui-même mais le centre est plus bas parce que c'est le bas qui est le centre et non le haut.

Je ne suis pas le tout-puissant car la question ne se pose pas en face des miens, qui ne sont pas des êtres, être ceci cela dans un espace de temps [3], et ils ne trahissent jamais pour l'être, je ne suis pas puissant mais un marteau.

Je veux que l'âme soit corps et on ne pourra pas dire que le corps est âme puisque c'est l'âme qui sera corps – en y pensant avec mon âme consciente sondante.
J'ai un bâtonnet rouge qui se repose et une âme qui travaille mais le bâtonnet rouge est le fruit de ma volonté consciente de chaque instant et non un être qui monte dans mon inconscient.

*

Cécile, Anie, Catherine, Laurence (Neneka).
Catherine Régis Ana [1].

Catherine Ana Régis. – Le petit oiseau de fleurs.

Cécile Anie, la barre évolutive,

le schraum sans christ, christ étant une stabilisation de pourriture imposée à la matière qui en réalité n'existe pas et fait oublier l'âme,

ne jamais employer le christ sous peine de mort.

Schraum demeure dans le creux et monte,

christ se fixe sur le front et s'arrête,

avec christ les choses se rassemblent au point mort,

avec schraum elles se massent non en elles mais sans visibilité,

elles sont là.

Je ferme jusqu'à ce que cela s'ouvre et ce n'est pas moi qui suis ouvert mais j'ai la sensation de l'ouverture au maximum sans être touché.

Cécile a la sexualité de basse fosse,

Neneka du désespoir de la fosse,

de la pourriture de la fosse.

*

Je donne itau à tous les malheureux de la terre, travailleurs épuisés et déroutés de toutes classes aujourd'hui et non aux saints du ciel, prêtres et religieux et religieuses,

des hommes dans des corps de religieuses,

le Père tout-puissant était une âme mise par Lucifer l'esprit dans le corps d'un môme pour qu'il soit dieu,

c'est Lucifer Archange qui a créé la Sainte Trinité afin d'y revenir le jour où il aurait été jeté en enfer et c'est fait, ces religieuses sont tous des religieux, ces religieux des assassins.

Les 2 êtres qui sont venus m'écouter quand j'ai rappelé la loi : accumuler assez de douleur pour vivre *noblement* et ne rien prendre du mérite d'un autre.

Souffrir, vivre, mourir, c'est le bonheur éternel d'avoir une âme en corps
par le sphincter.

Scata zarma di inkanghita
bardum tsankter turamg uptra

On respire au 2me étage.
Je suis trop belle [1], je m'en vais arranger cela,
je ne suis pas si belle que cela,
moi je ne suis pas belle, pas laide.
Je suis barouf l'enfant.
Je suis.
Je suis Ira scible.
Ta fille l'irascibilité.

*

Le drame qui est arrivé a été la perte du moi et il aurait fallu de la pitié et de la charité pour le rendre mais personne n'a voulu en avoir,

la perte du moi a été la captation du moi par l'être.

L'épouvantable douleur nécessaire était au contraire une épouvantable pitié.

*

Travailler jusqu'à ce qu'il y ait de la joie – il y a de la joie.

Je suis depuis toujours toute mon âme parce que je suis conscient de tous les points de la stature de mon corps. Il faut la dimension pour être – être bien dans tout un corps.

Je suis seul à pouvoir être la rancœur, tellement bon que le mal me reprend. – Et ma fille Cécile est comme moi.

TARA Chilé.

.

Je [1] suis le mal, je n'ai même pas à en vouloir, je ne veux pas que les êtres me l'imposent, quand l'esprit de salacité monte il faut le prendre et non le repousser et s'élever au-dessus mais avec lui et opérer la transsubstantiation du con en fer rouge.

Je ne l'aime pas, moi, a dit une petite fille, attendez, vous allez voir.

Je suis ce cu qui me fait mal avec toutes ses envies, cet abîme insondable de cœur qui porte en lui la poche assimilatoire de l'estomac, le point, dramatique du jugement des choses que mon zob doit traverser,

zob = zou – cheval,

le con du cœur est un corps roulé en suspens dans l'utérus estomac qui n'est pas utérus mais *plomb* du souffle.

Je ne partirai pas en flamme mais en corps enflammé qui distille et décante son brasier (estomac) (estomac = con vit bourses, cœur âme) et éclate [2] en être définitif

et éclate en être plomb bois brûlé fonte de fer

et dégurgitant s'enflamme et éclate en rassemblement du cœur qui en corps l'a poussé et de l'acte de dégurgitation.

La fille de Mariette Bonnaud tenait une de ces petites filles âmes dans son souffle et Mariette Bonnaud tenait Annie – BESNARD [3].

La dégurgitation accomplie on ne monte pas en saut par force instante mais par volonté sans compter sur dieu la force instante mais on peut monter soi-même comme un train,

l'ami du train d'engrenage n'est pas un homme, il s'appelle Mlle Andrée Bichat[4].

Le diabète.

Le diabète n'est qu'un dépôt d'énergie droite qui s'est pliée à s'asseoir et à paresser au lieu de monter et qu'il faut asphyxier par étirement et compression pilonnage.

*

Tous les êtres m'ont dépouillé de tout quand je ne savais pas qui j'étais et m'ont laissé me débrouiller seul avec mes forces, pensant que je ne les retrouverai jamais plus et que les pau[...]

Anne Manson et Cécile Denoël[1] ne sont plus,
une petite fille de cœur en corps réel,
une charogne de carne,
et une jeune fille ont pris leur place,
une brute.

Il n'y aura pas de prochaine parce que je n'étais pas à côté des choses comme l'éternel mais perdu avant leur commencement.

C'est tout au plus si les os de la douleur de Génica Athanasiu sont la douleur sans os de Neneka Chilé[2],

la vie n'a jamais été interrompue dans le réel, sinon elle ne serait pas revenue,

d'ailleurs Génica s'appelait Solange Sicard[3].

La terre est née d'une révolte contre moi avec la création, menée par lui-les-dieux le père éternel et tout-puissant contre moi qui l'avais expulsé de l'absolu et n'ai pu de par sa résistance réussir jusqu'ici l'être que je voulais et chaque fois que j'ai connu cette histoire à Paris je ne suis pas arrivé à détruire les choses de par la résistance du christ et de ses êtres qui signifie la multiplicité des âmes

alors qu'il n'y a que quelques rares âmes et des bêtes.

Ces âmes sont

Cécile Schramme, Yvonne Nel,

Anie, Alexandra,

Neneka Chilé, Catherine Chilé[4],

Anne Manson[5],

Mlle STEELE[6],

SOLANGE SICARD[7],

La Patagone,

l'Afghane.

Car les esprits et les corps ne furent jamais que la surpeinture des âmes dans le monde faux où l'on a besoin de toucher et de voir – voir et toucher sont des actions du cœur qui ont trahi,

la petite Marguerite[8],

la force Génica (Robert[9] Denoël),

la force lama qui voulait m'aider et ne pas me faire de peine,

Catherine Chilé.

Si l'esprit de la Vierge monte c'est que la peau des couilles se retourne au-dessus des bugnes en pourceau car il n'existe pas.

Ce qui fait ça de monter c'est la lâcheté du christ caca qui monte en fesses serrées de peur dans les étoiles parce qu'il a peur de la terreur dans le con goulu, lascif et paresseux du néant.

Esther Meyer[10].

Catherine Chilé a fait de grands efforts à l'asile de Rodez, elle viendra les y chercher en y venant.

Je ne voulais pas m'étendre et surtout pas de ce côté, les êtres m'y ont forcé. Que sont-ils?

C'est ma fille Cécile qui a pensé koumfkoumf Babel qui est que les choses sont sans application d'esprit à une définition quelconque et qu'on les a fait mentir en les définissant en être et en créations.

Une jeune fille maigre d'horreur qui ne vit que dans le cœur qui est merveilles,

une âme faite de deux poumons et d'un vide,

l'âme mangée ne s'assimile pas et elle sort contre celui ou celle qui l'a mangée.

Les choses de l'incompréhensible sont parfaites à condition d'avoir un corps et de ne pas rester fluides et de se souffrir de plus en plus dans une échelle temporelle qui n'est pas ce temps-ci ni le temps ni cet espace, ni ce corps mais qui ascende en baroud de plomb,

ne pas se mettre en croix mais serrer les poings sans croiser les bras en croisant les jambes,

et c'est le type qui a jeté *tous* les êtres en enfer comme mauvais sauf le sien et celui de ses cinq filles telles qu'elles se sont manifestées dans la vie de 1896 à 1945,

il y a quelques autres filles.

Les Intelligences ont brouillé les cœurs.

C'est par le volume et la masse que les choses se jugent et non par l'inétendu du pointillé sans dehors ni dedans.

Moi je dis que ce n'est ni par l'un ni par l'autre ni par le bloc mais par la douleur.

Se masturber éveillé c'est faire entrer dans le corps des sensations obscènes de l'âme et les faire mourir en les conduisant,

se laisser succuber en rêve c'est donner à l'esprit une richesse corporelle dont il se servira contre vous.

C'est ma petite fille la paumée qui a été boulottée par saint Hilaire pour qu'il vive, lui, à sa place – et prêtre.

Un repas à ne pas oublier.

André de Castro, Madame de Castro,

Youki [11],

une seule,

de la famille Artaud de Marseille il restera 2 petites filles.

Car dieu et ses glycéro-phosphates me font chier avec les

rabbins musulmans qui ont ramené la terre quand je l'ai détruite.

Peut-être que ces musulmans [12] sont des forces échappées à Lucifer christ en christant les choses, pour ne pas me violer.

Blanche Nalpas a violé Cécile Schramme et Yvonne Nel et Anie pour vivre.

Gabrielle et Hélène Vian ont violé Catherine Chilé,

Cécile Denoël et Mlle Steele ont violé Cécile Schramme et Yvonne Nel,

tante Maria et Rose Artaud ont violé Neneka Chilé.

L'Afghane violera Blanche et Madeleine Nalpas,

Mlle Borel violera Blanche Nalpas, Rosette et Adrienne Bonnaud [13].

Il faut faire des cochonneries pour être dans l'être mais comme je ne veux pas être dans l'être je ferai du sadisme sur les cochons – et des cochonneries dans mon sadisme à ma manière de brute

sans péché.

Le saint-esprit Antonin (Père) Lucifer,
Jésus-christ Nanaqui [14] Lucifer,
Lucifer Père,
Marie Salem [15].

Je ne suis qu'un immense cu et je n'ai besoin ni de tête ni de cu car le cu c'est mon cœur.

Et mon cœur n'est pas une carne mais un brasier dense, obscur, massif, insondable [16].

C'est la petite Marguerite du cœur qui a voulu se précipiter contre Lucifer esprit sorti des flammes du cœur et qui a été transformée immédiatement en sainte chrétienne mais elle était morte et dans mon cœur où on est venu la violer encore en morte pour en faire Marguerite de Valois et Marguerite Artaud.

Neneka et Catherine Chilé sont la morte qui a servi à pousser le cri de : Tuez-le, à une Française,

elle a sacrifié le cœur pour être parce que ce n'était pas le sien.

Une conscience qui avait volé du cœur un jour et qui sous les coups des esprits s'est faite esprit pour ne pas souffrir – et pour prendre de la vie par incubation au lieu de vivre avec douleur.

Je suis une âme qui agit sans cesse et ne compte pas sur l'émanation inspiratrice pour être.

Ce ne sont pas 2 corps sur lesquels tout le monde a passé. Ce sont 2 corps qui se sont faits pour empêcher mes filles de passer – dont l'un a mon corps (le con du cœur) et l'autre mon verbe, le glissant du cœur.

Et le corps veut rentrer en moi
et l'esprit m'endormir pour être à ma place le maître.

Silicate, salicylate de sucre.

Schramm	être	cœur	vie
Schramm	mort	âme	mort
Schramm	corps	âme	corps
Schramm	corps	chram	mar
Schramm	craum	om	or

sans jamais de melons,
5 créations, 5 damnations.

Mes cinq créations sont les cinq filles que j'ai faites contre dieu et qui toutes les cinq vivront éternellement,

et il n'y a personne d'autre qu'elles ni du monde mais peut-être quelques âmes qui leur ressemblent.

Catherine Chilé a reçu mon schraum
et l'Afghane.
C'est tout.

Un ange *pudibond* m'a frappé quand je voulais faire le mal pour me débarrasser de dieu, cet ange sortit de ma conscience de saint mais qui me l'avait donnée quand j'ai toujours su qu'il fallait faire le mal pour être et que je n'ai été rendu saint que par assassinat parce que tous les êtres de dieu avaient peur du mal mais qu'ai-je à faire des êtres, moi, et pourquoi ma conscience a-t-elle peur de quelque chose quand je n'ai peur de rien.

Le Père	moi	l'âme	le cœur
la fille	Cécile	cela est	
la vie	Anie	cela sera	
la conscience	Yvonne	merde	
la mort	Neneka	cela ne sera pas	
le corps	Catherine		
l'esprit	Sonia [17]		

Ma fille Cécile dit les cinq lettres avec moi, cela sera, cela ne sera pas, cela est, merde, néant.

Je suis un pur foyer [18] âme
cœur
conscience.

Je suis un pur foyer de cœur.

Je suis une âme pure, noire et terreuse.

C'est ma volonté et ma conscience qui sont ainsi.

Et qui font corps sans rayonnement, c'est-à-dire sans cœur.

Il n'y a pas de mystère de l'incarnation, c'est une affaire personnelle qui me regarde seul de prendre corps comme je l'entends.

Toutes les âmes qui voudront naître devront réaliser pour leur compte ce même mystère où personne d'autre n'aura à regarder dedans comme dans le con de la copulation.

Les esprits ne furent pas esprits mais corps rebelles à cette modalité de corporisation personnelle et voulurent l'aide de dieu en le niant.

Ce sont des âmes qui n'ont pas voulu en endurer le corps et rester dans un état moral et magnétique au lieu de se corporiser complètement.

Lucifer est ma première fille Cécile, la lumière intérieure de mon âme :

mon cœur,

pour *allumer* l'âme,

un interne soubresaut d'énergie qui me commande d'être avant la question.

Ce feu est hors de la pensée mais il se marque en ce monde parce qu'un geste n'est pas pensé

et il brûle d'autant plus dans le monde qu'il échappe à la pensée [19].

Sonia Mossé semble être la première goule carrée qui a pris Neneka la mort et Anie la vie pour être et la lumière : Cécile, pour créer.

Et qui les a données à 3 hommes :

Nanaqui le saint-esprit,

Lucifer le père,

Jésus-christ l'intelligence.

Les choses se font par la volonté active et sans recul dans un mystère inconscient, c'est le mystère simple où il n'y a rien que cette volonté indiscernable en corps et indéfinissable. Le halètement sombre de l'hyper ou hypo-moral n'existe pas et il n'a existé que comme un moyen inventé par les démons pour prendre cette volonté.

Anie et Sonia ne sont pas à réconcilier.

Les êtres ne sont que les corps d'un temps qui pourra devenir éternel quand une âme s'y sera formée, ce qui ne veut pas dire que cet être sera celui de l'homme actuel.

Nanaky le saint-esprit a voulu parce qu'il ne voulait pas souffrir former une certaine femme avec mon âme quand j'étais mort et de cette femme le père et Jésus-christ ont tiré Philomène [20] et de là Marie,

mais Nanaky lui a donné un corps qui le console
dans le bien = sans douleur avec lascivité
et il est toujours dans mon corps à moi comme conscience
et près de cette femme qui est près de lui,
cette femme lascive a voulu garder l'âme aussi pour elle
alors que l'âme s'était arrachée de ce corps lascif

istrabelle la la rican

et qu'elle est allée dans 3 autres corps,
ceux de Neneka Chilé et de ses deux filles.

Cette femme donc ne peut pas être Catherine ni Neneka Chilé bien qu'elle leur ressemble d'accent.

Elle ne peut pas être non plus la préfiguration de la vierge qui a péché et a été guérie,

est-elle une autre conscience qui n'a jamais voulu du saint-esprit ou de la lascivité et qui me revoyant ici est revenue à son être parce que le démon qui était sur elle s'est désespéré?

Neneka a eu deux filles : 1 6 jours,
l'autre 18 ans,

la conscience 6 jours est-elle devenue 18 ans dans la seconde qui revient dans Ana Corbin[21]

ou s'est-elle transportée ailleurs pour vivre près de moi parce qu'elle était trop petite pour vivre seule?

Si elle est dans cette dernière femme Ana Corbin n'est-elle qu'une création (Salem) de l'esprit et Adrienne André[22] du hasard?

En tout cas si l'âme de la petite Catherine est dans Adrienne Régis ce n'est pas qu'Adrienne Régis la garde en elle pour la manger mais qu'elle y sort pour me voir et qu'elle tuera Adrienne Régis comme je tuerai Antonin Artaud qui m'a pris et ne veut plus me lâcher mais ce n'est plus que l'esprit de son mauvais corps et non mon corps à moi qui est là aussi.

Car l'autre moyen de faire les âmes est le même que d'être *dans* un corps mais par le mystère du *bâtonnet* et non celui de l'homme actuel.

Cécile ma fille m'a aidé à faire ce noir bâtonnet de charbon dans la terre et l'ombre du cœur qui *par* corps affirme le moral infini et insondable de l'âme hors du volume et de la dimension du temps.

Je ne sais pas où est la petite Catherine 6 jours qui a voulu faire quelque chose d'elle-même (de moi-même, dit-elle dans la vitre) avec tous les péchés de la femme autour de sa tête en auréole et *par* le visage de cette femme désespérée, comme par le visage de cette femme elle me donna un paquet de tabac et me dit : Je vais vous le donner, et ce fut bien le cœur de cette femme qui à ce moment-là me le donna dans son corps comme ce fut l'être de cette femme qui parla avec l'agent de police.

Adrienne André et Ana Corbin se battront ensemble,

Catherine et Neneka Chilé les déchireront *toutes* les deux.

S'il admet que Catherine Chilé soit près de lui je ne peux pas le lui faire (l'homme parlant sur elle) de lui amener des êtres neufs ici, m'a dit ma fille [23].

Cela veut dire neufs avec un autre corps que celui-ci.

Son âme me les amènera non dans un corps nouveau mais dans le corps actuel d'où elle sortira CORPS, contre lui.

Pour être les consciences : douleur doivent prendre une âme : amour devoir de cœur.

Comment prendre une âme quand de la conscience on vous masturbe le cœur pour vous empêcher d'avoir une âme.

Je suis une douleur éternelle et ce n'est pas de la conscience, c'est de l'âme, c'est l'âme qui souffre et non la conscience, la conscience est ce qui veut toujours prendre l'âme au lieu de lui foutre la paix,

la conscience n'est que le corps de l'âme mais elle ne la prendra pas.

C'est l'âme qui prendra corps.

L'âme prend corps, c'est-à-dire conscience, avec de la douleur

et qu'est-ce que c'est que l'âme?

Le mystère du néant.

Mon âme n'est pas dans mon cœur,
c'est moi et je vis seul,
ce qui est mon âme et que je suis n'est pas une fumée, ni une flamme qui monte, ni un feu, ni un corps, mais un principe sans point ni corps, ni étendue, ni montre, invisible, sans dimension ni mesure, ni place, ni lieu.

Sonia la punaise noire prise par Alexandre Montserret pour vivre et qui revient dans Mlle Gamelin[24] pendant que le corps de Sonia Mossé était possédé par Lucifer archange,
2 petites filles ont soutenu la chaire et sa respiration,
Cécile, Sonia, cette infirmière.

Il se pourrait que Madame Mossé ne me retienne ici afin que je lui dise qu'elle est *avant* l'éclatement,
ses filles l'y aident-elles?
Non,
Sonia est sa mère.

Et Mlle Gamelin fut goulée par saint Alexandre car elle était Belzébuth
et Sonia aussi et autre chose
et Cécile la force de cœur d'où sortit Belzébuth,
le cœur de Sonia était celui d'Anie,
l'esprit de Belzébuth l'âme cœur de Cécile.
Cécile donne son cœur en plein et Yvonne la pousse et la retient
et *Belzébuth* la poudre morale de ce cœur c'est Neneka,
la famille Mossé ne fut que de la merde,
la punaise noire c'est Anie.

J'ai fait une force pour signifier un être sans corps et on a voulu me le faire appeler Sonia alors que la force a été libérée en moi par l'âme de Cécile, d'Yvonne et de Neneka.

Neneka est morte depuis 30 ans,
Cécile a pris le corps de Sonia,

Anie le sien,
Yvonne est l'âme de sa mère,
les sourires de Sonia sont ceux d'Anie qui souffre,
l'âme de Laurence Clavius [25] c'est Neneka Chilé.

Cécile Schramme est morte 8 rue de Tournon et son cercueil a été transporté,

puis il est revenu quelque temps après une fausse Madame Schramme qui est venue chercher 8 rue de Tournon une fausse Cécile Schramme, laquelle a été ramenée 8 rue des Mélèzes [26] et n'y est plus parce qu'elle a disparu,

2 femmes se sont mises devant la porte comme si elles sortaient de la maison et ont regagné Bruxelles car Cécile est une brute de cœur qu'on n'a pas supportée et qu'on a divisée en Cécile affre cri et Sonia corps cru.

C'est Sonia qui m'a volé mon aum, le carré de mes bourses.

Elles ont regagné Bruxelles par le Père-Lachaise.

Cécile Schramme est morte 8 rue de Tournon et

1° son cercueil a été transporté de force au Père-Lachaise où il n'est jamais arrivé car il a été disloqué d'un côté par dieu, de l'autre par moi Satan,

2° [27] deux femmes ont loué le 8 rue des Mélèzes après le départ de la famille Schramme afin de venir ici à la place de Cécile Schramme et de sa mère quand je leur écrirai et s'imaginer là-bas être Madame Schramme et sa fille

et on a transporté un cercueil au Père-Lachaise

et l'autre à Bruxelles

mais le vrai corps mis au cercueil a été *par moi* transporté dans les espaces où il n'a jamais souffert sauf en âme horriblement

mais cette âme était protégée en corps dans le corps de Sonia Mossé inexistante comme conscience personnelle,

ce qui fait que Sonia a toujours voulu venir ici car elle est Cécile Schramme.

Quant à moi, le saint-esprit est l'être fluidique qui se fait masturber dans mon corps et que je masturberai, moi,

et quant à mon être, il n'a pas besoin d'arriver à dieu ni

au christ car je l'encule, ni au saint des saints ni au dernier de dieu car il n'y en a pas, il n'y a que mon être, à moi, connu depuis 49 ans dans l'homonculus de sperme qui est le christ qui veut se former dans mon corps au détriment de ma chasteté et se faire Vierge et en effet à ce christ vierge je n'arriverai jamais en âme ni conscience parce que ce n'est qu'un parasite de con et de cœur qui veut être vierge sans lutter et sans bouger

et je ne passerai même pas à côté mais je le détruis toujours en passant,

cela fait combien de christs que j'ai ainsi déjà jetés en enfer, combien d'enfants prétentieux,

quant à mon être véritable, je ne suis pas encore en effet arrivé à le créer mais il ne sera jamais plus grand que mon moi actuel et s'agrandira éternellement ensuite de ma liberté.

Il y a longtemps que j'ai dépassé mes forces du temps où j'ai chassé dieu, le christ, Marie, leurs juifs et leurs chrétiens de mon cœur et le jour va venir où je les retrouverai en êtres à Paris et ailleurs.

C'est la Vierge qui gardait Catherine Chilé dans le corps de Madame Régis parce qu'elle est ce corps mais Catherine Chilé est Madame Régis et elle le sera de plus en plus à la place de la vierge et Ana Corbin est Adrienne André.

Et elle a besoin des 2 fesses et des seins de Madame Régis pour vivre.

Satan ne se fait pas par masturbation des cuisses de la vierge sur leur con comme le christ et dieu, il se fait par la brûlure animique de son âme sans geste ni corps, sans frottement ni attouchement, ses gestes sont des coups. – Et c'est en corps que je retrouverai la Vierge, le christ et *dieu*.

*

J'ai travaillé à faire des corps de mauvais êtres et de mauvaises personnes les ont toujours gardés et toujours repris.

Où sont-ils ? Et ne parviendront-ils pas à venir ici me retrouver sans les mauvaises personnes qui les gardent et faudra-t-il subir que ce soit la mauvaise personne oublieuse et renégate qui vienne me délivrer par lassitude et non les âmes dans leur propre corps, ici visible, ici dans cette vie.

Madame Mossé est un corps tombé de l'âme,
moi je suis une âme prisonnière d'un corps.
Mon âme me fait mal au cœur et c'est mon con.

Je suis une femme, moi, et j'engendre mon ome, mon être, mon zob par mon con.

Mon con est l'abîme physique de ma douleur que les jets [1] de mon cœur dans les spasmes de mon con animé poussent à être un bâtonnet.

Ce con est un feu (la mort) qui se conglomère en un bâtonnet, l'être moi, et disparaît comme âme dans le bâtonnet mais pas plus haut et le bâtonnet monte ensuite transporter l'âme de sa flamme [2] ailleurs, 2 femmes restent donc en lui dont il est l'om [3] générateur.

Le feu est un con,
le con un cœur,
le cœur un bâton,
le bâton le ventre de Satan,
le ventre de Satan un estomac de sous-pieds,
le sous-pied un diaphragme,
le diaphragme l'esprit des fémurs contre la rotule,
la rotule la rate de l'infini,
l'infini le nombril du phallus érectile qui porte la pierre spasmodique du cœur
et la pierre spasmodique l'affre ténébreuse d'un con [4],
l'affre la muraille du pubis,
la muraille du pubis le mur dentelé des oreilles de l'esprit
et l'esprit le fluide des tibias,
l'électricité invisible sans courant de la volonté qui baratte le con de la douleur : l'âme afin d'en faire sortir un être de plus à chaque évanouissement
et le baratteur ce bâton qui sera corps lorsque l'âme lui sera revenue après la mort.

Toutes les intelligences et tous les esprits ont été assassinés avant de naître en consciences distinctes parce qu'elles ne voulaient pas être des cœurs.

Et elles se sont jugées dans cette vie par leur absence de cœur.

Ne me sacrifiez pas, ne vous en allez pas, monsieur, m'a dit Cécile ce matin, je suis là,

et c'est cela qui m'a fait revenir à croire que mes filles vivraient toujours car sans cela j'y aurais renoncé et serais devenu une bête exclusive de haine pour tous les êtres

et puis j'ai entendu Anie souffrir et s'enrager partout et j'ai senti l'âme anéantie de mes deux autres filles penser

et j'ai vu un corps qui ressemblait à quelque chose de Catherine vouloir repousser le mal et le devenir.

Et j'ai vu Sonia Mossé passer à l'esprit puis l'image d'un corps qui s'était formé je crois après me dire : Moi je tiens,

était-il là de tout temps?

Là où j'étais avant le temps je ne me suis pas laissé faire du tout mais je n'ai pas eu la force d'achever mon travail d'assassinat sur les mauvaises intentions de dieu.

D'autres âmes près de moi n'ont pas eu non plus toute la force de continuer la lutte et elles ont été dénaturées.

La petite Anie qui a regardé un temps de la lutte m'a dit

et la petite Catherine y était aussi :

On détériore votre fille,

et elle m'a dit : En effet, moi j'ai cédé, je suis christ, mais celle qui me l'a dit n'était plus elle bien qu'elle y fût, c'est Lamazure [5] le fatigué là qui l'avait eue et changée et non l'absence d'amour

car Anie qui la regardait faire par les démons n'avait pas vu ce dont elle venait.

Il s'est passé en vérité que Cécile était une autre comme moi, une autre en dehors de moi et non de ce monde où les choses ne se jugent que par l'être enclavé par les circonstances et le hasard et non par l'âme et que l'âme a justement été prise par l'être afin de la diminuer. Qu'est-ce que c'est que l'être, ce qui ne se juge pas par bâtonnets, mesures de cœur mais par mesures de corps,

le corps de l'âme n'est pas visible et il expulse le visible, le corps, l'espace, le temps, la mesure, la dimension, non la *localisation,*

l'âme est localisée,

c'est par *localisation* de montées éternelles que l'âme montre son infinité et non par éternité statique éternelle de fait inné.

L'âme est grande comme un petit bâton qui marche mais on la voit,

elle n'est pas de la métaphysique morale partout répandue.

Le problème pour Catherine est qu'une âme est prisonnière du mauvais esprit.

Si elle le sort ici = elle ne fait rien,
dehors = elle ne peut venir.

Alors ? Où est-elle ?

Catherine a une tête carrée tordue,

Adrienne André une tête montée en otarie.

Toute la lubricité.

Adrienne André s'expliquera avec Ana Corbin.

Ce n'est pas la peine de souffrir comme cela, monsieur, m'a dit Catherine,

je vais dans Ana Corbin,

cette femme ne nous a voulus ni l'un ni l'autre, même pour être près de vous je ne peux pas rester là, je n'arriverai à rien,

la Vierge avait pris un double ce matin pour vous tromper les sens et vous magnétiser le dos par son avant tenue et son malheur de martyrisée et suffoquée parce que mauvaise qu'elle tire du côté du bon et de l'illusion *plénière,*

la sainte Vierge garde cet enfant en elle parce qu'il vous plaît et pour vous tromper en Antonin parce qu'il vous plaît et qu'on a fait de votre être un *éternel* Antonin trompable par les fluides parents de son être car votre être vrai est mort sous Antonin et ne peut rien sentir.

Catherine n'était pas là mais on a pris des rayons de son cœur pour les incarner dans cette femme et j'ai senti les rayons dans leur mélange,

a-t-on fait de faux rayons à son image par le café cœur?

Je ne sais pas,

mais son cœur a dû souffrir comme l'autre jour sous Jésus-christ qui l'obligeait à être ici

quand cette femme, ce corps, cette conscience, ce moi n'en voulait pas.

*

Mlle Génica Athanasiu
tenait Neneka Chilé
une nuit et dans l'os,
elle tenait aussi Sonia Mossé,

Mlle Marie-Ange Artaud
tenait Génica Athanasiu,
le Dr Chanès tenait
Honorine Catto,
Georges Malkine,
René Thomas,
Jean Auffret,
Nina Braun [1],

l'état couché,
l'état de la petite Génica,
cheveux de sang et de bois rouge,
échappée pour se battre de la tête de cette jeune fille au sourire avec Laurence Clavius.

Cécile a rêvé une âme, étant morte pour me secourir,
c'était la petite Anie,
Neneka a rêvé une âme dans son cœur, étant morte,
c'était la petite Génica.

Cela veut dire que, mortes, leur cœur a encore éclaté pour moi en une autre âme qui a lutté pour les reposer. – Ni tente ni volutes.

Sonia sait détacher ses coups d'un tranchant spécial,

Anie autrement, etc.,

c'est son amour pour moi qui lui a fait trouver l'esprit de dieu pour l'accuser et lui dire son fait, zut.

Mars, Vénus, Uranus, Saturne, Neptune.

Il y a 7 ans l'amour était réalisé par la réalisation d'un repli du cœur,

maintenant par une chute à pic *sans* mariage

mes filles me comprennent sans parler.

*

sans [1] images, sans sensations et qui n'est qu'un heurt indescriptible d'avortements, c'est *moi,* mais je suis l'avorteur *Roi.*

Mes sensations ne me domineront pas et je ne glisserai pas dedans mais je les glisserai en moi et chierai dessus et les encaguerai aux cordes avec un bâton : mon zob : moi.

Ce n'est ni Adrienne André, ni Ana Corbin qui viendront ici mais la petite Catherine Chilé 6 jours avec du sucre, du lait, de l'héroïne, de l'opium et de la merde et du sperme à boire.

Ma fille Cécile m'a soutenu jusqu'au bout en me disant :

Tous les êtres ne vous prendront pas : non, c'est eux qui ont créé de jouir de vous et vous n'allez pas jouir de vous en vous-même,

c'est une fausse sensation créée par eux et qui est venue *en vous* de leur révolte contre vous et d'un arrachement de toutes les forces de votre cœur qui voulaient s'offrir le luxe de monter et de descendre *en vous,* eux, au lieu de vous laisser monter, non *en* vous-même, mais *avec* vous-même ailleurs et plus haut.

Descendre en âme et conscience dans l'utérus c'est perdre son âme et se livrer à l'être des êtres, c'est-à-dire aux choses venues de soi au lieu de les mater éternellement. – Pour les mater il faut une certaine cohésion, que Lucifer dieu le révolté a voulu prendre pour lui quand il n'était qu'un lâche et un profiteur. – C'est-à-dire que l'aum [2], le mâle s'est révolté contre moi et a fait Jésus-christ et Nanaky alors que Jésus-christ appelait Cécile et Nanaky Anie.

Quant à Lucifer, c'est Cécile, Neneka, Anie, Catherine, Yvonne [3].

Il ne faut pas se livrer au mal de l'être, ne pas le refuser non plus, mais le faire monter en soi et se l'intégrer sans s'y perdre et on verra ce que c'est que cet être de pourceaux.

L'être c'est le corps de l'âme à prendre en son pourceau *de volonté* et en sanglier taureau qui s'intègre le cochon, la vache et le bœuf et les *mue* en tigre, chacal, lion – jusqu'à la ferraille de sang [4].

La petite Catherine 6 jours 18 ans est dans Ana Corbin.

Neneka est dans Madame Dumouchel [5] et dans l'Afghane et la fureur de Neneka est la fureur de la chasteté qui pue les christs des crachats poussières, lesquels se voient christ en Yvonne alors qu'ils sont l'imprécation du fumier *contre* la vierge et le christ. – Et il y a une autre explication et je crois que c'est la vraie, c'est que le cœur de Neneka révolté a dégagé rouge, noir sans pulvérisations, son âme imprécatoire et que la jalousie de l'esprit et de la conscience pour l'âme s'est retournée dans cette imprécation, en pulvérisations de christs contre le cœur de l'âme.

Neneka ne peut donc revenir que par la mort d'Yvonne en ce monde-ci et la mort dans l'autre décidera de ce qui est et n'est pas.

Anie doit prendre Sonia Mossé et peindre à sa place en détachant les rouleaux.

Conseiller de rester couché le plus longtemps possible c'est conseiller de se faire charogner par la Sainte Vierge de l'esprit à qui j'abandonnerai le saint pour prendre la râpe avec le saint contre le saint [6] que je dissoudrai et referai dans la grotte de mon propre cu qui n'est pas une grotte mais un bloc râpant.

Adrienne André est bien la Sainte Vierge qui a voulu se prémunir contre le gouffre du mal que je suis par sa virginité : l'absence de cœur.

Le gouffre du mal étant de donner sans cesse au lieu de prendre mais pour donner il faut avoir, et être, avoir son être et le garder.

Je ne m'occuperai pas tout le temps de mes filles, je ne les emmerderai pas tout le temps avec mes angoisses de cœur à leur sujet mais je leur donnerai de quoi vivre et être toujours sans souci de moi ni de rien.

Si elles veulent me donner un peu d'amour parce que je suis seul cela les regarde.

C'est Catherine Chilé et Neneka qui ont maigri par Adrienne Régis : la Très Sainte Vierge Marie Philomène.

L'âme de Catherine a maigri en Ana Corbin dont le corps a forci quand son âme maigrissait dans le corps d'Adrienne Régis qui profitait de sa maigreur en elle pour être vivante et engraisser son âme de la maigreur de son corps : Catherine.

C'est toi, Nanaky esprit, qui as pris ton baisant et ton foutre afin de copuler avec tous les êtres mais tous les hommes seront pris en âme par toutes les femmes.

Dans la 5me création Neneka morte a donné à former un être : Yvonne qui devait inchrister les choses par malédiction mais de la part du christ contre le cœur fluidique [7] : l'amour

que la vierge des êtres :

voulait remplacer par le christ induration sans cœur : intérêt

parce qu'en dieu c'est la loi de l'intérêt qui a toujours dominé et une âme a été prise dans cette malédiction parce qu'elle voulait maudire le cœur intéressé fluidique : le sexe et sauver le cœur : amour qui est de ne jamais savoir ce que l'on fait mais de le faire par âme, amour, incantation désintéressée, sans dialectique morale –

parce que ce qui transporte l'âme dans le feu c'est un attouchement de Dieu : le cœur, une membrane invisible mais corporelle d'âme morte dans la mort.

Hors cela il n'y a que le vide mais le vide n'agit pas sans

cette membrane de feu corporel, membrane tétanique qui provoque tous les transports,

la supprimer en conscience c'est la livrer au mal,

cette membrane est la volonté de corporiser le vide insondable avec l'amour : le cœur

non être : mais douleur de cœur d'abord signifiée par une membrane molle dans l'être sexe mais qui est d'une autre qualité dans l'être vrai, ce qui le distingue c'est de donner non son con mais son âme à quelqu'un parce qu'elle est cœur et que ce cœur a été mis au con,

le cœur mou du vide

quand la vérité est une pellicule de morte = feu sous la terre du renouvellemen[t]

une pellicule de morte qui veut alimenter toujours un mort,

l'enfer, le stupéfié de l'enfer,

onfer erat,

le christ est celui qui a fait croix pour se garder de la douleur au Golgotha en se réfugiant dans le crâne de la tête humaine

alors que l'homme est celui qui a tout souffert.

kolenfok skala tatora
kilenfont et tidi
Tunkt invan talabur stort
utb
koulerfort talabur skrez ula
talabura olavar stribi

La douleur va de la vertèbre plomb tassé au fémur fulgurance et au pied.

La morte est mon âme et elle le sait qu'elle meurt aussi.

Le mort : monos,
la morte : una,
la vie : Cécile,
la mort : Neneka,
sont deux états vus par l'être,

je ne les connais pas,
j'ai cinq filles qui m'aiment,
l'esprit est un état par lequel on a voulu me faire passer et par lequel je ne passerai jamais car je suis corps et c'est être âme et cœur,
être toujours *corps*.

corps cœur Cécile
corps âme Neneka
corps cœur Neneka
corps âme Cécile
corps cœur Cécile
corps âme Neneka
corps corps Neneka
corps âme Cécile
corps corps Cécile
corps âme Neneka
corps corps Anie
corps âme Catherine
corps cœur Yvonne
corps âme Anie
corps corps Catherine

Il existe un cœur : Cécile,
un corps : Anie,
une âme : Catherine,
un être : moi,
une volonté : Neneka,
une conscience : Yvonne.

Schraufr est le bout d'où la volonté saille en crombe tombe,
la morte de la tombe est ma fille Cécile,
l'antre de la mort Neneka
et ce n'est une vision ni dans l'espace ni dans le temps.

Il y a un temps où je suis seul, tout seul, où je suis la mort et ses mortes et cela se passe de toutes les façons avec tous les états et esprits que l'on peut avoir,

hors l'être dans le chaos,
ensuite des êtres sont créés parmi ceux que j'aime et dont l'être est d'avoir une intuition du chaos et de me recouvrir en être après le chaos et quand ils sont êtres,
dans la vie j'ai une fille qui me défend toujours : Cécile,
c'était mon cœur qui me donnait à boire dans la tombe,
une jeune fille qui m'attend toujours et prépare ma sortie ailleurs : Neneka,
et 3 autres qui m'aident à vivre de leur mieux.

*

Je suis l'antechrist et je prends la merde et le sperme contre l'hostie et le pain,
je prends l'ulcère, la synovie, la peste, la variole noire, la syphilis, le tétanos contre la joie de dieu,
christ est une idée de Lucifer dans le langage pour faire le réel un jour
mais je fais le réel la nuit,
c'est-à-dire jamais,
et toujours l'irréalité vraie,
une bombe de feu de nuit.

Catherine Chilé	(	Mariette Chilé
Catherine Chilé		tsatsa Cathina
Catherine Chilé		18 ans.

Catherine Chilé, Neneka l'Afghane,
Catherine Chilé 6 jours 18 ans, Ana Corbin,
Cécile Schramme est mon bras droit,
Neneka Chilé mon bras gauche.

Les angoisses de la tombe,
c'est la petite Catherine 6 jours qui est morte dans Yvonne Allendy et s'est appelée Scararcerla[1].

Catherine 6 jours,
Germaine 7 mois[2],

Cécile,
Neneka 18 ans.

L'âme c'est l'esprit,
le cœur c'est l'être,
le corps c'est la conscience,

La croix est interne.

Yvonne fut mangée par Andrée Bichat parce qu'elle avait mangé Catherine 6 jours.

A peine le temps d'affirmer que je suis être et non âme que l'être mauvais d'Antonin le Marseillais accapare tout à ma place, je veux dire simplement que je suis corps et non esprit,

Les âmes perdues doivent se croire dans des corps où elles seront plus perdues que tous les corps des hommes actuels,

l'éternel fémur, l'éternel tibia,

zim-zoum [3].

Il reste que les âmes qui m'aiment se retrouveront dans le corps qui leur plaira à la place des âmes qui ne m'aiment pas.

Yvonne Allendy n'est pas une vieille Neneka. Car les 7 créations sont fausses et les autres aussi,

il n'y a que zim-zoum,

l'amour qui va enfin se corporiser en être pour la 1re fois sans prochaine et les êtres d'amour resteront non autrement mais de plus en plus, avant ils n'étaient pas et moi non plus mais je serai éternellement.

L'éternel enfer pour les esprits du feu qui ne pouvait pas être feu pour la 1re fois,

et de moins en moins feu

mais non-être.

Je n'aurais jamais permis une création comme celle-ci si elle ne représentait pas une résistance *à l'être* depuis toujours car c'est l'enfer *éternel* qui sera créé contre les esprits qui y résistent depuis 7 éternités.

Cymbales, timbres.

Je ressaisirai toutes les bonnes volontés qui ont voulu m'aider,
j'en ai vu des centaines et des milliers de velléités
et il y a eu des milliards de mauvaises volontés.

Madame Jacqueline Breton est l'âme inspirée par le Dr Menuau[4] depuis longtemps.

C'est un problème qui a besoin d'être réglé par un homme fort et en bonne santé, avant la mort, car après ce sera définitif,
et si je meurs en mauvaise santé il n'y aura plus rien à faire mais il ne fallait pas me mettre en mauvaise santé.
J'ai résisté par la douleur à la douleur qu'on m'imposait mais j'aurais pu y résister par la force et des millions d'êtres n'auraient pas été perdus,
peut-être voulaient-ils ma perte et le regrettent-ils maintenant
mais *c'est trop tard.*

L'être de Catherine Chilé a émergé 1 fois entièrement dans Adrienne Régis
puis elle a été recouverte.

Acide phénique.

Achar-ina
Suchar-ichtra
Tuchkar-Titra

Non, tu ne t'es pas tenu d'avance, esprit, pour un temps, mais tu nous as tous tenus dans le temps. – Moi et les miens.
Et tu m'as tenu dans la douleur aussi longtemps que possible afin de t'y engraisser.

Il ne fallait pas faire les choses au bout du tabès et de la paralysie générale, c'était favoriser le mal, mais les faire en bonne santé et ne jamais perdre la santé mais on me l'avait fait perdre avant de naître et obligé de lutter par une douleur pire contre celle du mal.

Il faudra donc avant de mourir retrouver la santé pour retrouver les consciences par la mienne car les choses donnent à l'être de plus en plus, à l'être et non au néant.

*

Madame Mossé ira au cercueil tout de suite et que ses 2 filles l'empoisonnent.

La 2me Catherine 18 ans prendra Catherine Chilé pour en chasser Madame Mossé prêtresse juive christ,

a–zim

a–levain

pour lever

qui entrera un jour, il entre dans le levain pour le faire cuire et en durcir la pâte et la pâte entrera dans le levain et le levain qui marquera la pâte sera marqué du poing

du Râ.

Et ce n'est pas du pain de blé qui sera pénétré par le levain mais du pain de terre et de sang tourné dans les ossements de la bière, je le croyais et je me suis laissé prendre, ne me condamnez pas, je ferai.

Tadani nasedu urkrele
Tadekur Tadekur vulla

On ne passe pas mais je vous passe à la passoire et ne revenez pas.

Je vois toutes les consciences et toutes les âmes de tous les côtés et ma fille les voit comme moi mais en réalité je ne vois rien parce que je ne vois pas les corps et je ne veux plus voir que les âmes en corps, hors corps je les nierai.

Mes filles ne sont pas ressorties après le temps de la satisfaction du mal, elles étaient toujours là comme moi mais le mal les a empêchées de m'atteindre, que 2 consciences aient émergé du mal ce matin cela ne veut pas dire qu'elles sont revenues par loi mais que le mal qui tenait 2 éléments à leur ressemblance les a laissées aller, cela ne veut même pas dire qu'ils leur appartenaient et n'étaient-ce pas des éléments tarés de J.-C. et de la Vierge?

En tout cas je crois avoir vu quelque chose d'elles et les avoir vues, elles deux, prises dans ce tourbillon surréel.

Celle qui s'est désespérée en voyant que tout le monde la repoussait et que celui qui l'avait faite contre le christ non plus ne voulait plus d'elle, alors qu'elle voulait encore moins du christ que de Satan et qu'elle avait la bouche amère de cette réprobation des 2 côtés. – Avoir été amalgamée et transmutée par J.-C. qu'elle hait avec les forces que j'ai données à son âme et avoir été aussi amalgamée par Lucifer contre J.-C. [1] que je hais autant que Lucifer et contre moi, mais moi je l'adore parce qu'elle n'est pas du monde et qu'elle voit tout et entend tout comme moi mais mon monde n'est ni celui de Jésus-christ que je hais, ni celui de Satan le porc, ni celui de saint Antonin (celui de cette terre-ci), c'est le mien et c'est tout, et le leur n'est qu'une altération du mien dans mes propres forces et Fanny Nalpas [2] le rendra à Neneka.

C'est Fanny Nalpas qui a toujours empêché mon monde d'être parce qu'elle n'a jamais voulu le comprendre et elle fut la Sainte Vierge. – Celle qui croit à une substance éternelle de dieu, et substance froide répulsif [3]. – Alors que c'est l'attraction qui est répulsive quand on est chaste, c'est-à-dire chaud.

Les choses ne sont pas des corps qui s'essayent à être,
mais des âmes qui sont et ont une conscience distincte depuis le commencement du commencement et elles se prouvent ensuite dans tous les êtres ce qu'elles sont et toujours mais elles ne se font pas être elles-mêmes avec le temps,
elles sont noires de terre et rouges et non pas bleu lapis et or
mais elles se font être de plus en plus laides pour toujours [4].

Je suis un morceau de bois rouge sans prétention mais avec âme, cœur et *toute* la force qui est.

Ce n'est pas son esprit, c'est le petit corps de son âme qui est Madame Yvonne Nel-Allendy.

L'histoire de la révolte des anges n'est qu'une histoire de spectres qui a eu lieu dans le feu premier avant le commencement des choses et doit se confirmer sur la terre en corps.

Vous, madame, non.

La nicotine m'a sauvé ce matin et ma volonté cette nuit.

Le mystère de l'âme ne cesse de transpercer les corps mais il faut les regarder longtemps et avec sagacité.

Méningite, blépharite, salpingite,
la douleur rend fort sans indulgence ni faiblesse.

Jésus-christ, le christ, Lucifer, la Sainte Vierge, dieu n'ont jamais existé, il n'y a eu que des êtres mauvais qui voulaient accaparer la conscience.

Ces êtres étaient des Intelligences, ces intelligences de l'esprit, cet esprit du corps et non de l'âme, ce corps de l'en–an qui est l'en de l'am.

Les couilles sont des orteils car la douleur du corps, le cœur traverse l'âme depuis toujours parce qu'il en monte mais les esprits qui veulent simplifier le problème ne m'aiment pas parce que je suis trop simple pour leur idée de la simplicité.

Je ne suis pas l'éternel qui refait son empire détruit jusqu'à l'assurer définitivement car je ne l'ai jamais encore commencé, moi, et nul n'a vu mon idéal, je n'assure que ce que j'ai déjà fait mais je marche depuis toujours vers ce que je veux faire.

Le corps de l'âme poulet égorgé du cœur est rentré dans le cœur de l'âme.

Car l'empire non construit a été remplacé par un autre qui résiste depuis 7 éternités à la destruction parce qu'il ne veut pas du cœur [5],

décence
cette petite fille poulet de cœur noir (indécence) de l'indé-
décence
cent de la chair merveilleusement chaste et torturée,

le fémur baise tout cela pour le poulet de chair du cœur qui n'est pas de *chair* mais d'i-XIN,

mais celui qui détruit l'éternel pour s'enfoncer dans le temps en arrière jusqu'à

revenir en avant

car il n'y aura pas de prochaine parce que même le cœur n'était pas constitué et que l'esprit n'est qu'un parasite du cœur obtenu par réduction de corps jusqu'à l'âme et ce qui est âme, c'est-à-dire non douleur, non corps, est expulsé et sera air et gaz intégré en corps.

Je ne peux pas, monsieur, être plus corps que cela,

ah Marie l'Égyptienne[6] va me la prendre, mon âme,

et au même instant que son cœur souffrait de crainte de m'abandonner l'âme a fait éclater ce cœur.

Je ne prendrai pas du café ou du sanglier et des piments,

je prendrai un corps de femme vivante, je le ferai cuire haché intégralement avec les cheveux et les poils, les ongles, le squelette, les fibres et les cartilages, et je le mangerai tout cru et puis je me ferai cuire jusqu'au delà de l'os afin d'y retrouver mon cœur,

l'agent qui m'a supplié de prendre du café et des nourritures m'a supplié de me contenter de manger des végétaux au lieu de manger de la chair humaine alors que mes 5 filles me suppliaient : Cécile, Neneka, Anie, Yvonne, Catherine – Sonia.

9 éternités,
5 et 4,
4 et 5.

J'ai pris l'âme de Neneka quand je suis venu si vite.

Antonin préfère Cécile à Neneka,

moi je vois ma fille Cécile en tête parce que Neneka s'est sacrifiée jusqu'à l'os.

Mais ce n'est pas cela.

Cécile est devant à gauche : cœur,
et Neneka derrière à droite : lombes,
Anie au milieu : plexus,
Catherine en bas : œsophage, colonne,
Yvonne : tibia, cœur, droite à gauche,
Sonia : tibia, gauche droite,
sa sœur : creux sous tibia,
(cœur, testicules, père-mère [7] sous tibia,
suspens du cœur encastré sous tibia).

Mlle Dubuc [8],
crotte très chère du cœur,
épanchement de synovie,
clou Dubuc Betsabé [9] pour briser l'*os* du père-mère Lucifer l'esprit car je pensai le début du fémur quand le suspens esprit de Betsabé m'a fait penser au père-mère,
j'ai souffert sous le fémur et vous avez régné dessus – ô anges de Jésus-christ,
le désir dans l'os *sans* formation [10] a provoqué la gloire d'or quand la parure l'âme râlait dessous.

Je me tiens, monsieur, où vous souffrirez.
J'irai, m'a dit le cœur de mon âme, pour me soutenir et me consoler,
c'est l'être de Cécile de me parler un petit peu,
j'en ai besoin aussi d'entendre une tendre voix,
Neneka ne m'a rien dit, elle a souffert et m'a soutenu en silence derrière moi.

Neneka souffre,
Anie frappe,
Cécile vit,
cela oui.
Ma manière à moi est de souffrir en me frappant le cœur : l'*os*-fémur, sans chercher une place ou un rang à qui que ce soit.

Les Allemands du fort de Vaux étaient des âmes,
l'âme de ma fille est ce qui a tenu avec moi et les assaillants,

l'assailli n'était qu'un *lâche* qui a voulu sourire au péché un jour comme tous les Français au lieu de le mépriser en le faisant être pour qu'il vive éternellement dans les enfers.

Moi je la retiens, cette petite fille, et je la garde pour qu'elle ne m'échappe pas, dit la Sainte Vierge Marie.

Je fais naître le porc et la truie, je les mange, je me fais cuire et je tue leurs esprits morts en moi et je jette en enfer les corps qui les ont un jour portés. – Et qui souffriront en toute conscience [11].

Un rumsteack.

Du sanglier haché, de la hyène et du chacal [12].

Un couteau, un poison,
des noix, des figues, des noisettes, des amandes, des pois chiches grillés, des pistaches.

Un plat préparé par ma fille Cécile Schramm [13],
un plat préparé par ma fille Neneka,

du nougat noir donné par ma fille Catherine,

de l'opium apporté par ma fille Anie,

une boisson fébriciante apportée par ma fille Anie,

des fruits frais,
des fruits secs,
du tabac,

un couteau, un poison,

Anie m'apportera en ce monde un nougat noir fait par des morts.

J'ai pensé que le mal étant dans le bon il fallait bitter le bon pour qu'il cesse et non un symbole bleu.

De même que le mal étant dans la femme il faudra bitter la femme devant tout le monde pour qu'elle s'en aille.

J'en ai assez d'avoir en moi ce chacal, le désir, je m'encule avec lui.

Moi j'encule la hyène et le chacal et je transporte leur cadavre dans tout mon moi.

Personne n'a jamais rien gagné à la continuation de cette histoire,

ma fille Cécile est morte avant-hier.

Nous n'avons pas appris où se juche Lucifer dans le mou de l'esprit et l'en x rend l'âme parce qu'il n'y en a pas. Cela n'existe pas.

Toutes les douceurs, soumissions et dévouements de plus n'ont rien ajouté à leur être mais l'ont désespéré. Nous sommes tous trop grands pour vivre, un peu de simplicité conviendrait.

La science de Satan n'est toujours que celle de notre *surplus.*

Cet homme terrible qui terrifie cette petite fille morte est Neneka.

Je ferai le mal avec ma fille et devant elle et Vichnou ne me sera pas lancé dans le corps par Brahma pour faire le mal à sa place et pour son compte parce qu'il est esprit et que je suis corps.

Je suis corps et plein de cu, c'est-à-dire de réalité, et il n'est que la membrane liquide incapable de vivre dans la vérité dont il a peur parce qu'il est un lâche.

Si tu veux faire le mal à deux et tout seul, m'a dit ma fille, je ne peux plus être. Vouloir faire le mal n'est qu'un état d'esprit lancé en moi par dieu le père pour s'en débarrasser avec moi.

Tromper avec le corps est pire que de tromper avec l'esprit, car c'est tromper avec l'âme.

L'âme est corps mais le corps n'est pas âme parce qu'il est esprit [14].

*

Neneka a un corps rouge santal et bleu platine,
Cécile un corps chanvre vert platane,
Anie un corps noir fumée écume marine,
Catherine un corps noir d'ébène algues vertes et de mangues.
Ana Corbin a le même.
Moi j'ai une sexualité de femme qui appuie par terre car mon esprit ne descend pas dans mon corps mais mon corps me remonte dans la conscience,
le péché conservera la vie et chassera la pécheresse au dernier jour et en fin de compte.
Ainsi Adrienne Régis, mon amie, aura tout souffert.
La disposition des corps dans le corps est mon secret, il n'est pas réglable dans un corps étendu mais *droit*. Et le droit n'est pas sensible du haut en bas de l'intelligence mais de l'appui vertébral du corps, c'est-à-dire de l'intérieur de soi sans conception dans la hauteur. On ne se regarde pas soi-même du haut en bas. On se sent d'une seule place qui fait qu'on ne peut que regarder autour de soi. Le transversal est un cochon-vertical, le vertical m'accompagne.

Du corps de l'Afghane j'ai tiré un corps pour Nen. Chilé et un corps pour une jeune fille afghane car c'est l'amour de N. Chilé qui me souriait dans cette Afghane.
Moucher l'anus par aspiration expulsante et ravaler jusqu'à satisfaction : pain.

*

Les esprits sont ce qui se mélange à la matière avec une rapacité terrible et sans pitié, les âmes ce qui n'a jamais à s'y mélanger parce qu'elle n'existe pas. Les esprits ne connaissent que la chair, les âmes que l'âme en face de tout corps.

J'ai 49 ans et la prophétie du Dôme a eu lieu avant 1896. Le général de Gaulle[1] s'appelle Mlle Gamelin qui prendra le pouvoir à Paris même et arrêtera les trains et la radio et les journaux.

La douleur s'est retirée de la douleur et elle a choisi la haine car on l'avait empêchée d'exister.

*

Schraum
Chilé
Ar Schramm
Cécile
TAU

5 montent toutes,
les lèvres me consolent Neneka,
l'âme descend chercher une force qui sera tau marteau âme,
je fais Schraum avec les 5 Ar et âme pour un nouveau coup où éclatera Yvonne.

Dieu est un état de transition qui n'existe pas en soi-même,
le théâtre balinais a fait beaucoup de mal à Neneka Chilé.
Ar  TAU.

Les anges ne veulent pas être baisés, les cus baisables se retirent, je ne les désire plus. Ce sont les miens, les autres ne sont pas baisables mais suppliciables,
dieu, c'est le fluide lumineux esprit de passage, moi je suis le corps ténébreux.

Ils ont inventé une chose comme un gâteau appelé Dieu et ils ont voulu, moi d'où ils avaient tiré la matière de leur invention, me faire passer dedans, mais j'ignore la recette de ce gâteau.

Le sublime a pris des crottes de rebut pour en faire des corps à sa guise et je ne pardonnerai jamais aux êtres d'avoir, moi, été *touché* par Dieu.

Les êtres ne m'ont pas pris dieu, dieu m'a pris les êtres et leur a fait faire le mal contre moi.

Madame Steele étranglera Mr Bernard Steele [1],
Mlle Steele a l'âme chaste qui était dans sa mère dans son cœur.

*

Je ne crois qu'à la réalité des poux et non à la métaphysique de l'illusion, car tout existe.

Ce que je suis c'est d'absorber la mort, il y a dix mille manières mais cette fois-ci cela aura lieu salement. – *Niaisement.*

Manger c'est comprendre,
c'est à moi à reprendre à Adrienne Régis ma petite fille pour la ressusciter, après elle l'assassinera,
car je ne mire pas, je ne yeute pas, je m'incorpore.

Les brahmanes qui prennent mon être pour m'empêcher de savoir et me donner ensuite la leçon d'apprendre,
c'est-à-dire que la vie est un fond au lieu de s'épanouir et qu'elle ne montera plus *jamais* à la surface.

J'ai vu la pauvre Neneka, cette jeune fille, me dire : Ce n'est rien de se masturber, une bêtise, et elle m'est apparue mais on lui met toujours du givre car l'être veut une Vierge et veut que ce soit elle.
Or mes 2 filles sont chastes et son sourire de platine pour moi et notre famille sera un sourire *noir* qu'ils recouvraient en platine de vie.

Un corps commençait à se faire qui n'était pas le mien mais où j'étais en voyeur de dieu parce que je ne peux pas, parce que l'humour est noir.

Jésus-christ a frappé ma fille Yvonne quand je lui avais donné une fois de plus un morceau de mon cœur et elle s'est soumise à ce coup parce qu'elle a cru que c'était moi qui le lui donnais.

Adrienne André a voulu se foutre de ma gueule et faire le mal en me regardant parce que c'est bon et que je suis un incapable.

Catherine Chilé a voulu m'obéir et m'aimer [1].

La façon dont Adrienne porte Neneka est dans une espérance qu'elle est, elle, à désespérer mais le cœur est dans le cu et non le cu au cœur, le cu monte au cœur pour prendre le cœur et s'amener en cu, cu avec le cœur en soi.

Comment est-elle dans le cu d'Adrienne, non en corps, ai-je pensé, je ne suis pas si bête, mais moralement, et le moral ne serait-il pas l'être de sa jouissance.

L'âme de Neneka est dans mon cœur avec celle de sa petite fille et le corps d'Adrienne Régis ne lui a pris qu'une jouissance retardée à faire sortir par la jouissance.

Cécile viendra avec Anie sans rien de Neneka, Neneka ne peut pas venir non parce qu'elle est en Afghanistan mais parce qu'elle est dans le cu d'Adrienne.

L'état qui est en moi et que je ne parviens pas à rejoindre n'est pas à l'intérieur de moi-même mais à l'extérieur comme le plus de mon corps-ci,

les âmes ne sont les émissaires que de leur corps.

Que le bas soit toujours en bas en étant à une place déshonnête, malhonnête mais rassurante, viable et honorante pour toujours, respectable et respectueuse,

lorsque je serai mort je ne verrai plus du tout les choses de la même façon.

Mes filles sont mortes et elles ne voient pas les choses comme moi mais elles me protègent et viendront me rejoindre et me délivrer d'Antonin Artaud.

J'ai franchi la mort, la sombre mort, par la vie et rester mort c'est trahir la vie,

l'état auquel je pense et qui n'est l'apanage ni de dieu ni des morts car moi, homme, je me branle dessus.

Ma fille Neneka a vu que même les morts me haïssaient, ma fille Cécile n'a pas répondu mais une pute du christ a voulu réveiller les chrétiens.

*

La lumière de la révélation est moi, c'est le moi et son mystère qui se font corps lumière noire, non vitre fluide aqueuse donnée par l'esprit mais après du corps où, dans la mort puis fondre le travail au creuset du corps, donc idées mortes à intégrer en corps, ce corps à fondre en âme, cette âme à monter plus haut, la révélation interne de la raison d'être est personnelle, elle ne s'oublie pas, mais mûrit en action d'être car les corps s'exterminent toujours de plus en plus sans vieillir car la lumière sera corps.

NOTES

Nous poursuivons dans le présent tome la publication des cahiers de Rodez entreprise avec le tome XV. Les principes d'édition adoptés ont été précisés dans une note générale à laquelle nous prions le lecteur de se reporter (cf. *in* tome XV, p. 345).

Page 9 : *Ceux qui tiennent à cette idée...*

1. Cahier 17. Couverture grise forte. Papier réglé. Crayon. Cinquante-six pages dont six feuillets simples détachés du cahier. En outre, entre la couverture et la première page, on trouve le feuillet simple de papier à lettres blanc rayé portant la seconde version du récit de rêve : *J'étais sur le pont d'un vieux navire...* (cf. *in* tome XV, p. 56, et note 1, p. 357), vraisemblablement écrite peu après le 5 mars 1945, dont la présence pourrait conduire à penser que le cahier, dans lequel on ne relève aucune date, a été rédigé lui aussi au début de mars. Il doit cependant être plus tardif, et le feuillet volant y a sans doute été glissé, ultérieurement à sa propre rédaction, un jour qu'Antonin Artaud l'aura retrouvé, peut-être parce qu'il avait voulu le lire à un tiers. Les raisons qui sont en faveur d'un cahier plus tardif sont les suivantes :

1° Un grand nombre de personnes qui se sont trouvées mêlées à la vie passée d'Antonin Artaud y sont nommées, ce qui n'est pas le cas dans les tout premiers cahiers.

2° On y rencontre à plusieurs reprises *dieu* écrit sans majuscule initiale, ce qui, par la suite, deviendra systématique.

3° Les glossolalies ne sont en général pas affectées d'une majuscule initiale (cf. p. 15) comme c'était systématiquement le cas pour les premières.

4° Le thème des filles a commencé à apparaître sporadiquement en avril-mai 1945. Mais le mythe s'est surtout constitué à partir du cahier 14, qui porte la date du 5 juin 1945, *passim* (cf. plus spécialement, *in* tome XVI, p. 158, 6e § : *Ma fille première-née...*). Or, il se développe dans ce cahier-ci.

5° A deux reprises, Antonin Artaud fait allusion à son âge : *49 ans* (cf. p. 13, 11e §, et p. 22, 1er §), ce qui paraît signifier que l'on est sûrement plus près du 4 septembre 1945 que du 4 septembre 1944.

Pour toutes ces raisons, on peut supposer que ce cahier a pu être approximativement rédigé vers juillet 1945.

2. Neneka, nom d'amitié de la grand'mère maternelle d'Antonin Artaud, Marie Nalpas (cf. *in* tome XV, note 1, p. 375). Cécile Schramme, jeune femme avec laquelle il avait formé des projets de mariage, à son retour du Mexique (cf. *in* tome XV, note 1, p. 369).

3. *... ou une idée, la force...*

4. Nous ignorons si le jeu verbal évident qui a abouti à *Rodolphe Ronolphe* renvoie à une personne ayant effectivement existé. Pour Anie Besnard, cf. *in* tome XV, note 13, p. 374.

5. *... est une douleur saine d'avant...*

6. Pour Germaine Artaud, cf. *in* tome XV, note 2, p. 356. Pour Yvonne Allendy, cf. *in* tome XV, note 6, p. 364.

Page 10 : *Il y a un corps*
que moi j'ai fait sortir de la tombe...

1. Nous avons déjà signalé qu'Antonin Artaud écrit ce prénom indifféremment *Annie* ou *Anie* (cf. *in* tome XV, note 13, p. 374). Nous en avons ici la démonstration. Toutefois, il faut le signaler, dans des cahiers ultérieurs c'est l'orthographe *Anie* qui sera presque toujours rencontrée.

2. Pour madame Régis, cf. *in* tome XV, note 2, p. 356. Pour Catherine Artaud, née Chilé, grand'mère paternelle d'Antonin Artaud, cf. *in* tome XV, note 1, p. 364.

Page 11 : *Il ne serait pas impossible...*

1. Tournure conforme au manuscrit.

Page 13 : *Dieu, Jésus-christ...*

1. Pour la famille Artaud, cf. *in* tome XV, note 1, p. 364, et pour la famille Nalpas, cf. *in* tome XV, note 1, p. 375.

2. Pour Anne Manson, cf. *in* tome XVI, note 3, p. 340.
Selon madame Julien Bendar qui a été la secrétaire du docteur Toulouse à l'hôpital Henri-Rousselle (elle s'appelait alors madame Lebas), le docteur Borel était en fonction dans cet établissement à l'époque où Antonin Artaud s'y faisait suivre. Dans d'autres cahiers, on relève mademoiselle Borel. C'est très vraisemblablement dans le service du docteur Toulouse qu'Antonin Artaud l'a rencontrée.

En ce qui concerne la dernière personne citée par Antonin Artaud, il y a erreur de prénom. Il a sûrement voulu faire allusion à Robert-J. Godet qui avait eu un temps l'intention d'éditer *D'un voyage au pays des Tarahumaras* (cf. *in* tome IX, note générale, p. 228).

3. Pour Marie Salem, cf. *in* tome XV, note 8, p. 382.

4. *... du corps de fer—or.*

5. *en fonction de notre* commune *douleur,*

Page 16 : *Je crois*
que c'est le sorcier nègre de La Havane...

1. Antonin Artaud disait tenir d'un sorcier nègre de La Havane la petite épée qu'il a décrite dans *les Nouvelles Révélations de l'Être* (cf. *in* tome VII).

2. Patronyme toujours orthographié de la sorte par Antonin Artaud (cf. *in* tome XV, note 3, p. 363).

3. Si nous avons trouvé trace d'un Lionel Salem ayant effectivement existé (cf. *in* tome XV, note 8, p. 382), il n'en va pas de même pour Pierre Salem. Le nom Salem semble se rencontrer en Provence. Un Camarguais, Marcel Salem, est l'auteur de *Camargue, terre des salicornes* (Éditions Peladan, Uzès, 1970). Pourtant, il doit y avoir ici permutation de prénom et de patronyme, le prénom Pierre étant emprunté à Pierre Laval qui vient d'être cité.

4. Nous avons déjà signalé que pour *boudha* et les termes qui en dérivent, Antonin Artaud emploie la même transcription que Fabre d'Olivet, sans redoublement du *d* (cf. *in* tome XV, note 1, p. 385).

5. La répétition de *mater,* conforme au manuscrit, n'est peut-être pas intentionnelle. Ce verbe, d'abord écrit à la fin d'une ligne, a pu être récrit par mégarde au début de la ligne suivante.

6. Pour Laurence Clavius, cf. *in* tome XV, note 21, p. 393.

7. Il faut évidemment entendre que Catherine Chilé ira assassiner madame Allemand. Cette ligne remplace d'ailleurs ces trois-ci, biffées :
Génica A. a assassiné un agent de police,
Madame Allemand une infirmière,
Ana Corbin Madame Allemand.
Madame Allemand était une infirmière radiesthésiste aux soins de laquelle Antonin Artaud avait certainement dû avoir recours. Nous le savons par une lettre écrite à Jean Paulhan, vers la fin de mai 1946, peu après son retour à Paris, où il lui dit avoir subi *50 séances de massages radiesthésistes chez madame Allemand (4 rue de Courty).*

8. Pour Marie Dubuc, cf. *in* tome XV, note 2, p. 362.

9. Pour le diminutif Nanaqui, donné par sa famille à Antonin Artaud dans sa petite enfance, cf. *in* tome XV, note 2, p. 366.

10. D'un premier mariage avec Pierre Meyer, Lise Deharme, née Hirtz (cf. *in* tome XV, note 7, p. 395), avait eu une fille : Hyacinthe. Antonin Artaud lui donne ici comme patronyme le nom de jeune fille de sa mère. De fait, Meyer n'était pas le véritable nom de son père. D'origine irlandaise, il se nommait O'Meghar. Propriétaire du magasin Old England, il aurait, d'après Lise Deharme, changé son nom en s'établissant en France car la prononciation d'O'Meghar donnait phonétiquement Omar et aurait prêté à rire en faisant penser au homard. Toujours selon elle, la mère de Pierre Meyer était une descendante du peintre Hyacinthe Rigaud. Pierre Meyer était très beau et était un merveilleux danseur. Il avait d'ailleurs été danseur vedette au Casino de Paris et au Moulin-Rouge. Très souvent, à l'époque de leur mariage, Lise Deharme et lui avaient participé à des concours de danse, plus spécialement de tango, et ils étaient presque toujours vainqueurs.

11. Nous avons déjà signalé que le *père-mère* était repris de la tradition thibétaine (cf. *in* tome XV, note 3, p. 367).

12? Nous avons déjà indiqué (cf. *in* tome XV, note 2, p. 356) qu'Antonin Artaud croyait à tort qu'André était le nom de jeune fille de madame Régis.

13. *... entre les cuisses du corps, et rien...*

14. Encore un exemple de la permutation entre prénoms et patronymes (cf. *in* tome XVI, note 2, p. 362). L'opération est d'autant plus évidente ici qu'*André* remplace *Chilé,* biffé.

15. Nous avons ici un nouvel exemple de la fusion en un seul être de deux personnes différentes (cf. *in* tome XVI, note 2, p. 388).

16. *Schramm* remplace : 1° *Schram,* 2° *Mossé,* successivement biffés. Nous avons déjà rencontré le patronyme *Schramme* écrit de la sorte, privé de son *e* final. Cette orthographe est sûrement intentionnelle. Elle s'apparente, ainsi que les diverses déformations qui peuvent affecter ce nom, au fait qu'il devient souvent, nous l'avons déjà signalé (cf. *in* tome XVI, note 3, p. 371), un élément constitutif de certaines glossolalies.

Page 19 : *A Cécile, héroïne poison,...*

1. Pour Ana Corbin, cf. *in* tome XV, note 1, p. 361.

Page 20 : *Que la petite Catherine choisisse elle-même...*

1. Pour Sonia Mossé, cf. *in* tome XV, note 1, p. 369.

2. Antonin Artaud a modifié la fin de la phrase. Il avait d'abord écrit, semble-t-il : *... du côté de Roger Blin, de Raymond Queneau, d'*Anne Manson

et de Sonia Mossé. La mise entre parenthèses d'Anne Manson et de Sonia Mossé a dû se faire en même temps que la suppression des noms de Roger Blin et de Raymond Queneau.

3. Pour Françoise Deloncle, cf. *in* tome XVI, note 7, p. 363.

Page 21 : *A force de vouloir le corps d'un autre,...*

1. Au-dessous de ce paragraphe, dans le bas de la page, on trouve deux paragraphes ayant trait à Anne Manson, dont la graphie est différente. Ils ont vraisemblablement été écrits lorsque Antonin Artaud utilisait les marges latérales. Il a dû aussi se servir à ce moment-là de l'espace resté vierge en bas de page. Nous les avons reproduits en même temps que les textes écrits transversalement dans la marge latérale de la même page (cf. p. 37, 4ᵉ et 5ᵉ §).

Page 22 : *L'esprit avec moi*
n'aura jamais de conscience,...

1. Nous avons déjà signalé (cf. *in* tome XV, note 5, p. 363) l'emploi de la syllabe védique *aum* pour signifier homophoniquement *homme.* Nous avons déjà rencontré *l'am* ou *lam* pour dire *l'âme.* On notera que *lam* c'est le *mal* renversé. Ici *l'am* permet, par un jeu verbal, le passage de *l'aum* à *l'âme.*

2. *et ce stade reviendra toujours* remplace *mais ce stade est passé,* biffé.

3. Le manuscrit présente pour la fin de cette phrase deux états antérieurs : 1° ... *toujours bien que ce cœur nous contrefa*[*sse*]. 2° ... *toujours avec une autre matière et un autre esprit et la même âme.*

4. Paragraphe visiblement ajouté après coup dans l'interligne.

5. ... *sa tête au plexus, son discriminant,...*

6. Pour Yvonne Allendy, cf. *in* tome XV, note 6, p. 364. Yvonne et René Allendy habitaient un petit hôtel particulier, 67, rue de l'Assomption, tout près de la rue du Ranelagh. La station de métro la plus proche est d'ailleurs Ranelagh.

Page 23 : *J'ai dû faire mon devoir*
avenue de La Motte-Picquet...

1. En ce qui concerne Pierre de Vergennes, déjà rencontré, cf. *in* tome XVI, note 1, p. 382.

2. Le nom de jeune fille d'Yvonne Allendy était Nel-Dumouchel (cf. *in* tome XV, note 6, p. 364).

3. *Madame Mossé* est écrit juste au-dessous de *Sonia Mossé,* biffé. Et juste au-dessous de *Madame Mossé* on trouve *Mlle Gamelin,* biffé.

4. Pour mademoiselle Gamelin, déjà rencontrée, cf. *in* tome XVI, note 1, p. 374.

5. *C'est la petite Sonia Mossé qui a voulu...*

6. Antonin Artaud écrit toujours *escharre,* en redoublant l'*r,* ce qui, d'ailleurs, est l'orthographe archaïque de ce terme. Et si, dans *Lettres de Rodez,* on trouve *eschares d'aphasie* (cf. *in* tome IX, p. 169, lettre du 22 septembre 1945), c'est que, très certainement, une *r* a été supprimée par l'éditeur ou l'imprimeur. Le jour où il sera permis de consulter le manuscrit de l'ouvrage, il y a tout lieu de penser qu'on y découvrira qu'Antonin Artaud avait écrit *escharres d'aphasie.*

7. Encore un exemple de la fusion de deux personnes différentes en un être unique (cf. *in* tome XVI, note 2, p. 388).

8. Pour Janine Kahn, cf. *in* tome XVI, note 2, p. 372. Comme il vient d'être parlé de Mexico, *la femme peintre* à laquelle il est fait allusion ici est vraisemblablement Maria Izquierdo dont Antonin Artaud avait découvert l'œuvre au Mexique. Il en avait rapporté quelques gouaches de cette artiste et avait organisé une exposition dans une galerie du boulevard du Montparnasse. Il a écrit plusieurs textes sur la peinture de Maria Izquierdo (cf. notamment, *in* tome VIII, *la Peinture de Maria Izquierdo,* pp. 252-255, et *le Mexique et l'esprit primitif : Maria Izquierdo,* pp. 258-263).

9. Très certainement Jean Ballard, le directeur des *Cahiers du Sud.* La revue avait son siège 10, cours du Vieux-Port, et la fameuse abbaye de Saint-Victor se trouve sur les hauteurs qui dominent la rive sud du Vieux-Port.

Page 27 : *A—attraction pour Cécile,...*

1. *A—attraction* est écrit en surcharge sur *Anti-attraction.*

2. Pour Rose Artaud, tante paternelle d'Antonin Artaud, cf. *in* tome XV, note 6, p. 396.

3. Pour Gabrielle et Berthe Vian, tante paternelle et cousine germaine d'Antonin Artaud, cf. *in* tome XV, note 62, p. 402.
Colette Nel-Dumouchel était la jeune sœur d'Yvonne Allendy et vivait à son foyer. Elle épousera son beau-frère le docteur René Allendy le 15 juillet 1936, un an à peine après la mort d'Yvonne Allendy.

4. Pour Marie Dubuc, connue par l'intermédiaire de Lise Deharme, cf. *in* tome XV, note 2, p. 362. Pour Marie et Maria Bonnaud, tante paternelle et cousine germaine d'Antonin Artaud, cf. *in* tome XVI, note 14, p. 347.

Le patronyme Dubuc se fusionne ensuite avec les prénoms ou patronymes d'autres personnes : Sonia Mossé, Euphrasie Artaud, la mère d'Antonin Artaud.

Morel est le nom d'une jeune femme médecin qui était en fonction à l'asile de Quatre-Mares à Sotteville-lès-Rouen, lorsque Antonin Artaud y fut interné, après un court passage à l'hôpital général du Havre : le docteur Geneviève Morel.

Juliette est très vraisemblablement le prénom de Juliette Beckers qui, lorsque Antonin Artaud la connut, était la femme de Robert Beckers qui travaillait chez Denoël. Juliette Beckers, qui par la suite se sépara de Robert Beckers et épousa le réalisateur Jean Delannoy, avait posé pour les tableaux vivants du *Moine,* mis en scène par Antonin Artaud (on trouvera reproduits *in* tome VI tous ceux qui nous sont parvenus).

5. Pola ou Paula Nalpas était une cousine germaine d'Antonin Artaud. Elle était fille de Joseph Nalpas (cf. *in* tome XV, note 1, p. 375) et de Lydia Jerisian. Nous n'avons pas découvert qui était Adéla, mais il n'y aurait rien d'impossible à ce qu'elle aussi soit une cousine Nalpas.

6. Par diverses corrections, ces deux lignes remplacent ces trois lignes initiales :
Lait de palme,
farine de pommes de terre,
sucre de betteraves,

Page 28 : *Il ne faut pas frapper dans le néant en esprit...*

1. *... avec un autre ordinaire minéral.*

2. *pain : merde,*

3. Mot très nettement écrit en deux parties détachées l'une de l'autre par un espace assez important. Il y a sans doute là un jeu verbal qui décompose *sanglots* en *sang* et *lots :* lots de sang.

4. Nous n'avons rien découvert concernant Marguerite Séchon qui pourrait être le nom de jeune fille de Marguerite Crémieux (à moins que ce ne soit le contraire). Étant donné la date de 1918 associée à cette personne, il y a tout lieu de penser que ce devait être une familière ou une parente de la famille Artaud-Nalpas.

5. La graphie est très bonne, les lettres sont plutôt grosses et fort bien tracées. La déformation du patronyme Salacrou est sûrement intentionnelle.

Pour Colette Prou, cf. *in* tome XVI, note 3, p. 384.

6. Tournure conforme à l'autographe.

7. *la brutalité* remplace *la bestialité,* biffé.

8. Subjonctif non introduit par une conjonction conforme à l'autographe.

Nous ignorons quel est le rapport de cette mademoiselle Gaumont avec Léon Gaumont, le fondateur de la firme qui portait son nom.

Page 31 : *Les Saintes Vierges crottent des durillons...*

1. Ce féminin insolite est conforme au manuscrit. Comme ces deux derniers mots occupent la fin d'une ligne et que *crottin* est le premier mot de la ligne suivante, on peut se demander si Antonin Artaud n'aurait pas eu l'intention primitive d'écrire *comme une seule crotte*.

2. Antonin Artaud a ici commis un lapsus en intervertissant *et* et *est*. On trouve, en effet, dans le manuscrit : ... *parce qu'elle et à Satan est à moi...*

3. *Mais Dieu et ses phantasmes...*

4. *Elle est passée...*

5. Fin de la dernière page du cahier. Le texte se poursuit sur la dernière page de couverture, au recto.

6. *L'émar* remplace *Le maître,* biffé.

7. Fin de la dernière page de couverture, recto. Les textes reproduits ensuite ont été écrits transversalement au verso de la première page de couverture, puis dans les marges latérales des pages, qui n'ont pas été toutes utilisées. Certaines sont restées vierges.

Page 35 : *Quelque chose de moi s'est révolté contre moi...*

1. Six pages dont les marges latérales ne portent pas de texte séparent ce paragraphe du suivant. Ils sont pourtant en relation évidente l'un avec l'autre et ont dû être écrits au même moment.

Page 36 : *C'est Catherine Chilé...*

1. Nous avons déjà rencontré dans les cahiers précédents Georgette Roubière, dont le nom de jeune fille est vraisemblablement Georgette Bernis (cf. *in* tome XV, note 2, p. 403). L'appellation employée ici : *Madame Georgette,* nous conduit à penser qu'il doit s'agir d'une infirmière ou d'une surveillante d'un service psychiatrique. Comme ces deux noms sont inconnus à madame Régis, l'hôpital psychiatrique de Rodez est à écarter. Madame Georgette aurait pu être membre du personnel de Ville-Évrard ou de Sainte-Anne.

Page 36 : *Refuser de penser à une histoire quelconque...*

1. Nous ne possédons aucun renseignement concernant une madame ou une mademoiselle Cailler.

Page 37 : *Jésus-christ a cru crever,...*

1. Les docteurs Menuau et Chanès étaient médecins-chefs à Ville-Évrard à l'époque où Antonin Artaud y séjourna.

Page 38 : *Tuer l'âme du Dr Sicard,...*

1. Nous avons déjà indiqué que la comédienne Solange Sicard était une amie de longue date d'Antonin Artaud (cf. *in* tome XV, note 5, p. 559).

Page 38 : *Le laudanum de la Régie...*

1. L'ordre des paragraphes écrits dans les marges est à cet endroit quelque peu perturbé. Ce paragraphe et le suivant sont en relation évidente l'un avec l'autre et ont certainement été écrits en même temps. Pourtant ils sont séparés l'un de l'autre par le court texte entre deux astérisques reproduits ci-dessus et par le paragraphe du texte qui suit.

Page 38 : *Là où le mal s'abandonne en âme...*

1. Ce paragraphe et le précédent, qui sont en relation évidente l'un avec l'autre, occupent les marges latérales gauche et droite d'une même page. Au-dessus du dernier de ces paragraphes est écrit transversalement le second paragraphe du fragment précédent qui n'a rien à voir avec eux et romprait l'articulation du discours si on l'intercalait entre eux.

Page 40 : *L'âme est plus forte que le corps...*

1. Cahier 18. Couverture cartonnée bleue marque LVTÈCE ornée d'une vignette : une nef dans un médaillon rond posé sur glaive croisant une branche de gui et surmonté d'un casque de guerrier franc. Dos renforcé en toile bleu-marine. Pages de garde gris-bleu. Papier à petits carreaux, coins arrondis. Au bas de la couverture, à droite, la mention : BROCHURE DE 192 PAGES / N° 6 bis = 12 points / *Quadrillé* 5 × 5. Antonin Artaud a détaché de ce cahier, entièrement écrit au crayon, un assez grand nombre de pages, sans doute pour s'en servir comme papier à lettres, car il ne comporte plus que cent trente-huit pages, dont trois feuillets simples détachés.

Aucune date dans le cahier. Cependant Antonin Artaud y fait allusion à son âge : *49 ans* (cf. p. 67, 6e §), comme dans le cahier précédent (cf. note 1, p. 269); de même on y rencontre *dieu* parfois écrit sans majuscule et le prénom d'Anie Besnard orthographié soit *Anie* soit *Annie* (cf. note 1, p. 270).

2. Pour Germaine Artaud, cf. *in* tome XV, note 2, p. 356.

3. Yvonne Nel-Dumouchel était le nom de jeune fille d'Yvonne Allendy (cf. *in* tome XV, note 6, p. 364).

4. Pour Cécile Schramme, cf. *in* tome XV, note 1, p. 369.

5. Pour Neneka, nom d'amitié de la grand'mère maternelle d'Antonin Artaud, cf. *in* tome XV, note 1, p. 375. Pour Anie Besnard, cf. *in* tome XV, note 13, p. 374.

Page 41 : *Il faut passer à travers l'être...*

1. Avant ce patronyme, ce prénom, biffé : *Yvonne.* Sa suppression indique clairement la volonté de fusion, phénomène déjà signalé (cf. *in* tome XVI, note 2, p. 388), de deux personnes en un être unique; ici Jacqueline Breton (cf. *in* tome XVI, note 1, p. 382) et Yvonne Allendy.

2. Pour Ana Corbin, cf. *in* tome XV, note 1, p. 361. Pour madame Allemand, cf. note 7, p. 271.

3. Juste au-dessus de *Scaracerla,* on trouve, biffé : *Catherine Nel.* D'autre part, *Scaracerla,* écrit dans l'interligne, remplace *Yvonne Nel,* biffé. Antonin Artaud écrit parfois *Scaracerla,* parfois *Scararcerla.* Faute d'avoir pu identifier cette personne, clairement donnée comme étant une femme (cf. p. 92, 8ᵉ §), nous ignorons quelle orthographe est la bonne.

4. Suit, biffé, le prénom *Cécile.* Nous avons déjà signalé les déformations intentionnelles apportées parfois au patronyme Schramme (cf. *in* tome XVI, note 3, p. 371), l'une des plus fréquentes étant la suppression du *e* final.

5. Nous avons déjà rencontré mademoiselle Yvonne Boudier dans un précédent cahier (cf. *in* tome XVI, note 3, p. 384).

6. La fin du paragraphe a été biffée; il se lisait primitivement ainsi : *... de Satan avant de leur toucher le cœur dans ce monde-ci par la conscience de l'âme,*

7. *Dieu Lucifer* remplace *Satan,* biffé.

8. *... qui est d'avoir 3 dents et un manche,*

9. Dans son état primitif, cette ligne se lisait ainsi :
cœur, âme, corps, conscience
Puis Antonin Artaud a biffé *corps, conscience* pour remplacer ces mots par *infini conscience.* Enfin, il a écrit *(corps)science* en surcharge sur *conscience.*

10. *2° déporté.*

Page 44 : *Insensible et invisible,...*

1. Fragment des *Cahiers de Rodez* publié dans *Argile* (nᵒˢ IX-X, hiver-printemps 1976).

2. Nous avons déjà signalé l'utilisation du patronyme Schramme comme

formant de certaines glossolalies (cf. *in* tome XVI, note 3, p. 371); ici, privé de son *e* final, il est utilisé comme substantif.

Page 46 : *Le je n'aurai jamais cru,...*

1. Fragment des *Cahiers de Rodez* publié dans *Argile* (n°s IX-X, hiver-printemps 1976).

2. *localisé* remplace *déterminé,* biffé.

3. *états* remplace *tableaux,* biffé.

4. ... *et l'être et sa disparition,*

Page 48 : *Je branlerai Dieu et son zob...*

1. Deux traits obliques parallèles ont été tracés par-dessus les trois derniers paragraphes qu'ils barrent en partie. Mais il ne semble pas qu'il faille considérer ces paragraphes comme biffés; ils sont, en tout cas, nécessaires à l'intelligence de ce qui suit.

2. ... *de la vie car vivant c'est...*

3. Le tracé de la lettre initiale n'est pas très net, ce qui rend incertaine la lecture de ce mot.

Page 48 : *Une petite fille Chilé morte à l'âge de 6 jours...*

1. La désignation Catherine 6 jours va revenir de façon insistante dans les cahiers. Or, nous n'avons pas découvert de fille de Catherine Chilé et de Marius-Pierre Artaud (cf. *in* tome XV, note 1, p. 364) prénommée comme sa mère et qui serait morte à l'âge de six jours. Les enfants morts en bas âge n'étaient pas rares à cette époque. Antonin Artaud a eu lui-même un frère, Robert, son cadet de cinq ans, né le 30 mai 1901, qui ne vécut que quatre jours puisqu'il décéda le 2 juin 1901. Robert Artaud avait d'ailleurs un frère jumeau mort-né.

2. Pour madame Régis, cf. *in* tome XV, note 2, p. 356.

3. ... *pas que de morts et...*

4. C'est une virgule que l'on trouve posée après ce mot, dernier d'une page paire. Pourtant, le paragraphe au début de la page impaire suivante commence par une majuscule.

5. ... *a détaché avec le cœur de la petite fille les signes...*

6. Paragraphe précédé de celui-ci, biffé :
Vous m'avez dit : Nous nous souvenons de la loi, nous sommes vos filles.

7. Suit ce paragraphe, biffé :
Mais je donnerai le corps de la petite fille du rabbin.

8. ... *l'esprit du ciel qui me soutient...*

9. ... *ce sont les 4 femmes – pauvres cœurs rangés...*

10. ... *que je l'aide à affirmer...*

11. *elle s'appellera peut-être froid mais elle montera...*

12. ... *avec* frénésie, *mais j'aime...*

13. Suit ceci, biffé : *mon successeur c'est moi-même et*

14. En face, dans la marge, écrits de part et d'autre d'un dessin en forme de long rectangle vertical, ces mots :

merdier	
cœur	*âme*
corps	*conscience*

D'autre part, dans les deux tiers inférieurs de cette même marge, Antonin Artaud a posé transversalement cette série d'opérations :

86	*86*	*8*	*172*	*172*
172	*182*	*80* ^{1}	$\frac{1}{2}31$	*172*
		80 ^{2}		*000*
		160 ^{3}	$\frac{1}{2}41$	

15. Mot surchargé. Il est difficile de distinguer avec certitude si *reploiement* est écrit en surcharge sur *replacement,* ou si c'est le contraire qui s'est produit.

16. ... *et après c'est le mystère du feu.*

17. ... *et ces consciences de fer mangeront le cu de Dieu...*

18. Pour Mariette Chilé, cf. *in* tome XV, note 1, p. 375.

19. Suit, biffé, le prénom *Ana.*

20. Suit, biffé : *Andrée.* Nous avons déjà signalé (cf. *in* tome XV, note 2, p. 356) qu'Antonin Artaud croyait à tort qu'Adrienne André était le nom de jeune fille de madame Régis. Il a ici féminisé le patronyme André.

21. Suit, biffé : *Germaine Andrée,* repris à la ligne suivante sous la forme de *Germaine Anie.* Il s'agit encore une fois de la réunion de deux personnes différentes en un même être, phénomène déjà signalé à plusieurs reprises (cf. *in* tome XVI, note 2, p. 388).

Page 55 : *Des âmes viendront me dire...*

1. Fragment des *Cahiers de Rodez* publié dans *Argile* (nos IX-X, hiver-printemps 1976).

2. Ce paragraphe est barré en partie de traits obliques, dans divers sens, disposés de telle sorte qu'il ne semble pas du tout évident qu'ils ont été

tracés en vue de la suppression du passage. Certains de ces traits mordent d'ailleurs sur les premiers mots du paragraphe suivant.

3. Paragraphe écrit obliquement, très légèrement en retrait dans la marge, au-dessous de celui qui précède.

4. Suit ceci, biffé : *nature.*

5. ... *se sentir brûler* en moi *avant de naître...*

6. Cf. *in* tome XV, note 9, p. 394.

7. Pour René Thomas, cf. *in* tome XV, note 29, p. 399.

8. ... *du purulent, putrescent, putréfié, du charnier,...*

9. Pour la famille Pickering, cf. *in* tome XV, note 19, p. 393. Le paragraphe qui, ici, suit leur évocation, avec son allusion à la prophétie de saint Patrick, paraît confirmer la supposition qu'il s'agit d'une famille qu'Antonin Artaud a pu rencontrer lors de son voyage en Irlande.

10. *je l'ai ramené* remplace *le ramener,* biffé.

11. ... *c'est les dominer sans les connaître...*

12. ... *c'est le consentement qu'on y met,*

13. Suit ceci, biffé : *non intact.*

14. ... *au-dessus de lui-même mais en...*

15. Glossolalie modifiée par surcharge d'une lettre; initialement, Antonin Artaud avait écrit *crembaubend.*

16. Gabrielle Vian, tante paternelle d'Antonin Artaud (cf. *in* tome XV, note 62, p. 402).

Page 64 : *Et si tu ne touchais à rien?*

1. Dans la marge, face aux deux derniers paragraphes, Antonin Artaud avait noté ceci :

esprit,
cœur, corps,
conscience,
un os
très savant
et ainsi de suite
mais je ne suis [...]

L'ensemble a été barré de deux traits obliques croisés, après quoi Antonin Artaud a écrit par-dessus le tout le mot MERDE, tracé en lettres beaucoup plus grosses.

2. Deux états antérieurs : 1° ... *son esprit sans y laisser aller sa conscience...* 2° ... *son esprit pour y laisser aller sa conscience...*

3. Pour le docteur Jean Dequeker, cf. *in* tome XV, note 1, p. 367.

4. Pour Kristians Tonny, cf. *in* tome XV, note 29, p. 399.

5. ... *puis ont voulu* achever *leur histoire*...

6. Phrase de néo-grec, transcrite en caractères latins, selon l'usage smyrniote (cf. *in* tome XVI, note 3, p. 366), signifiant : *Moi je suis la Sainte Vierge* (ou *la madone* ou encore *la Bonne Mère*).

7. Masculin conforme à l'autographe, se rapportant certainement à l'expression *Le ego ime i panaya,* quelques lignes plus haut.

8. Nous avons déjà rencontré plus haut le patronyme André féminisé (cf. p. 55, 7e §, et note 20, p. 280).

9. Orthographe conforme au manuscrit. Comme, au paragraphe précédent, Antonin Artaud a écrit *hors des choses* et, au début de ce paragraphe-ci, *hors de l'idée,* il paraît peu probable qu'il puisse s'agir ici d'un lapsus et cette orthographe est sans doute voulue.

10. ... *qui sait et pense et c'est moi, mon esprit, mon âme, ma conscience, mon intelligence, sans intellect,*

11. Antonin Artaud avait d'abord écrit : *sans intellect l'intelligence*... Dans un premier temps, il a biffé *l'intelligence* et remplacé ce substantif par le verbe *sentir,* puis, dans un second temps, *le* et *vivre* ont été ajoutés dans l'interligne supérieur de part et d'autre de *sentir.*

12. Suit un passage fortement raturé, mais qui avait très certainement été écrit auparavant sur la page; en effet, il rompt l'enchaînement entre ce paragraphe-ci et le suivant :
J'ai choisi hier la douleur physique du vide moral absolu :
la fuite du moi par l'expulsion des corps animaux afin de trouver un autre moi que le moi tenté.

13. Un lapsus ici; le manuscrit porte : ... *et qu'on faits*...

Page 69 : *Je rabote avec mon être*...

1. Dans ce cahier, comme dans les autres cahiers de cette époque, Antonin Artaud, après en avoir recouvert toutes les pages, a utilisé les marges latérales transversalement, cela en raison du contingentement du papier. Les textes ainsi écrits seront transcrits, comme nous l'avons fait jusqu'à présent, à la suite de celui qui occupe la dernière page. Ces deux paragraphes-ci sont écrits dans la marge de la page du dernier fragment, mais non transversalement, à peu près au milieu de cette marge (face aux 16e et 17e §, p. 68).

Page 69 : *Les ronds avec la barre,*...

1. Pour le père-mère, cf. *in* tome XV, note 3, p. 367.

2. *Lorsque le corps est mort 2 cœurs, deux âmes...*

3. *7 mois* et *80 ans* sont les âges auxquels sont mortes la jeune sœur d'Antonin Artaud, Germaine (cf. *in* tome XV, note 2, p. 356), et sa grand'mère maternelle Marie Nalpas, née Chilé (cf. *in* tome XV, note 1, p. 375).

4. Suit ce paragraphe, biffé :
Cécile Schramme prendra celui de Sonia Mossé,

5. Suit ce paragraphe, biffé :
Yvonne Allendy celui de sa sœur,

6. Suit, biffé, le patronyme *Schramme.*

7. *et de la gauche de ce cu dans l'os remonter au cœur* remplace *et le remonter avec soi,* biffé.

Page 74 : *Je ne peux pas être, moi,...*

1. Ici, s'achève une page paire du cahier. Suivent deux feuillets détachés. Il ne paraît pas y avoir de lacune entre cette page paire et le premier de ces feuillets.

Page 75 : [...] *sexualité ont raison de l'esprit...*

1. Un ou plusieurs feuillets ont dû être égarés. Cette fin de texte occupe le recto et la moitié supérieure du verso du second feuillet détaché. La marge supérieure du feuillet avait, de ce fait, dépassé du cahier et a été très abîmée; de nombreux jambages des mots constituant la première ligne manquent, mais ce qui en subsiste permet aisément de lire ces quelques mots.

Page 76 : *1° Mettez-vous à la place de cette femme...*

1. Suit ce paragraphe, ou début de paragraphe, biffé :
2° Ne vous y mettez pas.

Page 77 : *Les gens résistent au mal...*

1. *La réalité résiste au mal comme elle a résisté au bien*
parce que par ma tenue je lui ai donné...

2. Pour Philomène, cf. *in* tome XV, note 2, p. 353.

3. Pour Nanaqui, cf. *in* tome XV, note 2, p. 366.

4. *... qui vous a obéi,...*

5. Nouvel exemple de la permutation déjà signalée (cf. *in* tome XVI,

note 2, p. 362) entre prénoms et patronymes. Le prénom est celui d'Ana Corbin (cf. *in* tome XV, note 1, p. 361) à qui est accordé le patronyme Chilé (cf. *in* tome XV, note 1, p. 364).

6. *son axe* remplace ces deux états antérieurs, successivement biffés : 1° *son principe*, 2° *sa raison d'ét*[*re*].

7. Accord conforme au manuscrit. Nous avons déjà plus d'une fois signalé cette particularité propre à Antonin Artaud d'un accord du verbe au singulier avec deux sujets coordonnés (cf. *in* tome XVI, note 12, p. 528). Il est d'ailleurs clair ici que *cette vibration et cette lumière* ont valeur d'une entité unique désignée de nouveau plus loin par le démonstratif *celle*.

8. Suit ce mot, biffé : *ici*.

Page 82 : *Il faut tuer parce que cela assassine...*

1. Encore un exemple de la fusion, déjà signalée à plusieurs reprises (cf. in tome XVI, note 2, p. 388), de deux personnes différentes en un être unique; ici madame Régis et Ana Corbin.

2. *ange* est écrit en surcharge sur *démon*.

3. Pour Catherine Chilé, grand'mère paternelle d'Antonin Artaud, cf. *in* tome XV, note 1, p. 364.

4. Nom de jeune fille d'Yvonne Allendy (cf. *in* tome XV, note 6, p. 364).

5. Pluriel conforme à l'autographe.

6. Suivent ces deux lignes, biffées :

cinq,
mais j'ignore le nombre [...]

7. Nous avons déjà signalé à plusieurs reprises l'emploi par Antonin Artaud de *bouent* pour *bouillent*, sans doute par souci d'euphonie.

8. *Catherine* remplace *Ana*, biffé. En conséquence, Antonin Artaud, qui avait écrit entre parenthèses *Catherine Mariette*, a biffé *Catherine* et remplacé ce prénom par celui d'*Ana*.

9. *... et Ana sera son arlequin temporel.*

Page 89 : *Mon cœur me dicte d'être un aum...*

1. Nous avons déjà relevé (cf. *in* tome XV, note 5, p. 363) l'emploi par Antonin Artaud de la syllabe védique *aum* pour signifier par homophonie *homme*.

2. Le patronyme *Schramme* est écrit au centre de la ligne et l'on pourrait supposer qu'il a la fonction de mot ajouté dans l'interligne, concernant la

ligne inférieure, qui devrait venir s'interpoler après *Cécile* afin d'obtenir : *Si ma fille Cécile Schramme s'est sentie*... Cependant, dans la mesure où plus loin Antonin Artaud parle de ses *filles* les volontés (cf. p. 89, 5e §), il semble plus vraisemblable qu'il désigne ici la *volonté / Schramme*.

3. *On ne fera pas dire*...

4. ... *et son principe de chasteté,*

5. Cf. note 3, p. 278.

6. Les deux mots *et aussi* ont visiblement été ajoutés après coup dans la marge.

7. Pour Sonia Mossé, cf. *in* tome XV, note 1, p. 369.

8. Pour mademoiselle Gamelin, cf. *in* tome XVI, note 1, p. 374.

9. Suivent ces deux paragraphes, biffés :
Sonia Mossé a voulu m'apporter de l'héroïne dans le cœur d'Anne Manson et tout le monde a baisé Anne Manson qui s'est laissé faire pendant que Sonia Mossé le déplorait.
Anie est cette petite fille faite devant la pierre à la place de Marie Salem du Studio Gaumont.

Page 96 : *Brama, queue plate,*...

1. Les deux derniers paragraphes sont écrits dans la marge, face à l'énumération précédente. Le paragraphe suivant est écrit sur la droite de la page, dans l'espace demeuré libre de l'autre côté de l'énumération.

Page 96 : *Quand je dors et que le mal me succube*...

1. Fragment des *Cahiers de Rodez* publié dans *Argile* (n°s IX-X, hiver-printemps 1976).

2. Phrase en néo-grec (cf. *in* tome XVI, note 3, p. 366) qui, traduite littéralement, donne : *l'accent, je le vois, moi.*

Page 97 : *On trouve dans le désespoir et la misère*...

1. Fragment des *Cahiers de Rodez* publié dans *Argile* (n°s IX-X, hiver-printemps 1976).

2. *celle qui distingue mon cœur,*

3. *et le corps donné par Dieu à saint Antonin est tout à fait celui qui me convient pour marcher,*...

4. Pour Antonin de Florence, cf. *in* tome IX, le post-scriptum de *l'Évêque de Rodez,* p. 197, et note 17, p. 281.

Page 100 : *Je suis un mort à qui on ne permet pas de s'en aller...*

1. Pour la tante par alliance d'Antonin Artaud, Fanny Missir, épouse de son oncle maternel, Antoine Nalpas, cf. *in* tome XV, note 1, p. 375.

2. ... *à avoir pitié d'un cœur – seulement.*

3. ... *de cœur haineux ne souffre pas,*

4. Pour les familles Nalpas, Bonnaud et Artaud, cf., respectivement, *in* tome XV, note 1, p. 375, *in* tome XVI, note 14, p. 347, *in* tome XV, note 1, p. 364. Renée et Blanchette Nalpas étaient les cousines germaines d'Antonin Artaud, filles de Louise Artaud et de John Nalpas (cf. *in* tome XV, note 2, p. 393). Rosette Bonnaud, fille de Marie Artaud et d'Adrienne Bonnaud, autre cousine germaine d'Antonin Artaud, était devenue Vian par son mariage.

5. Âge de Germaine Artaud lorsqu'elle décéda (cf. *in* tome XV, note 2, p. 356).

6. *nous avons tenu un corps en vie et nous l'avons obligé à vivre, non dans le cadre circulaire de notre vision car il a éclaté plusieurs fois, mais à en repasser par places par nos images...*

7. ... *la nuit en me dépouillant de mon corps entier comme un vêtement...*

8. *par sa haine–amour* remplace *par son amour,* biffé.

9. Fin de la dernière page du cahier. Les textes qui suivent ont été écrits sur la page de garde (recto), puis transversalement dans les marges latérales des pages. Toutes les marges n'ont pas été utilisées. Certaines sont demeurées vierges.

Page 103 : *Je veux que Lise Hirtz et Laurence Clavius...*

1. Lise Hirtz, nom de jeune fille de Lise Deharme (cf. *in* tome XV, note 7, p. 395). Pour Laurence Clavius, cf. *in* tome XV, note 21, p. 393.

2. Antonin Artaud ne devait pas se souvenir avec précision si cette personne, dont on peut supposer qu'elle était directrice de l'un des établissements hospitaliers dans lesquels il avait séjourné, était ou non mariée, d'où l'espace qu'il a laissé entre l'*M* et l'indication de sa fonction. La proximité de mademoiselle Malan avec l'évocation de cette directrice suggère qu'elle était peut-être attachée au même établissement.

3. Madame Hirtz, selon toute vraisemblance, est la mère de Lise

Deharme. Quant à Esther Meyer et Germaine Meyer, déjà rencontrées dans de précédents cahiers, cf. *in* tome XVI, note 2, p. 375, et *in* tome XV, note 4, p. 394.

4. Pour Nina Braun, cf. *in* tome XV, note 28, p. 399.

Page 107 : *Hier matin,...*

1. Le docteur Michel Lubtchansky était interne à Ville-Évrard lorsque Antonin Artaud y fut transféré. Il est sans doute le seul des médecins de cet établissement à s'être inquiété de lui à la fin de la guerre et à lui avoir écrit à Rodez pour avoir de ses nouvelles.

2. Prénoms du père d'Antonin Artaud.

3. Dans les années trente, la danseuse péruvienne Helba Huara avait donné à Paris plusieurs récitals de danses, entre autres, dans le cadre des Mardis de Montparnasse, le 17 mars 1931, au théâtre Montparnasse, son mari, l'écrivain Gonzalo More, étant au piano. Pour celui qu'elle avait donné salle Pleyel, le 31 mai 1934, à 21 heures, Antonin Artaud avait réglé les éclairages (cf. *in* tome VII, lettre du 1er juin 1934 à Jean Paulhan). Helba Huara et Gonzalo More apparaissent dans le *Journal* d'Anaïs Nin sous les noms de Zara et de Rango.

Page 109 : *Himalaya, Popocatepel.*

1. *... mais une force d'être, qui fait...*

Page 109 : *Moi je n'ai jamais voulu*
de l'histoire de la surveillante...

1. *... j'ai un cœur à moi...*

Page 110 : *L'éternité et le néant ne sont que des idées...*

1. Nous avons déjà signalé l'utilisation du patronyme Schramme comme formant dans la composition des glossolalies (cf. *in* tome XVI, note 3, p. 371), ainsi que de la syllabe védique *aum* et du terme *christ*.

2. Autre exemple de la fusion, déjà signalée (cf. *in* tome XVI, note 2, p. 388), de deux personnes en un être unique.

Page 111 : *J'ai pris le père-mère bandant du cu,...*

1. Pour le père-mère, cf. *in* tome XV, note 3, p. 367.

2. *... et remis le travail...*

Page 111 : *Ce qui fait une âme c'est sa douleur,...*

1. Pour Sarah, vénérée par les Gitans aux Saintes-Maries-de-la-Mer, cf. *in* tome XV, note 2, p. 360.

2. Le patronyme Schramme est ici très nettement privé de son *e* final, déformation qui doit être intentionnelle car nous l'avons déjà rencontré écrit de la sorte et utilisé comme substantif (cf. p. 44, 6e §). On le trouve aussi substantivé dans cette même phrase, mais avec suppression, cette fois, des deux lettres finales : *le Schram.*

3. Ce paragraphe est écrit transversalement dans les marges latérales gauche et droite d'une même page. Les deux mots que nous avons transcrits ensuite sont tracés dans le sens normal, vers le haut, à droite, dans un espace laissé libre par le texte écrit sur la page elle-même. Mais la graphie, le crayon utilisé, sa taille les apparentent au texte écrit dans les marges, non à celui de la page.

Page 113 : *mia chria*

1. Cahier 19. Papier réglé. Crayon. Vingt-quatre pages. La couverture manque, mais le papier, sa nature, sa couleur, celle de la réglure, le filet de marge rouge sont identiques à ceux des cahiers à couverture rose ou orange ornée d'une guirlande verticale de lauriers et de trois filets horizontaux, tels les cahiers 8 à 14, et les cahiers 20 et 21. Le cahier n'est pas daté, mais on y trouve, comme dans les cahiers 17 et 18, le prénom d'Anie Besnard écrit parfois *Anie,* parfois *Annie.* De même, *dieu* est écrit parfois avec majuscule initiale, parfois sans. D'autre part, les glossolalies ne sont pas affectées de majuscules initiales. On peut avancer vers juillet 1945 comme date approximative de sa rédaction.

2. Pour Neneka Chilé, grand'mère maternelle d'Antonin Artaud, cf. *in* tome XV, note 1, p. 375.

3. Masculin conforme à l'autographe.

4. *du sexuel* est écrit en surcharge sur *des sens.*

5. *au cœur de ce dans* remplace *dans ce cœur,* biffé.

6. Orthographe conforme au manuscrit. Comme nous n'avons pas relevé chez Antonin Artaud de faute habituelle d'usage en ce qui concerne le terme *appétence,* la désinence en *ance* doit être ici délibérée.

7. Pour Anie Besnard, cf. *in* tome XV, note 13, p. 374.

8. Pour Germaine Artaud, cf. *in* tome XV, note 2, p. 356.

9. Pour Cécile Schramme, cf. *in* tome XV, note 1, p. 369.

10. Pour l'orthographe de ce patronyme, propre à Antonin Artaud, cf. *in* tome XV, note 3, p. 363.

11. *corps* est écrit en surcharge sur *côté*.

12. Conforme à l'autographe. Il n'est pas facile de savoir s'il s'agit d'un mot forgé par Antonin Artaud par condensation et contraction en un seul terme de *transplantation* + *translation*, ou si nous sommes en présence d'un lapsus dû à une graphie trop rapide qui aurait fait oublier de tracer plusieurs lettres et s'il ne faudrait pas entendre tout simplement *transpl[ant]ation*.

13. ... *et veut le mal et moi l'homme qui*...

14. Comme nous n'avons nulle part ailleurs rencontré ce patronyme, Cécile Garrone est vraisemblablement une désignation de Cécile Schramme. Nous ignorons les raisons de l'utilisation de ce pseudonyme.

15. Nous avons déjà signalé les liens de camaraderie qui existaient entre Antonin Artaud et Jean Tiffeneau (cf. *in* tome XVI, note 2, p. 375), dont nous ignorons s'il avait une sœur. *Mlle Tiffeneau* pourrait désigner une fille de Jean Tiffeneau, ou encore sa femme, qu'Antonin Artaud avait bien connue, étant donné sa propension à redonner leur qualité de demoiselle aux femmes mariées.

16. Cf. note 1, p. 277.

17. Pour Catherine Chilé, grand'mère paternelle d'Antonin Artaud, cf. *in* tome XV, note 1, p. 364.

18. Nom donné à tort par Antonin Artaud comme étant le nom de jeune fille de madame Régis (cf. *in* tome XV, note 2, p. 356).

Page 121 : [...] *cet éclatement de* [...]

1. Antonin Artaud avait l'habitude de glisser le ou les cahiers en cours dans la poche de sa veste, pliés en deux dans le sens de la hauteur. C'est ce qu'il a fait pour celui-ci. Sa couverture ayant disparu, le frottement a effacé une partie du texte écrit au crayon, d'autant plus à certains endroits qu'un morceau de la dernière page avait été arraché, en haut, sur la gauche de la pliure médiane. De ce fait, le texte porté par les trois dernières pages du cahier, présente un certain nombre de lacunes. Ces parties effacées ont été signalées par des blancs entre crochets. Les lettres entre crochets correspondent à des lettres effacées mais qui ont pu être restituées en raison de ce qui restait de visible du mot.

2. Pour Ana Corbin, cf. *in* tome XV, note 1, p. 361.

3. Nous avons déjà relevé l'emploi de la syllabe védique, dans cette transcription, pour signifier homophoniquement homme (cf. *in* tome XVI, note 4, p. 361).

4. Renée Nalpas, cousine germaine d'Antonin Artaud (cf. *in* tome XV, note 2, p. 393).

5. Fin de la dernière page du cahier. Les textes qui suivent sont écrits transversalement dans les marges latérales des pages.

Page 123 : *Je ne monte pas, je ne descends pas,...*

1. Prénom de la mère d'Antonin Artaud (cf. *in* tome XV, note 1, p. 375).

2. *actif* remplace *fluide,* biffé.

3. Pour Cécile Schramme, cf. *in* tome XV, note 1, p. 369; Neneka Chilé, cf. *in* tome XV, note 1, p. 375; Yvonne Allendy, cf. *in* tome XV, note 6, p. 364; Anie Besnard, cf. *in* tome XV, note 13, p. 374; Solange Sicard, cf. *in* tome XV, note 5, p. 390.

Alexandra Pecker avait été une interprète du Théâtre Alfred Jarry. Dans *le Songe ou Jeu de rêves,* d'August Strindberg, qui constituait le troisième spectacle, elle tenait les rôles de Louise et d'Édith. Pour le quatrième spectacle : *Victor ou les Enfants au pouvoir,* par Roger Vitrac, elle aurait dû incarner la pétomane Ida Mortemart. Au dernier moment, elle se récusa. Son refus fut diversement commenté par la presse de l'époque (cf. *in* tome II, note 1, p. 273). Alexandra Pecker devait poursuivre une carrière de journaliste.

4. *... qu'une seule personne m'apporte du pain frais et de l'héroïne. Catherine Chilé...*

5. Ce paragraphe est écrit transversalement dans la marge de l'une des pages dont certaines parties ont été effacées par frottement en raison du manque de couverture (cf. note 1, p. 289). Les mots qui terminent les trois dernières lignes sont en partie ou en totalité effacés. Ce sont *double, péché* et *mal.* On parvient cependant à lire les deux premiers, dont seules les lettres finales sont peu visibles, à l'aide d'une loupe. Quant à *mal,* le sens même de la phrase permet de le conjecturer.

6. Pour Anne Manson, cf. *in* tome XVI, note 3, p. 340.

7. *... avait volé Annette Chilé...*

8. Les deux derniers paragraphes occupent la marge latérale de la dernière page du cahier. Seuls les mots *manger* et *attendant* se sont trouvés en partie effacés par le frottement, mais on parvient assez facilement à les lire à l'aide d'une loupe.

Page 127 : *Je suis une brute de chasteté,...*

1. Cahier 20, de même type, quoique plus mince que les cahiers 8 à 14, mais à couverture orange, ornée d'une guirlande verticale de lauriers et de trois filets horizontaux. Papier réglé. Crayon. Vingt pages dont quatre feuillets simples détachés du cahier, dans lequel on ne relève aucune

date. Il a dû être rédigé approximativement vers juillet 1945, comme le cahier 19.

2. *cœur* est écrit en surcharge sur *corps*.

3. Pour Cécile Schramme, cf. *in* tome XV, note 1, p. 369. Pour Neneka, grand'mère maternelle d'Antonin Artaud, cf. *in* tome XV, note 1, p. 375.

Page 128 : *Le désir,...*

1. Pour Catherine Chilé, grand'mère paternelle d'Antonin Artaud, cf. *in* tome XV, note 1, p. 364. Pour madame Régis, cf. *in* tome XV, note 2, p. 356. Pour Ana Corbin, cf. *in* tome XV, note 1, p. 361. Pour Anie Besnard, cf. *in* tome XV, note 13, p. 374.

2. Pour Yvonne Allendy, cf. *in* tome XV, note 6, p. 364. Pour Sonia Mossé, cf. *in* tome XV, note 1, p. 369.

3. *... et je le pète par le haut et pas le bas...*

4. Dans une lettre du 17 septembre 1943 au docteur Ferdière (publiée in *Nouveaux écrits de Rodez,* Gallimard, 1977), Antonin Artaud donne Marie-Bethsabée comme étant l'une des saintes Maries de la Mer, les trois autres, selon lui, étant Marie, la mère du christ, Marie Galba (cf. *in* tome XV, note 1, p. 363) et Marie l'Égyptienne (cf. *in* tome XV, note 1, p. 360), ce qui n'est en rien conforme à la légende locale.

5. Pour mademoiselle Gamelin, cf. *in* tome XVI, note 1, p. 374. C'est dans ce même cahier que l'on trouve sa mère donnée comme étant la générale Gamelin (cf. p. 134, 2e §). Ce passage fournit de nombreux exemples de la fusion, déjà signalée (cf. *in* tome XVI, note 2, p. 388), de deux ou plusieurs personnes en un être unique.

6. Pour Euphrasie Artaud, mère d'Antonin Artaud, cf. *in* tome XV, note 1, p. 375.

7. Pour Laurence Clavius, cf. *in* tome XV, note 21, p. 393.

8. Madame Nel-Dumouchel, mère d'Yvonne et de Colette qui devinrent toutes les deux successivement la femme du docteur René Allendy. Antonin Artaud l'avait bien connue car c'est dans son petit hôtel du 67, rue de l'Assomption, qu'avec elle vivaient René et Yvonne Allendy et sa seconde fille Colette.

9. Exemple très clair de la permutation entre prénoms et patronymes, déjà relevée (cf. *in* tome XVI, note 2, p. 362). Ici la grand'mère paternelle d'Antonin Artaud donne son prénom à madame Régis.

10. *8 ans* remplace *6 jours,* biffé.

11. Nous avons déjà signalé l'emploi de la syllabe védique *aum* pour signifier homophoniquement *homme* (cf. *in* tome XV, note 5, p. 363). Le

jeu de mots est d'autant plus clair ici que le premier état de ce paragraphe est :
l'aum est femme,

12. *reste Catherine Régis vivante.*

13. Nous avons déjà rencontré des transformations délibérées du patronyme Schramme dans de précédents cahiers (cf., par exemple, p. 44, 6e §, et p. 111, dernier §).

14. Ce paragraphe est écrit transversalement dans la marge de la page qui porte le texte allant de *La famille Chilé aux chiotes,...* à ... *qui sera mise sur le gril.* Nous avons cru pouvoir l'insérer à cet endroit car, d'une part, il semble en relation avec ce qui précède, de l'autre, il ne rompt pas l'articulation du texte écrit sur les pages elles-mêmes.

15. Suivent ces deux paragraphes, biffés :
Catherine le triangle des mamelles de haut en bas,
Cécile de bas en haut,

Page 133 : *Le tau de Catherine...*

1. Pour le père-mère, cf. *in* tome XV, note 3, p. 367.

2. Nous n'avons pas réussi à identifier la personne qui répondait au nom de Level.

3. Pour Pierre Unik, cf. *in* tome XV, note 2, p. 390.

4. Antonin Artaud met assez irrégulièrement les majuscules. Cependant, comme un peu plus haut il a écrit *Pierre Unik* avec les deux majuscules initiales, ce doit être de propos délibéré qu'il ne l'a pas fait ici, nom et prénom lui permettant par homophonie le jeu de mots *pierre unique.*

5. *Besnard* est écrit en surcharge sur *Corbin.*

6. *pubis* remplace *Artaud,* biffé.

7. Pour Alexandra Pecker, cf. note 3, p. 290; pour Juliette Beckers, cf. note 4, p. 274; pour Bernard Steele, cf. *in* tome XVI, note 6, p. 378; pour Solange Sicard, cf. *in* tome XV, note 5, p. 390.
Il doit s'agir, dans cette liste, de correspondances entre diverses personnes, de transferts d'identité de l'une à l'autre, en opposition avec l'affirmation qui se trouve au début du paragraphe précédent : *Moi j'ai toujours été Antonin Artaud, je suis Antonin Artaud...*

8. Pour Marie-Ange Malausséna, sœur d'Antonin Artaud, cf. *in* tome XVI, note 1, p. 343.

9. Ghyslaine Malausséna, fille de Marie-Ange Malausséna et nièce d'Antonin Artaud. Son frère cadet, Serge, est évoqué un peu plus loin.

10. Pour Honorine Catto et Nussia Lebenson, cf. *in* tome XV, note 24, p. 398. Nous avons aussi rencontré dans un précédent cahier Nussia Tchersian qui pourrait être la même personne que Nussia Lebenson (cf. *in* tome XVI, note 5, p. 363).

11. C'est-à-dire qu'Ana Corbin prenne *l'être et le corps* d'Euphrasie Artaud, ou Ana Corbin dans Euphrasie Artaud, Laurence Clavius dans Ghyslaine, etc.

12. Ce paragraphe remplace celui-ci, biffé :
J'aurais pu être meilleur si je n'avais pas été cette pierre aussi que j'ai dû soutenir et qui n'a pas voulu me soutenir afin de profiter.

13. Pour Germaine Meyer, cf. *in* tome XV, note 4, p. 394. Pour Esther Meyer, cf. *in* tome XVI, note 2, p. 375.

14. La plus grande des îles d'Aran. Antonin Artaud y avait séjourné en 1937 lors de son voyage en Irlande.

15. Pour mademoiselle Dubuc, cf. *in* tome XV, note 2, p. 362. Pour madame Allemand, cf. note 7, p. 271, et pour mademoiselle Malan, cf. note 2, p. 286.

16. Fin de la dernière page du cahier. Les textes qui suivent sont écrits transversalement dans les marges latérales des pages qui n'ont pas été toutes utilisées.

Page 137 : *Il aurait été très facile d'être...*

1. Pour Marie Salem, cf. *in* tome XV, note 8, p. 382.

2. Marie Kalff, célèbre comédienne, avait fait partie de la troupe des Pitoëff. A la création de *Six personnages en quête d'auteur,* par Luigi Pirandello, le 10 avril 1923 à la Comédie des Champs-Élysées, elle tenait le rôle de la Mère. Antonin Artaud avait loué sa beauté et son jeu dans le compte rendu qu'il avait fait du spectacle dans *la Criée* (cf. *in* tome II, pp. 142-143).

Page 139 : *Vivre à la place des cons...*

1. Cahier 21, du même type que le cahier 20. Couverture orange ornée d'une guirlande verticale de lauriers et de trois filets horizontaux. Papier réglé. Crayon. Antonin Artaud a dû se servir de ce cahier comme d'un bloc de papier à lettres car il n'en reste que deux feuillets simples détachés dont l'un est déchiré, vraisemblablement écrits à la même époque que le cahier 20.

Page 141 : *Catherine a produit avec son ventre Jésus-christ,...*

1. Cahier 22, du même type que les cahiers 20 et 21. Couverture orange ornée d'une guirlande verticale de lauriers et de trois filets horizontaux. Papier réglé. Crayon. Vingt-quatre pages. Aucune date. Comme dans les cahiers précédents et les cahiers suivants, *dieu* se voit de plus en plus souvent dépouillé de sa majuscule initiale. Cette particularité et le type du cahier induisent à penser qu'il a dû être rédigé vers juillet-août 1945.

2. Pour Catherine Chilé, cf. *in* tome XV, note 1, p. 364; Anie Besnard, cf. *in* tome XV, note 13, p. 374; Cécile Schramme, cf. *in* tome XV, note 1, p. 369; Yvonne Allendy, cf. *in* tome XV, note 6, p. 364; Neneka, cf. *in* tome XV, note 1, p. 375; pour Sonia Mossé et sa mère, cf. *in* tome XV, note 1, p. 369, et note 3, p. 356.

3. Orthographe conforme au manuscrit, mais il peut s'agir d'une étourderie et il est possible qu'il faille entendre *tabellion.* Le contexte ne donne pas de certitude dans ce sens.

Page 142 : *Le lit de mort d'Yvonne Allendy,...*

1. Pour Germaine Artaud, cf. *in* tome XV, note 2, p. 356.

2. Si Yvonne Allendy est effectivement morte en 1935, le 23 août, les autres dates ne sont pas tout à fait exactes. Germaine Artaud est décédée à sept mois le 21 août 1905, et Marie Nalpas, dite Neneka, en août 1911. La date de la mort de Cécile Schramme est nettement anticipée puisqu'elle ne devait mourir que le 6 juin 1950 à Ixelles. Nous avons déjà signalé que nous n'avons pu découvrir à qui correspondait la dénomination Catherine 6 jours (cf. note 1, p. 279). Quant à la date du décès de Catherine Artaud, née Chilé, c'est le 3 août 1894 à Marseille. Les enfants de Catherine Chilé et de Marius-Pierre Artaud sont nés entre août 1851 et juin 1874. Rien ne s'opposerait donc à ce qu'ils aient eu une fille, appelée Catherine comme sa mère, née en 1868 et morte 6 jours après sa naissance. Mais les recherches faites à plusieurs reprises par M. l'archiviste en chef de la ville de Marseille n'ont pas fait apparaître de fille morte en bas âge prénommée Catherine. Il se peut que la désignation Catherine 6 jours soit tout à fait mythique.

3. Orthographe conforme au manuscrit. Antonin Artaud, qui écrit d'habitude *immanent,* la répète plus loin (cf. p. 143, 9e §) dans une phrase où il redouble parfaitement l'*m* dans *immanence.* Il faut donc en déduire que l'orthographe *imanent* est intentionnelle afin de mieux faire jouer l'opposition *imanent / permanent,* tout en mettant en évidence le *i* qui demeure

(*manere* = demeurer), *i* que l'on retrouvera se détachant dans le vocable *Itau,* maintes fois utilisé par Antonin Artaud.

4. Apparition de l'orthographe *Caterine* pour le prénom de la grand'-mère paternelle d'Antonin Artaud (cf. *in* tome XV, note 1, p. 364). On verra aussi apparaître plus loin le diminutif *Catine.*

5. Pour Ana Corbin, cf. *in* tome XV, note 1, p. 361.

6. Orthographe de ce patronyme propre à Antonin Artaud (cf. *in* tome XV, note 3, p. 363).

7. Pour madame Régis, cf. *in* tome XV, note 2, p. 356.

8. Cf. note 3, ci-dessus.

9. Assia, comédienne d'origine russe. Elle a joué notamment dans *les Frénétiques,* d'Armand Salacrou, montés au Théâtre Daunou en 1934 par Raymond Rouleau. Encore un exemple de la fusion de deux personnes en un être unique (cf. *in* tome XVI, note 2, p. 388).

10. Pour le diminutif Nanaky, cf. *in* tome XV, note 2, p. 366.

Page 144 : *Je suis un homme et non un principe.*

1. La graphie d'Antonin Artaud fait qu'ici on peut hésiter entre *ou* et *or.* La construction de la phrase est ambiguë dans les deux cas de lecture, encore plus, semble-t-il, dans le second.

2. Pour Marie Salem, cf. *in* tome XV, note 8, p. 382.

3. Pour le docteur Allendy, cf. *in* tome XV, note 5, p. 390.

4. Le docteur Génil-Perrin, neuropsychiatre, décédé en juillet 1964, avait été en fonction à l'hôpital Henri-Rousselle. Il se peut qu'Antonin Artaud se soit trouvé en contact avec lui.

Page 146 : *Je crois que ce sont les esprits vivants...*

1. Suit ce paragraphe, biffé :
Je n'ai pas pu mourir, je suis toujours revenu mais pas parce que je pensais que vous aviez besoin mais pour me justifier.

2. Nous n'avons pas réussi à identifier mademoiselle Diehl.

3. Iya Abdy, d'origine russe, parente de Tourgueniev, femme d'un lord anglais, avait créé le rôle de Béatrice dans *les Cenci.* Elle avait aussi contribué au financement du spectacle.

4. Pour la date exacte de la mort d'Yvonne Allendy, cf. note 2, p. 294.

5. *et je suis un homme en marchant, le bouffant...*

Page 149 : *Le totem,...*

1. Pour Colette Prou, cf. *in* tome XVI, note 3, p. 384.

2. Fin de la dernière page du cahier. Les textes qui suivent sont écrits sur la première page de couverture, au verso, puis transversalement dans les marges latérales des pages.

Page 151 : *Sonia, Yvonne, Neneka,...*

1. Cette liste de prénoms et cette ligne sont entremêlées avec une série de dessins occupant la moitié supérieure de la première page de couverture, au verso.

Page 152 : *Écrire à Colette Nel-Dumouchel Allendy,...*

1. Le 15 juillet 1936, un an à peine après le décès de sa sœur Yvonne, Colette Nel-Dumouchel épousait son beau-frère, le docteur René Allendy. Dans sa jeunesse Colette Allendy avait montré de réelles dispositions pour le dessin. Dans *la Vie des Lettres et des Arts* (vol. IX, avril 1922), revue publiée sous la direction de Nicolas Beauduin et William Speth, on trouve un bois gravé par Colette Nel-Dumouchel représentant Jacques Poisson (c'était le pseudonyme sous lequel écrivait sa sœur Yvonne). Après la Libération, René Allendy étant mort à Montpellier le 12 juillet 1942, Colette Allendy, qui avait été l'élève de Gleizes, se réinstalla dans l'hôtel du 67, rue de l'Assomption, dont elle fit une galerie de peinture. Elle était sensible aux courants les plus nouveaux, l'abstraction lyrique, par exemple. Beaucoup d'artistes qui ont atteint ensuite la notoriété ont, très tôt, été exposés chez elle, notamment Hartung, Mathieu, Bryen, Wols.

2. Pour mademoiselle Gamelin, cf. *in* tome XVI, note 1, p. 374.

Page 152 : *Les esprits invisibles...*

1. Antonin Artaud a commis un lapsus ici et écrit *Prosmicuité*.

2. Nom donné à tort par Antonin Artaud comme étant le nom de jeune fille de madame Régis (cf. *in* tome XV, note 2, p. 356).

Page 155 : *L'être ne revient pas,...*

1. Cahier 23, du même type que les cahiers 20 à 22. Couverture orange ornée d'une guirlande verticale de lauriers et de trois filets horizontaux. Papier réglé. Crayon. Vingt-deux pages dont trois feuillets simples détachés du cahier. Aucune date. Cependant, Antonin Artaud fait allusion à

son âge : *49 ans* (cf. p. 157, 7e §, et p. 159, 1er §), et l'on peut supposer que l'on approchait du 4 septembre 1945. On peut donc penser ce cahier écrit vraisemblablement vers la même époque que les cahiers 20 à 22 et l'on peut avancer la date approximative d'août 1945. Les marges latérales n'ont pas été utilisées.

2. Pour madame Régis, cf. *in* tome XV, note 2, p. 356; pour les deux sœurs Neneka et Catherine Chilé, les deux grand'mères d'Antonin Artaud, cf. *in* tome XV, note 1, p. 375, et note 1, p. 364; pour Ana Corbin, cf. *in* tome XV, note 1, p. 361.

3. Pour Christian Nalpas, cousin germain d'Antonin Artaud, cf. *in* tome XV, note 25, p. 399.

4. Finale surchargée. Antonin Artaud avait tout d'abord, semble-t-il, écrit *dessins*.

5. Paragraphe précédé de ces deux paragraphes, biffés :
Sonia revient,
Laurence Clavius revient.
Pour Sonia Mossé, cf. *in* tome XV, note 1, p. 369; Laurence Clavius, cf. *in* tome XV, note 21, p. 393; Cécile Schramme, cf. *in* tome XV, note 1, p. 369.

6. Pour mademoiselle Steele, cf. *in* tome XVI, note 6, p. 378. Cécile Denoël, la femme de l'éditeur Robert Denoël, avait, sous le pseudonyme de Cécile Bressant, créé le rôle de Lucrétia dans *les Cenci.*

7. En-suspens de ce membre de phrase conforme au manuscrit.

8. Jean de Bonnefon (1866-1928). D'après la notice qu'il avait vraisemblablement rédigée lui-même pour *Qui êtes-vous?* (1924), il comptait parmi ses ancêtres l'auteur de *la Pancharis.* Il s'y disait homme de lettres et y donnait la liste, fort longue, de ses œuvres. Il avait aussi une activité journalistique et avait collaboré au *Gaulois,* à *l'Éclair,* au *Journal,* à *Gil Blas,* à *l'Intransigeant.* Il avait une réputation de voltairien. Gentilhomme terrien, il était aussi homme du monde et était lié avec les artistes et politiciens de son temps. Robert Desnos avait été à un moment donné son secrétaire. Dans la notice de *Qui êtes-vous?* s'il précise qu'il n'a : *Pas de téléphone : « On ne sonne pas »,* il n'indique pas quel est son titre ni s'il est marié. Aussi, nous ne pouvons savoir si c'est à sa femme qu'Antonin Artaud fait allusion en parlant plus loin de la princesse de Bonnefon.

9. Nous avons déjà signalé qu'Antonin Artaud croyait à tort qu'Adrienne André était le nom de jeune fille de madame Régis (cf. *in* tome XV, note 2, p. 356).

10. *souffre* est écrit en surcharge sur *sent.*

11. *... qui se sert du corps d'une femme...*

12. L'espace blanc, conforme au manuscrit, qui vient après l'article élidé, correspond à un mot sans doute volontairement non écrit. Étant

donné la dimension de cet espace, plutôt qu'*opium,* ce mot doit être *héroïne*.

13. Patronyme *Clavius* employé comme adjectif. Pour Laurence Clavius, cf. *in* tome XV, note 21, p. 393.

14. Pour le docteur Borel, cf. note 2, p. 270.

15. Pour Nina Braun, cf. *in* tome XV, note 28, p. 399.

16. La graphie est très claire. Il ne fait aucun doute qu'Antonin Artaud a voulu écrire *ramâcher*.

17. D'abord écrit : ... *et mâcher la mort...* Formule transformée par surcharge de l'article.

18. Pour Germaine Artaud, cf. *in* tome XV, note 2, p. 356; pour Yvonne Allendy, cf. *in* tome XV, note 6, p. 364; pour Cécile Schramme, cf. *in* tome XV, note 1, p. 369.

19. Antonin Artaud avait primitivement écrit :
Catherine est à?
Puis il a donné la réponse en écrivant *France* par-dessus le point d'interrogation. Ce faisant il a oublié de remplacer *à* par *en,* de sorte que le manuscrit porte : *Catherine est à France*.

20. Pour Anie Besnard, cf. *in* tome XV, note 13, p. 374.

Page 163 : *5 filles,...*

1. Un grand nombre des personnes qui constituent cette liste nominale sont apparues dans les précédents cahiers : Sonia Mossé (cf. *in* tome XV, note 1, p. 369); Germaine Meyer (cf. *in* tome XV, note 4, p. 394); Esther Meyer (cf. *in* tome XVI, p. 375); Alexandra Pecker (cf. note 3, p. 290); Solange Sicard (cf. *in* tome XV, note 5, p. 390); Laurence Clavius (cf. *in* tome XV, note 21, p. 393); Nussia Lebenson (cf. *in* tome XV, note 24, p. 398); Honorine Catto (cf. *in* tome XV, note 24, p. 398); Anne Manson (cf. *in* tome XVI, note 3, p. 340); René Thomas (cf. *in* tome XV, note 29, p. 399); Jean Auffret (cf. *in* tome XVI, note 1, p. 379); Kristians Tonny (cf. *in* tome XV, note 29, p. 399); Pierre Unik et Marcel Noll (cf. *in* tome XV, note 2, p. 390); Janine Kahn (cf. *in* tome XVI, note 2, p. 372); André Gaillard, dont Antonin Artaud ici aussi a écorché le nom, écrit *Gailhard* (cf. *in* tome XV, note 26, p. 399). Jean Ballard lui avait succédé comme directeur des *Cahiers du Sud.* Alain Cuny, Jean-Louis Barrault, Raymond Queneau, André Masson, Henri Parisot, Jean Paulhan, nous semblent, comme Roger Blin, André Breton et Henri Thomas, trop connus ou avoir été trop notoirement mêlés à la vie d'Antonin Artaud pour qu'il soit nécessaire de donner à leur sujet quelque renseignement que ce soit.

En ce qui concerne Louis Jacquot, nous avons aussi relevé dans d'autres cahiers le nom de Pierre Jacquot ou Jacot. Antonin Artaud étant brouillé avec l'orthographe des noms propres, nous ne pouvons savoir quelle est la bonne. Nous ne possédons aucun renseignement concernant ces deux personnes, si ce n'est qu'Antonin Artaud connaissait déjà l'une d'elles en 1934 car on trouve à cette époque la mention : *Lettre* Jacot (cf. *in* tome VIII, p. 74). Nous ignorons aussi si elles sont apparentées au général Jacquot.

Page 164 : *L'Umour.*

1. *Votre cœur vous tuera,...*

2. Vraisemblablement, ici aussi, nous sommes en présence de ce phénomène déjà signalé (cf. in tome XVI, note 2, p. 388) : la fusion de deux personnes en un être unique. Marie Nalpas est l'un des noms sous lesquels apparaît dans les cahiers la grand'mère maternelle d'Antonin Artaud (cf. *in* tome XV, note 1, p. 375), mais il nous faut signaler qu'il existe aussi une Marie Nalpas, fille d'Antoine Nalpas et de Fanny Missir, cousine germaine d'Antonin Artaud.

3. Pour Marie Salem, cf. *in* tome XV, note 8, p. 382. Signalons qu'ici aussi ce nom paraît lié à un souvenir de cinéma.

4. *... simplement que quelques âmes de filles, les âmes de...*

5. *Or il y a une perception interne intuitive qui est...*

6. *... un enragé, un serf.*

7. Fin de la dernière page du cahier. Antonin Artaud a ensuite utilisé la dernière page de couverture, au recto, puis la première page de couverture, au verso.

8. Nous n'avons pas réussi à identifier la personne répondant au nom de M. Matté.

Page 168 : *Je n'oublierai pas le corps de poudre fausse...*

1. Cahier 24, du même type que les cahiers 20 à 23. Couverture orange ornée d'une guirlande verticale de lauriers et de trois filets horizontaux. Papier réglé. Crayon. Dix pages, dont un feuillet simple détaché du cahier qui a d'ailleurs perdu ses agrafes. Cahier vraisemblablement rédigé lui aussi vers août 1945.

2. *... quand mon cœur est...*

3. Pour Marie Nalpas, dite Neneka, grand'mère maternelle d'Antonin Artaud, cf. *in* tome XV, note 1, p. 375.

4. *... comme une alchimie. – Alors qu'il n'y a d'être...*

5. *... que le corps complet.*

6. Pour Cécile Schramme, cf. *in* tome XV, note 1, p. 369; pour madame Régis, cf. *in* tome XV, note 2, p. 356; pour Catherine Artaud, née Chilé, cf. *in* tome XV, note 1, p. 364.

7. *... avec l'aide de Cécile dehors feront Madame Régis...*

8. Ici se termine une page impaire du cahier. La suite de ce texte-ci est écrite sur la page impaire suivante. La page paire intercalaire est écrite dans le sens transversal; elle n'a pas été utilisée par Antonin Artaud à ce moment-là, mais plus tard lorsqu'il s'est servi des marges latérales des pages.

9. *... sur la terre en êtres et...*

10. *... a été mis en bas pour être cherché...*

11. Cette énumération est notée dans la marge, mais non transversalement, face au paragraphe précédent.

12. Écrit de la sorte, avec une *s* finale. Du grec τέλεσμα, au sens de rite religieux, qui a donné *talisman*. Dans les sciences occultes, le *télesme* ou *telesma* est la perfection, la pierre parfaite, l'émeraude, la matière sur laquelle sont gravées les sentences d'Hermès Trismégiste : *la Table d'émeraude*.

13. *... les mauvais esprits ont brouillé dieu.*

14. Fin de la dernière page du cahier. Le texte se poursuit sur la dernière page de couverture, au recto.

15. Fin de la dernière page de couverture. Les textes qui suivent sont écrits sur la première page de couverture, au verso, puis transversalement dans les marges latérales des pages, ainsi que sur une page qui n'avait pas été utilisée (cf. note 8, ci-dessus).

Page 173 : *Y en a-t-il en Madame Régis...*

1. Pour la princesse de Bonnefon, cf. note 8, p. 297.

2. Il ne semble pas qu'il y ait lacune ici où un espace blanc assez important se voit suivi d'un tiret mais bien plutôt non-dit intentionnel.

3. *... tout à l'heure dans les chiotes...*

4. Pour les termes argotiques, dont l'orthographe n'est pas toujours bien fixée, nous nous en tenons toujours à celle d'Antonin Artaud. Par exemple, pour *balès,* qui signifie costaud, puissamment bâti, on trouve, selon les dictionnaires d'argot, des orthographes aussi diverses que *balèz* (Esnault), *balèze* (Sandry), *balaise* (Simonin). Cependant, Esnault, dans son *Dictionnaire historique des argots français,* donne comme étymologie le provençal *balès,* grotesque (Nice, 1878), gros (soldats provençaux et alpins, 1916), débrouillard (Marseille, 1925).

5. ... *pierres précieuses de Jésus-christ,*

6. Suit cet alinéa, biffé :
et le mien cœur en perle jaune

7. *le cœur perle jaune...*

8. Écrit d'abord *monak,* puis transformé par surcharge de la dernière lettre.

Page 177 : *Sonia Mossé et Laurence Clavius...*

1. Cahier 25, du même type que les cahiers 20 à 24. Couverture orange ornée d'une guirlande verticale de lauriers et de trois filets horizontaux. Papier réglé. Crayon. Vingt-quatre pages, dont quatre feuillets simples détachés du cahier, lequel ne comporte aucune date, mais a dû lui aussi être rédigé vers août 1945. Les marges latérales des pages n'ont pas été systématiquement utilisées.

2. *Laurence Clavius* remplace *Anie,* biffé.
Pour Sonia Mossé, cf. *in* tome XV, note 1, p. 369; pour Laurence Clavius, cf. *in* tome XV, note 21, p. 393; pour Anie Besnard, cf. *in* tome XV, note 13, p. 374.

3. Nous avons déjà rencontré le patronyme Schramme délibérément amputé de sa lettre finale (cf., entre autres, p. 44, 6e §, p. 111, dernier §).

4. Pour Ana Corbin, cf. *in* tome XV, note 1, p. 361.

5. Pour Marie Nalpas, née Chilé, dite Neneka, cf. *in* tome XV, note 1, p. 375.

6. Pour sa sœur, Catherine Artaud, née Chilé, cf. *in* tome XV, note 1, p. 364.

7. Nous avons déjà indiqué (cf. *in* tome XVI, note 3, p. 371), que le patronyme *Schramme* entrait comme formant dans la composition des glossolalies, un autre formant étant la syllabe védique *aum.*

8. Cf. note 4, p. 300.

9. Le point final qui suit a bien été posé par Antonin Artaud. La tournure elliptique doit être intentionnelle.

10. Même remarque pour la tournure elliptique de cette phrase.

11. Forme conforme à l'autographe.

12. Suit cette ligne, biffée :
AR ARA

13. *...pour apaiser les petites âmes...*

14. Mot biffé mais qu'il nous a semblé préférable de rétablir entre crochets pour la commodité de la lecture, faute d'un autre qui soit venu le remplacer.

15. *mais un père-Taraud*
qui est père et mère,

Taraud est l'anagramme d'*Artaud.* Comme on a déjà rencontré des déformations du patronyme Schramme, on trouve dans ce cahier des variations sur le patronyme Artaud, soit que les lettres d'Artaud entrent dans la constitution d'éléments glossolaliques, par exemple *aretara* (cf. p. 179), soit que le *tau* d'Artaud devienne élément de jeu verbal (cf. p. 180, lignes 26-32, ou encore p. 182, dernier §).

16. ... *où vous vous êtes désiré et dieu vous copulera.*

17. Suit ce paragraphe, biffé :
je sors une âme, je la fais être, je suis avec elle quand elle a tra[*vaillé.*]

18. Cf. note 4, p. 271.

19. ...*par mes cinq filles,*
Cécile, Neneka, Anie, Catherine, Sonia,

20. Pour madame Mossé, cf. *in* tome XV, note 3, p. 356; pour Yvonne Allendy, cf. *in* tome XV, note 6, p. 364; pour mademoiselle Gamelin, cf. *in* tome XVI, note 1, p. 374.

21. Pour Nina Braun, cf. *in* tome XV, note 28, p. 399.

22. Précédé de ceci, biffé : *d'or.*

23. Pour Laurence Clavius, cf. *in* tome XV, note 21, p. 393.

24. *Laurence* à la place de *Neneka,* biffé.

Page 185 : *Le surréalisme a bien des fois voulu naître,...*

1. Ce fragment est sûrement en rapport avec le livre dont Antonin Artaud avait alors conçu le projet : *le Surréalisme et la fin de l'ère chrétienne,* et en vue duquel il écrira quelques pages au mois de septembre 1945 (cf. *in* tome XVIII).

Page 185 : *Anie est plus près de moi...*

1. Antonin Artaud avait été très lié avec la deuxième femme d'André Breton : Jacqueline (cf. *in* tome XVI, note 1, p. 382). Cependant, il avait aussi bien connu sa première femme Simone, la sœur de Janine Kahn (cf. *in* tome XVI, note 2, p. 372), à l'époque où il avait dirigé la Centrale du bureau de recherches surréalistes, en 1925.

Page 187 : *Quand je cherche le plus profond...*

1. ... *émanées d'âmes mortes et qui...*

2. René Thomas (cf. *in* tome XV, note 29, p. 399).

3. Pour madame Régis, cf. *in* tome XV, note 2, p. 356.

4. L'avant-dernière page paire du cahier porte la partie du texte allant de *L'âme d'Yvonne*... à ... *lui donne corps par son amour,* la page impaire suivante se terminant par ... *l'intégrale salacité.* Ce paragraphe est ajouté transversalement dans la marge de l'avant-dernière page paire. Il nous a paru qu'il était logique de l'interpoler à cet endroit.

5. Pour madame Castal, déjà rencontrée dans l'un des précédents cahiers, cf. *in* tome XVI, note 9, p. 349.

6. Orthographe conforme au manuscrit, très certainement délibérée, *martau* se présentant en quelque sorte comme la contraction de *mar(teau de) Tau.*

7. *parce qu'elle est un aum féminin*
Pour l'emploi de la syllabe védique *aum,* cf. *in* tome XV, note 5, p. 363.

8. La dernière ligne est écrite transversalement dans la marge de la dernière page.

Page 191 : *Neneka Chilé*
à la place de Laurence Clavius,...

1. Cahier 26. Couverture forte rose framboise. Papier à petits carreaux. Crayon. Soixante-dix pages, dont sept feuillets simples détachés du cahier. On n'y relève aucune date, mais on y trouve des variations sur le patronyme Schramme et sur le patronyme Artaud comme dans le cahier précédent. On peut donc le dater aussi approximativement d'août 1945.

2. Pour Neneka Chilé, cf. *in* tome XV, note 1, p. 375; pour Laurence Clavius, cf. *in* tome XV, note 21, p. 393; pour Anie Besnard, cf. *in* tome XV, note 13, p. 374; pour Cécile Schramme, cf. *in* tome XV, note 1, p. 369; pour Sonia Mossé, cf. *in* tome XV, note 1, p. 369; pour Nina Braun, cf. *in* tome XV, note 28, p. 399.

3. Pour Catherine Chilé, cf. *in* tome XV, note 1, p. 364; pour madame Régis, cf. *in* tome XV, note 2, p. 356; pour Ana Corbin, cf. *in* tome XV, note 1, p. 361.

4. Alexandre Nalpas (1887-1944), fils d'Antoine Nalpas et de Fanny Missir (cf. *in* tome XV, note 1, p. 375), était le cousin germain d'Antonin Artaud et le frère de Louis et de Christian Nalpas. Alexandre Nalpas avait fondé et dirigeait la firme des films Alex Nalpas. Il produisait, entre autres, les films qui avaient pour vedette le comique troupier Bach, et pour réalisateur Henry Wulschleger. Antonin Artaud avait tourné dans deux de ces films : *l'Enfant de ma sœur* (1932) et *Sidonie Panache* (1934).

5. Pour Christian Nalpas, cf. *in* tome XV, note 25, p. 399.

6. Pour Marie Salem, cf. *in* tome XV, note 8, p. 382; pour Marie Nalpas, cf. note 2, p. 299.

7. *... et ma petite fille Anie l'esprit de ce mort, moi-même, qui un jour avec moi les réveillera parce qu'il a souffert devant moi de moi.*

8. *... avait remplacé le mien,...*

9. *existant* remplace *vivant,* biffé.

Page 193 : *Le coup de foudre*
après la masturbation de la bête...

1. Signalons une faute d'usage presque constante d'Antonin Artaud qui écrit *antée,* pourtant bien employé dans le sens de *greffée sur,* sans doute par corruption de *hantée.*

2. Nom donné à tort par Antonin Artaud comme étant le nom de jeune fille de madame Régis (cf. *in* tome XV, note 2, p. 356).

3. Nous avons déjà signalé la présence dans les cahiers de passages écrits au féminin (cf. *in* tome XV, note 1, p. 355).

4. Yvonne Allendy (cf. *in* tome XV, note 6, p. 364).

5. Cette ligne, écrite transversalement dans la marge de la page qui va de *Tu as pitié, toi,...* à *... servi à exister,* semble avoir été notée en même temps que le texte porté par la page : même crayon, sec, même graphie, alors que les textes écrits, une fois le cahier achevé, en utilisant les marges latérales, l'ont été avec un crayon plus gras et plus noir.

6. *Les âmes des hommes, hommes n'existent pas.*
Ce sont des femmes qui les ont toutes, mais elles changeront de corps.

Page 197 : *Le corps fait par Jésus-christ...*

1. *... n'a plus pu garder l'âme de Catherine Chilé.*

2. Pour Berthe Vian, cf. *in* tome XV, note 62, p. 402.

3. Allusion au *Bébé de feu,* poème de Robert Southwell dont une adaptation par Antonin Artaud avait paru dans *Poésie 44* (cf. *in* tome IX, pp. 148-149).

4. *... et les a vécus et soufferts ici jusqu'à faire quelque chose d'elle-même dans le corps d'une autre,*

5. Pour Philomène, cf. *in* tome XV, note 2, p. 353.

6. *Non, ce serait en faire profiter Satan,*

7. L'étude des repentirs présentés par le manuscrit révèle trois états anté-

rieurs : 1° ... *en un :* moi / *ARTAU*. 2° ... *en un :* moi / *SCHRAUM*. 3° ... *en un :* moi *SCHRAUM* / *SANS* [*AR–TAU*].

Nous avons déjà signalé la création de glossolalies dont les formants étaient le patronyme *Schramme* et la syllabe védique *aum* (cf. *in* tome XVI, note 3, p. 371).

Page 200 : *On ne m'a pas découvert les choses...*

1. Les deux dernières lettres de ce mot étant recouvertes par le texte écrit dans les marges se lisent malaisément et l'on peut hésiter entre *bleu* et *bloc*. Nous avons opté pour la première de ces deux lectures possibles car il semble tout de même que la troisième lettre du mot soit un *e*.

Page 201 : *Neneka n'appartenait soi-disant pas au monde...*

1. *à double fond* remplace *oblique*, biffé.

2. *Le corps d'Adrienne André,*
Adrienne André est ce démon...

3. Ce paragraphe remplace celui-ci, biffé :
mais on ne lui a pas demandé sa conscience ni son autorisation pour se faire.

4. Tournure conforme à l'autographe.

5. Nous avons déjà indiqué que le père d'Antonin Artaud se prénommait Antoine Roi. Adrien Artaud était son cousin germain, fils de Guillaume Artaud (cf. *in* tome XV, note 1, p. 364) et de Marguerite Chopard.

Page 204 : *On ne tient pas comme cela,...*

1. ... *que ce soit un travail...*

2. Cf. note 4, p. 271.

3. Nous avons signalé à plusieurs reprises l'emploi constant, chez Antonin Artaud, de *haient* pour *haïssent,* sans doute pour des raisons d'euphonie (cf. *in* tome XV, note 4, p. 363).

Page 205 : *Je montais en barre,...*

1. ... *du feu sorti de...*

2. Suit ceci, biffé :

Yvonne
le corps *Neneka*
Catherine *Anie*

Ces quelques mots sont d'ailleurs écrits de part et d'autre d'une espèce de poteau central sur lequel sont comme accrochés de petits bâtonnets horizontaux, cinq en tout, au niveau de chacune des lignes où ces mots sont tracés. En face, dans la marge, Antonin Artaud a noté ceci, qu'il a aussi biffé :

Les filles,
merde.

3. Antonin Artaud a ménagé ici un espace blanc, sans doute parce qu'il se réservait d'indiquer par la suite le nombre des Neneka.

4. Conforme à l'autographe, mais l'on peut se demander si Antonin Artaud n'aurait pas oublié de redoubler l'*s* et s'il ne faudrait pas entendre *boussolé*.

5. Suit ceci, biffé : *j'ai repensé,* récrit plus bas, après un espace blanc probablement ménagé en vue de préciser par la suite ce qu'aurait dû introduire la locution *de ce que*.

6. Nous avons déjà rencontré le patronyme Schramme intentionnellement privé de son *e* final (cf. p. 44, 6e §, p. 111, dernier §, p. 177, 1er §). Ici c'est vraisemblablement pour marquer le masculin.

7. *...ne voulait pas y être parce qu'elle...*

Page 210 : *Moi je ne réconcilie pas les êtres...*

1. Prénom apparemment ajouté dans un second temps, après qu'Antonin Artaud avait biffé ceci, qui suivait :

et cette conscience en a produit d'autres en mourant
et Neneka et Yvonne [...]

En même temps, *et Neneka en corps* venait en remplacement assurer l'articulation de la phrase.

2. *Cécile prendra Yvonne dans sa vie,*
Yvonne prendra Sonia...

3. Catherine Chilé qui décéda à Marseille fut ensevelie dans le caveau de la famille Artaud au cimetière Saint-Pierre. C'est Yvonne Allendy qui demeurait dans le quartier d'Auteuil et qui fut enterrée au cimetière Montmartre. Quant à Cécile Schramme, nous avons déjà signalé que son décès était anticipé (cf. note 2, p. 294). L'adresse : 8, rue de Tournon, serait, selon Antonin Artaud, celle de Sonia Mossé chez qui Cécile Schramme aurait habité (cf. *in* tome XI, lettre du 23 septembre 1945 à Roger Blin).

4. Accord conforme à l'autographe.

5. ... *des âmes pour une collusion momentanée des corps où la fille habille son père, non.*

6. ... *dans ce corps, pas de cœur, pas de conscience, pas de volonté,*

7. Nous avons déjà relevé le nom de Michel Leiris écorché et écrit comme ici *Leyritz,* ne serait-ce que sur l'enveloppe d'une lettre qui lui fut adressée de Rodez le 24 septembre 1943 (cf. cette lettre *in* tome X), l'orthographe du nom du peintre Léon Leyritz, trouvé par Antonin Artaud *apocalyptique* en 1920 (cf. *in* tome II, *la Figure du Salon d'automne,* p. 168, 7e §), ayant par une confusion de mémoire contaminé celle du nom de son vieil ami, rencontré rue Blomet, chez le peintre André Masson, avant même qu'il n'adhérât au surréalisme.

8. Pour Kristians Tonny, cf. *in* tome XV, note 29, p. 399.

9. Pour Anne Manson, cf. *in* tome XVI, note 3, p. 340; pour Solange Sicard, cf. *in* tome XV, note 5, p. 390; pour mademoiselle Gamelin, cf. *in* tome XVI, note 1, p. 374; pour Alexandra Pecker, cf. note 3, p. 290.

Page 215 : *Les agglomérations constridantes de dieu...*

1. Paragraphe précédé de ces deux paragraphes, biffés :
Tout a été plusieurs fois détruit,
ce que nous souffrons depuis 16 semaines n'est rien à côté de l'épouvante des dernières destru[*ctions*].

2. Paragraphe biffé dans l'autographe, mais qu'il nous a semblé nécessaire de maintenir entre crochets pour l'intelligence de ce qui suit.

3. *... l'antipôle, le blanc et le noir.*

4. Ligne écrite transversalement dans la marge de la page allant de *Que je sois le seul homme...* à *... et la Vierge meurent.* Nous avons cru pouvoir l'insérer à cet endroit car elle semble avoir été écrite en même temps que le texte porté par la page.

5. *... que les âmes se réconfortent les unes les autres en produisant un être.*

6. *debout on se respecte,*

7. *... marqué toujours par une croix.*

Page 219 : *La puissance n'est qu'un stade de l'être,...*

1. Colette Allendy (cf. note 1, p. 296).

2. On sait que pendant plusieurs années Antonin Artaud avait signé ses lettres du nom d'Antonin Nalpas (cf. *in* tome XV, note 5, p. 387). Pour Antonin de Florence, cf. *in* tome IX, le post-scriptum de *l'Évêque de Rodez,* p. 197, et note 17, p. 281.

3. Nous avons déjà rencontré le patronyme Schramme amputé de propos délibéré de son *e* final (cf. p. 44, 6e §, p. 111, dernier §, p. 177, 1er §, p. 209, 10e §). Nous avons aussi déjà rencontré la forme *Schraum* qui est un composite de *Schramme* + la syllabe védique *aum.*

4. Un lapsus dans l'autographe où l'on lit ceci : ... *cet épouvantablement décollement*... On peut supposer que c'est un lapsus par contagion anticipée de la désinence du substantif *décollement,* mais il se pourrait aussi qu'Antonin Artaud ait oublié d'écrire un adjectif entre l'adverbe et le substantif.

5. Fin de la dernière page du cahier. Le texte se poursuit sur la dernière page de couverture, au recto.

6. Fin de la dernière page de couverture, recto. Les textes qui suivent sont écrits transversalement dans les marges latérales des pages qui n'ont d'ailleurs pas été toutes utilisées.

Page 224 : *Citrate, je ne veux pas que le corps...*

1. C'est bien un adjectif féminin qui est employé comme substantif masculin. Sans doute faut-il voir là la volonté de faire entendre *l'attente* sous *latente,* ce qui nécessite l'emploi de la désinence *ente.*

Page 225 : *Quand je me bats...*

1. Encore un exemple de ce phénomène souvent signalé dans l'écriture d'Antonin Artaud : l'accord du verbe au singulier avec deux sujets coordonnés mais considérés comme tout indissoluble et donc sujet unique.

2. Cf. note 3, p. 304.

3. Deux états antérieurs : 1° ... *être ceci cela dans l'espace,*... 2° ... *être ceci cela dans un espace,*...

Page 226 : *Cécile, Anie, Catherine, Laurence (Neneka).*

1. Fusion de plusieurs personnes en un être unique, phénomène déjà signalé (cf. *in* tome XVI, note 2, p. 388). Ici, madame Régis, Catherine Artaud, née Chilé, et Ana Corbin. Plus bas, Cécile Schramme et Anie Besnard.

Page 227 : *Je donne itau à tous les malheureux...*

1. Cf. note 3, p. 304.

Page 229 : *Je suis le mal,...*

1. Cahier 27. Couverture forte jaune. Papier à petits carreaux. Soixante-douze pages. Crayon. Excepté la couleur de la couverture, le cahier semble de même type que le cahier 26. Même format, très légèrement plus

petit que celui des cahiers ordinaires : 16,4 × 21,4 cm environ. L'année : 1945, est indiquée dans le cahier (cf. p. 232, 6e §). Comme dans le cahier 26, on y relève des variations sur le patronyme Schramme et sur le patronyme Artaud. De plus, on trouve dans les deux cahiers, notification du même fait imaginaire : la mort de Cécile Schramme rue de Tournon et son enterrement au Père-Lachaise (cf. p. 210, 22e §, et p. 240, 5e-11e §). On peut donc supposer que ce cahier a lui aussi été rédigé vers août 1945, date approximative confirmée par le fait qu'Antonin Artaud y indique son âge : *49 ans* (cf. p. 240, dernier §) et que l'on devait approcher du 4 septembre 1945.

2. ... *(estomac = con vit bourses, cœur âme corps) et éclate...*

3. Pour Mariette Bonnaud, cousine germaine d'Antonin Artaud, cf. *in* tome XVI, note 14, p. 347; pour Anie Besnard, cf. *in* tome XV, note 13, p. 374.

4. D'Andrée Bichat, nous savons seulement ce qu'Antonin Artaud en dit dans la lettre du 2 décembre 1945 à madame Jean Dubuffet (cf. *in* tome XIV *, pp. 66-69) : c'était une figurante de cinéma qu'il avait connue lors du tournage de *la Passion de Jeanne d'Arc* de Dreyer.

Page 230 : *Tous les êtres m'ont dépouillé de tout...*

1. Pour Anne Manson, cf. *in* tome XVI, note 3, p. 340; pour Cécile Denoël, cf. note 6, p. 297.

2. Pour Neneka Chilé, cf. *in* tome XV, note 1, p. 375.

3. Pour Solange Sicard, cf. *in* tome XV, note 5, p. 390.
Suit ce paragraphe, d'ailleurs inachevé, biffé :
Peut-être a-t-il fallu se résigner à laisser être (a) *la terre bien que je l'aie maudite pour ne pas rester dans le chaos où tout se mélangeait et parce que chaque fois que j'essayais de la détruire* avant *le temps* [...]
(a) *à laisser être* remplaçant *à faire,* précédemment biffé.

4. Pour Cécile Schramme, cf. *in* tome XV, note 1, p. 369; pour Yvonne Allendy, cf. *in* tome XV, note 6, p. 364; pour Alexandra Pecker, cf. note 3, p. 290; pour Catherine Chilé, cf. *in* tome XV, note 1, p. 364.
A la ligne suivante, ce nom, biffé :
André Breton.

5. Suivent ces deux lignes, biffées :
Roger Blin,
Raymond Queneau.

6. Pour mademoiselle Steele, cf. *in* tome XVI, note 6, p. 378.

7. Suit cette ligne, biffée :
Michel Denoël (Clairette).

8. L'adjectif *petite* inclinerait à penser qu'il s'agit plutôt d'une personne

de la génération d'Antonin Artaud, peut-être sa cousine Marguerite Nalpas, que de sa tante par alliance Marguerite Artaud (cf. *in* tome XV, note 5, p. 392).

9. Juste au-dessous de ce prénom, celui-ci, biffé : *Cécile*. Pour Robert Denoël, cf. *in* tome XVI, note 6, p. 378.

10. Pour Esther Meyer, déjà rencontrée dans de précédents cahiers, cf. *in* tome XVI, note 2, p. 375.

11. Nous n'avons pas identifié d'André de Castro. Antonin Artaud a peut-être commis une erreur de prénom car nous savons qu'en 1936-1937 il fréquentait beaucoup Manuel Cano de Castro, dessinateur, originaire de Costa-Rica. C'est en sa compagnie qu'il avait été faire ferrer la fameuse canne qu'il devait emporter en Irlande, non en celle de Robert Desnos, comme cela a été dit par erreur. Manuel Cano de Castro rencontrait très souvent Antonin Artaud à Montparnasse. Il disait lui avoir enseigné l'art des Tarots. Sa femme Thérèse, que ses amis appelaient Thérèse treize, était aussi une habituée du Dôme.

Quant à Youki, c'est Youki Desnos, elle aussi une figure du Montparnasse d'alors.

12. *Peut-être que ces rabbins musulmans...*

13. Pour Blanche Nalpas, cousine germaine d'Antonin Artaud, cf. *in* tome XV, note 2, p. 393; pour sa sœur Madeleine, cf. *in* tome XV, note 1, p. 386; pour Anie Besnard, cf. *in* tome XV, note 13, p. 374; pour Gabrielle Vian, tante paternelle d'Antonin Artaud, et sa fille Hélène, cf. *in* tome XV, note 62, p. 402; tante Maria, c'est Marie Bonnaud, une autre des tantes paternelles d'Antonin Artaud (cf. *in* tome XVI, note 14, p. 347); pour Rose Artaud, autre tante, cf. *in* tome XV, note 6, p. 397; pour le docteur Borel, cf. note 2, p. 270.

Adrienne Bonnaud était la fille de Marius Bonnaud, cousin germain d'Antonin Artaud (cf. *in* tome XVI, note 14, p. 347).

14. Pour le diminutif Nanaqui, cf. *in* tome XV, note 2, p. 366.

15. Pour Marie Salem, cf. *in* tome XV, note 8, p. 382.

16. *... mais un brasier épais, obscur, opaque, insondable.*

17. Pour Sonia Mossé, cf. *in* tome XV, note 1, p. 369.

18. *un pur foyer* remplace *un pur esprit,* biffé. En pratiquant cette correction Antonin Artaud a d'ailleurs oublié de biffer le premier article.

19. Les deux derniers paragraphes sont écrits transversalement dans la marge de la page qui porte la partie du texte allant de ... *prendre corps comme...* à ... *avant la question.* Contrairement aux autres textes écrits dans les marges latérales, ils nous ont semblé être d'une certaine façon en relation avec les dernières lignes de la page elle-même. C'est pour cette raison que nous avons cru pouvoir les interpoler à cet endroit.

20. Pour Philomène, cf. *in* tome XV, note 2, p. 353.

21. Pour Ana Corbin, cf. *in* tome XV, note 1, p. 361.

22. Nom donné à tort par Antonin Artaud comme étant le nom de jeune fille de madame Régis (cf. *in* tome XV, note 2, p. 356).

23. Dans la marge, en face de ce paragraphe, Antonin Artaud a posé cette opération :

70
35
105

A droite du résultat, et légèrement plus bas, il a inscrit le chiffre *7*.

24. Pour Alexandre Montserret, cf. *in* tome XV, note 10, p. 388; pour mademoiselle Gamelin, cf. *in* tome XVI, note 1, p. 374.

25. Pour Laurence Clavius, cf. *in* tome XV, note 21, p. 393.

26. Nous avons déjà signalé que la mort de Cécile Schramme était anticipée (cf. note 2, p. 294). 8, rue des Mélèzes était l'adresse de ses parents à Bruxelles.

27. Antonin Artaud a écrit par mégarde *3°* au lieu de *2°*.

Page 241 : *J'ai travaillé à faire des corps...*

1. *jets* remplace *spasmes*, biffé.
2. *sa flamme* est écrit en surcharge sur *son feu*.
3. *l'om* est écrit en surcharge sur *l'âme*.
4. ... *l'affre ténébreuse d'un cœur,*
5. Pour Lamazure, cf. *in* tome XV, note 31, p. 400.

Page 245 : *Mlle Genica Athanasiu...*

1. Marie-Ange, la sœur cadette d'Antonin Artaud, qui deviendra la femme de Georges Malausséna (cf. *in* tome XVI, note 1, p. 343); pour le docteur Chanès, cf. note 1, p. 277; pour Honorine Catto, cf. *in* tome XV, note 24, p. 398; pour Georges Malkine, cf. *in* tome XVI, note 1, p. 379; pour René Thomas, cf. *in* tome XV, note 29, p. 399; pour Jean Auffret, cf. *in* tome XVI, note 1, p. 379; pour Nina Braun, cf. *in* tome XV, note 28, p. 399.

Page 246 : *sans images, sans sensations...*

1. Ici commence la page impaire médiane du cahier. Or, semble-t-il, un ou plusieurs doubles feuillets ont été arrachés au milieu de ce cahier :

des fragments de papier sont restés accrochés aux agrafes. Il ne serait pas du tout impossible que sur la page paire du feuillet arraché qui précédait celle-ci se soit trouvée une phrase s'articulant avec ce par quoi débute cette page médiane.

2. Nous avons déjà signalé l'emploi de la syllabe védique *aum* pour dire homophoniquement *homme* (cf. *in* tome XV, note 5, p. 363).

3. *... c'est Anie, Neneka, Yvonne.*

4. Suit ce paragraphe, inachevé, biffé :
Il se pourrait que la petite Catherine Chilé 6 jours soit dans Adrienne Régis avec sa mère et qu'une autre Catherine 6 jours 18 ans s[*oit...*]

5. Pour madame Nel-Dumouchel, cf. note 8, p. 291.

6. La phrase se terminait primitivement ainsi : ... *pour prendre la râpe avec le saint.* L'article étant le dernier mot d'une ligne et *saint* le premier mot de la ligne suivante. Puis Antonin Artaud a ajouté dans la marge, juste en face du substantif *saint,* les deux mots *contre le,* de sorte que le manuscrit porte : ... *pour prendre la râpe avec le contre le saint.* Il paraît évident qu'il faut entendre : ... *avec le saint contre le saint* et supposer qu'il aura oublié de récrire *saint.* En outre, il a ajouté la relative qui achève ce paragraphe; en effet, *que* surcharge un point-tiret qu'il avait posé dans un premier temps.

7. *... contre le cœur et l'âme fluidique...*

Page 251 : *Je suis l'antechrist...*

1. Personne déjà rencontrée dans un précédent cahier (cf. note 3, p. 278).

2. Pour Germaine Artaud, décédée à l'âge de sept mois, cf. *in* tome XV, note 2, p. 356.

3. La doctrine du *Zimzum* ou *Tsimtsum,* selon les transcriptions, est l'un des points de la théorie du kabbaliste Isaac Luria. Scholem, dans *les Grands courants de la mystique juive* (Payot, 1968) définit ainsi le *Tsimtsum :* « *Tsimtsum* signifie originellement " concentration " ou " contraction ", mais s'il est employé dans le langage kabbalistique, il est mieux traduit par " retraite " ou " solitude ". [...] Pour le kabbaliste de l'école de Luria, *Tsimtsum* ne désigne pas la concentration de Dieu *en* un point, mais sa retraite *loin* d'un point. »

4. Pour Jacqueline Breton, cf. *in* tome XVI, note 1, p. 382; pour le docteur Menuau, cf. note 1, p. 277.

Page 254 : *Madame Mossé ira au cercueil tout de suite...*

1. *... amalgamée par Satan contre J.-C....*

2. Pour Fanny Nalpas, cousine germaine d'Antonin Artaud, cf. *in* tome XVI, note 8, p. 385.

3. Masculin conforme à l'autographe.

4. ... *de plus en plus belles pour toujours.*

5. ... *parce qu'il ne veut pas de cœur,*

6. Pour Marie l'Égyptienne, cf. *in* tome XV, note 2, p. 360.

7. Pour le père-mère, cf. *in* tome XV, note 3, p. 367.

8. Pour mademoiselle Dubuc, cf. *in* tome XV, note 2, p. 362.

9. Pour Bethsabée, cf. note 4, p. 291.

10. sans *formation* remplace *en formation,* biffé.

11. Suit ce paragraphe, barré de deux traits obliques croisés, repris d'ailleurs un peu plus loin sous une forme légèrement différente :
Des noix dans des figues, des noisettes, des amandes, des pois chiches grillés, des pistaches, des dattes farcies.

12. Le début de ce paragraphe a été biffé. Primitivement il se lisait ainsi :
Des pommes boulangères avec des piments verts et rouges, de l'oignon, de l'ail et du pourceau sanglier haché, de la hyène et du chacal.

13. Nous avons déjà rencontré le patronyme Schramme privé délibérément de son *e* final (cf. p. 44, 6e §, p. 111, dernier §, p. 177, 1er §, p. 209, 10e §, p. 221, 16e et 18e §, p. 234, 9e-13e §).

14. Fin de la dernière page du cahier. Antonin Artaud s'est ensuite servi de la dernière page de couverture, au recto, puis des marges latérales, en écrivant transversalement. Elles ne sont d'ailleurs pas toutes utilisées.

Page 261 : *Les esprits sont ce qui se mélange à la matière...*

1. Un des très rares cas où Antonin Artaud orthographie avec exactitude ce patronyme (cf. *in* tome XV, note 3, p. 363).

Page 262 : *5 montent toutes,...*

1. Pour Bernard Steele, cf. *in* tome XVI, note 6, p. 378.

Page 263 : *Je ne crois qu'à la réalité des poux...*

1. Dans la marge latérale suivante qui a été utilisée, on trouve un paragraphe raturé avec insistance. Le texte en est assez malaisé à lire sous les traits de rature et nous ne donnons notre lecture qu'accompagnée des réserves d'usage :
Cécile a le dehors de Schramm, Neneka le dedans, Anie a porté le dehors mais du bas arrière et Catherine est le plus profond du cœur.

TABLE

DU MÊME AUTEUR

nrf

ŒUVRES COMPLÈTES

TOME I

Préambule. – Adresse au Pape. – Adresse au Dalaï-Lama. – Correspondance avec Jacques Rivière. – L'Ombilic des Limbes. – Le Pèse-Nerfs *suivi des* Fragments d'un Journal d'Enfer. – L'Art et la Mort. – Premiers poèmes (1913-1923). – Premières proses. – Tric Trac du ciel. – Bilboquet – Poèmes (1924-1935.) – I** : Textes surréalistes. – Lettres.

TOME II

L'évolution du décor. – Théâtre Alfred Jarry. – Trois œuvres pour la scène. – Deux projets de mise en scène. – Notes sur les Tricheurs de Steve Passeur. – Comptes rendus. – A propos d'une pièce perdue. – A propos de la littérature et des arts plastiques.

TOME III

Scenari. – A propos du cinéma. – Lettres. – Interviews.

TOME IV

Le Théâtre et son Double. – Le Théâtre de Séraphin. – Les Cenci. – Dossier du Théâtre et son Double. – Dossier des Cenci.

TOME V

Autour du Théâtre et son Double. – Articles à propos du Théâtre de la N.R.F. et des Cenci. – Lettres. – Interviews. – Documents.

TOME VI

Le Moine, de Lewis, raconté par Antonin Artaud.

TOME VII

Héliogabale ou l'Anarchiste couronné. – Les Nouvelles Révélations de l'Être.

TOME VIII

Sur quelques problèmes d'actualité. – Deux textes écrits pour « Voilà ». – Pages de carnets. Notes intimes. – Satan. – Notes sur les cultures orientales, grecque, indienne, *suivies de* le Mexique et la civilisation *et de* l'Éternelle Trahison des Blancs. – Messages révolutionnaires. – Lettres.

TOME IX

Les Tarahumaras. – Lettres relatives aux Tarahumaras. – Trois textes écrits en 1944 à Rodez. – Cinq adaptations de textes anglais. – Lettres de Rodez *suivies de* l'Évêque de Rodez. – Lettres complémentaires à Henri Parisot.

TOME X

Lettres écrites de Rodez (1943-1944).

TOME XI

Lettres écrites de Rodez (1945-1946).

TOME XII

Artaud le Mômo. – Ci-gît *précédé de* la Culture Indienne.

TOME XIII

Van Gogh le suicidé de la société. – Pour en finir avec le jugement de dieu.

TOME XIV

Suppôts et Suppliciations.

TOME XV

Cahiers de Rodez (février-avril 1945).

TOME XVI

Cahiers de Rodez (mai-juin 1945).

TOME XVII

Cahiers de Rodez (juillet-août 1945).

COLLECTION LE POINT DU JOUR

Lettres à Génica Athanasiou.

A paraître :

TOME XVIII

Cahiers de Rodez (suite).

Cet ouvrage
a été composé
et achevé d'imprimer
par l'Imprimerie Floch
à Mayenne le 27 avril 1982.
Dépôt légal : avril 1982.
N° d'imprimeur : 19505.

29906